LOI DU 12 JUIN 1816.

RÈGLES SPÉCIALES

A LA

VENTE DES IMMEUBLES

APPARTENANT EN TOUT OU EN PARTIE A DES MINEURS,

ET AU

PARTAGE DES BIENS DANS LESQUELS ILS SONT INTÉRESSÉS,

PAR

G. TIMMERMANS,

SUBSTITUT DU PROCUREUR DU ROI A TERMONDE.

GAND,

LIBRAIRIE GÉNÉRALE DE AD. HOSTE, ÉDITEUR,

RUE DES CHAMPS, 43.

1876.

LOI DU 12 JUIN 1816.

DU MÊME AUTEUR

chez AD. HOSTE, éditeur, à Gand :

De la tenue des tutelles et du droit de contrôle conféré aux tribunaux dans cette matière, par la loi du 16 décembre 1851. Prix . . . . fr. 2 00

La réforme judiciaire en Égypte et les Capitulations. »   2 50

Gand, imprimerie C. Annoot-Braeckman.

LOI DU 12 JUIN 1816.

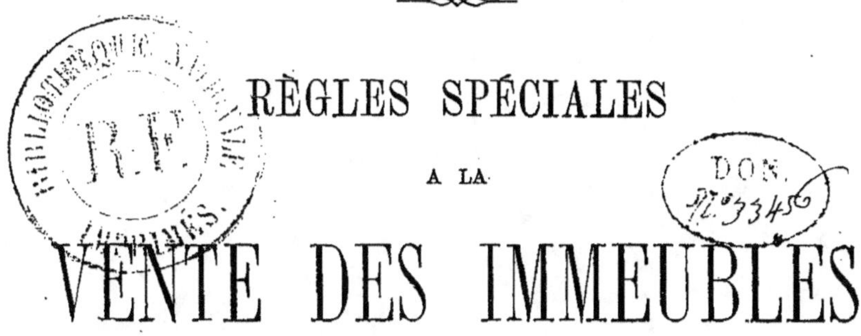

RÈGLES SPÉCIALES

A LA

VENTE DES IMMEUBLES

APPARTENANT EN TOUT OU EN PARTIE A DES MINEURS,

ET AU

PARTAGE DES BIENS DANS LESQUELS ILS SONT INTÉRESSÉS,

PAR

G. TIMMERMANS,

SUBSTITUT DU PROCUREUR DU ROI A TERMONDE.

GAND,

LIBRAIRIE GÉNÉRALE DE AD. HOSTE, ÉDITEUR,

RUE DES CHAMPS, 43.

1876.

LIVRE PREMIER.

DE LA VENTE DES IMMEUBLES

APPARTENANT

EN TOUT OU EN PARTIE A DES MINEURS.

CHAPITRE I.

Observations sur la loi du 12 juin 1816.

1. — Dans le but de sauvegarder les intérêts des mineurs le législateur français avait réglé d'une façon fort minutieuse, mais en même temps fort dispendieuse, les formalités à suivre pour la vente de leurs immeubles. Dans la pratique, loin d'être favorables, ces mesures étaient plutôt nuisibles à ceux qu'elles devaient protéger. Les mineurs éprouvaient, en effet, de grands dommages par suite de la défaveur qui frappait l'aliénation de leurs immeubles. C'est ainsi qu'on a pu constater, qu'il ne se présentait pour l'achat de leurs propriétés, qu'environ le quart des amateurs que réunissaient les ventes faites d'après les formes ordinaires. Aussi, lorsque vint à cesser la domination française, un concert de récriminations s'éleva de toutes parts en Belgique, contre le mode qu'elle avait introduit pour la vente des immeubles des mineurs.

2. — La forme extraordinaire prescrite par le législateur français pour la vente des propriétés immobilières des mineurs produisit des effets réellement déplorables. Ce fut à ce point, qu'aussitôt après la promulgation de la loi fondamentale du 24 août 1815, le gouvernement hollandais se vit assailli de demandes tendant à obtenir, en vertu de l'article 68 de cette loi (1), dispense d'observer les formalités tracées par le code de procédure civile, pour l'aliénation des immeubles appartenant en tout ou en partie à des mineurs.

3. — Le roi Guillaume voulant généraliser des dispenses individuellement demandées et accordées, et voulant, en outre, autant que possible, simplifier les formalités exigées par les lois existantes, fit adopter par les chambres législatives la loi du 12 juin 1816.

4. — Cette loi substitue à une procédure lente et coûteuse une procédure plus rapide et plus économique. Elle abolit les dispositions du code de procédure civile concernant les ventes des immeubles des mineurs, et les remplace par d'autres dispositions qui, tout en sauvegardant les intérêts de ces derniers, diminuent considérablement les inconvénients que présentait la loi française. Des formalités plus simples et non moins efficaces ont succédé à des formalités qui donnaient naissance à des *retards* et à des *frais inutiles* (2).

5. — Il est à remarquer que les dispositions du code de procédure civile relatives à la vente des immeubles appartenant à des mineurs ne sont pas *abrogées*. Voici, en effet, ce que porte l'article 1er de la loi du 12 juin 1816 : « Sont *abolies*, par les « présentes, toutes les dispositions et formalités prescrites par

(1) L'article 68 attribuait au roi des Pays-Bas la faculté d'accorder des dispenses dans l'intérêt privé des particuliers.

(2) Voir préambule de la loi du 12 juin 1816.

« les lois encore existantes, à l'égard de l'aliénation publique
« d'immeubles appartenant en tout ou en partie à des mineurs,
« ou à des personnes assimilées aux mineurs, ou à des masses
« qui doivent être liquidées par des syndics dans l'intérêt des
« créanciers. »

Il résulte de cet article, que c'est seulement à la vente des immeubles appartenant à des personnes que la loi prend soin d'énumérer, que les dispositions prérappelées du code de procédure civile ne sont plus applicables. Elles peuvent donc encore être appliquées à la vente des biens appartenant à d'autres personnes. C'est ainsi qu'elles doivent être observées, comme nous le verrons plus loin, pour l'aliénation des immeubles appartenant en tout ou en partie à des absents (1).

6. — La loi du 12 juin 1816 a-t-elle suffisamment simplifié les formalités et réduit les frais pour parvenir à la vente des immeubles appartenant en tout ou en partie à des mineurs?

Nous ne le croyons pas, et nous estimons que les observations et les critiques dont elle a été l'objet, que les attaques qu'on a dirigées contre elle à la tribune (2) et dans la presse sont parfaitement fondées. Le régime organisé par cette loi est susceptible, à notre avis, d'une réforme radicale. Nous sommes convaincus, que les formalités actuellement prescrites, pour la vente des biens des mineurs, peuvent être simplifiées sans qu'il y ait à craindre de compromettre leurs intérêts. La loi de 1816 conduit dans son application à des frais trop considérables, et, chose fâcheuse, c'est le mineur pauvre qui en est la victime.

Que les mineurs doivent être entourés d'une protection toute spéciale, cela est incontestable; aussi reconnaissons-nous qu'il

(1) Voir chap. VI, § 1er, livre premier.

(2) Voir discours de M. d'Anethan à la séance du Sénat du 11 mai 1863 ; — discours de MM. Lelièvre et Delcour à la séance de la Chambre des Représentants du 11 décembre 1866. — Un député au corps législatif français a dit, que lorsqu'il s'agit de la vente des biens appartenant à des mineurs, on voit tous les requins de la justice s'élancer à la curée et dévorer le mince patrimoine des incapables.

ne faut toucher à la loi du 12 juin 1816 qu'avec une grande circonspection, et qu'il faut prendre garde, sous prétexte de modérer les frais de la vente de leurs biens, de les exposer à être ruinés.

Si l'on profite des enseignements de l'expérience, on verra qu'il y a des mesures, qui, établies soi-disant en vue de sauvegarder les intérêts des mineurs, pourraient être abolies, sans qu'il en résulte pour eux le moindre danger ni le moindre inconvénient.

Aujourd'hui, dans le but fort louable de leur garantir la conservation de leur patrimoine, la loi leur en enlève une partie. Une législation qui produit de tels effets est évidemment vicieuse, et il faut, sans tarder, y introduire les modifications dont elle est susceptible. Le devoir de les rechercher et de les prescrire s'impose au législateur, à raison même de la sollicitude toute spéciale qu'il doit montrer envers les mineurs.

Ne nous le dissimulons pas pourtant : la race des formalistes n'est pas éteinte. En dignes émules d'Appius Claudius, beaucoup de jurisconsultes soutiendront que la loi de 1816 n'est guère susceptible de modifications, et que les formalités qu'elle prescrit doivent être conservées, si l'on veut éviter pour les mineurs de graves abus.

7. — Si nous voulons esquisser les modifications qui pourraient être apportées à la loi du 12 juin 1816, nous devons d'abord établir une distinction entre le cas où les immeubles à vendre appartiennent exclusivement à des mineurs, et celui où ils appartiennent en commun à des majeurs et à des mineurs.

8. — A) Les immeubles appartiennent exclusivement a des mineurs.

La loi du 12 juin 1816 exige, pour que le tuteur puisse les aliéner, l'autorisation du conseil de famille homologuée par le tribunal, autorisation qui ne peut être accordée que pour cause d'une nécessité absolue ou d'un avantage évident.

Il nous semble que si les immeubles du mineur ne s'élèvent

pas à plus de quatre mille francs (1), valeur qui serait établie d'après le revenu cadastral conformément à l'arrêté royal du 28 juillet 1852 (2), le tuteur devrait pouvoir les vendre sans autorisation du conseil de famille et sans devoir considérer s'il y a nécessité absolue ou avantage évident. Les ventes d'immeubles d'une valeur inférieure à quatre mille francs sont très fréquentes en Belgique, surtout dans les Flandres où la propriété est fort divisée (3). Que de fois n'arrive-t-il pas que les mineurs ont pour toute fortune un petit lopin de terre, leur donnant un revenu de quelques francs à peine! La transformation de l'immeuble en numéraire leur sera toujours avantageuse. Les cas dans lesquels il n'en serait pas ainsi seront bien rares et tout-à-fait exceptionnels.

9. — Si la valeur des immeubles appartenant aux mineurs est supérieure à quatre mille francs, il suffirait, croyons-nous, pour permettre au tuteur de les vendre, que le conseil de famille, après avoir constaté la nécessité absolue ou l'avantage évident, lui en donne l'autorisation. L'homologation, par le tribunal, de la décision du conseil de famille nous paraît inutile. Le conseil de famille n'est-il pas déjà lui-même un tribunal dont les juges sont attachés au mineur par les liens les plus forts et les plus sacrés, ceux de l'affection et du sang (4)? D'ail-

(1) Nous prenons l'ensemble de la valeur des immeubles du mineur et non la valeur de l'immeuble mis en vente, parce que, sans cela, le tuteur pourrait, en vendant successivement des immeubles ayant une valeur de moins de quatre mille francs, faire indirectement ce que nous ne voulons pas qu'il puisse faire directement.

(2) Le législateur français exige, qu'avant de mettre en vente les immeubles des mineurs, on en fasse connaître la valeur approximative (art. 953 du nouveau code de procédure).

(3) M. Emile Delaveleye, dans son remarquable travail sur l'économie rurale de la Belgique, cite quelques chiffres qui montrent combien est grande cette division de la propriété dans les Flandres. En 1854, on comptait dans la Flandre Occidentale 657, 282 parcelles cadastrales et 86, 225 propriétaires, et dans la Flandre Orientale 792, 849 parcelles et 145,004 propriétaires, soit dans cette dernière province un peu plus de 2 hectares par propriétaire en moyenne.

(4) Lettre du notaire Vanoverstraeten insérée dans le *Monit. du not.*, t. 21, p. 2, nᵒ 1028.

leurs, qu'on ne l'oublie pas, ce conseil est présidé par le juge de paix, magistrat étranger au mineur, mais dont la mission est de sauvegarder les intérêts de celui-ci. Dira-t-on que ce ne sont pas là des garanties suffisantes? On ne pourrait sérieusement le soutenir. Ceux qui sont chargés d'appliquer la loi peuvent, du reste, facilement se convaincre que l'homologation de l'autorisation accordée par le conseil de famille, est une formalité qui ne présente aucune utilité. Nous n'avons pas souvenir d'une homologation qui ait été refusée.

10. — Toutefois l'intérêt du mineur exige, que le juge de paix et les membres du conseil de famille puissent se pourvoir contre la délibération autorisant la vente d'un de ses immeubles, s'ils estiment qu'il n'y a pas nécessité absolue ou avantage évident.

11. — B) LES IMMEUBLES APPARTIENNENT EN COMMUN A DES MINEURS ET A DES MAJEURS.

La loi du 12 juin 1816 exige, pour pouvoir vendre ces immeubles, l'autorisation du tribunal. Elle n'exige pas celle du conseil de famille.

Dans cette hypothèse nous croyons utile d'établir une distinction nouvelle.

12. — a) *Toutes les parties sont d'accord pour sortir d'indivision.*

Dans ce cas l'intervention du tribunal ne se comprend pas.

Il ne peut pas faire autrement, en effet, que de rendre un jugement ordonnant la vente, puisque *nul n'est tenu de rester dans l'indivision.* Pourquoi ne pas procéder à la licitation sans jugement? Pourquoi exiger des majeurs l'accomplissement d'une formalité aussi onéreuse qu'inutile ?

13. — b) *Toutes les parties ne sont pas d'accord pour sortir d'indivision.*

Dans ce cas, il est clair que l'intervention des tribunaux est nécessaire. Mais si c'est le représentant du mineur qui veut vendre, nous faisons la même distinction que celle que nous avons faite litt. A, n° 8 de ce chapitre, c'est-à-dire, que si la part du mineur dans les immeubles est inférieure à quatre mille francs, le tuteur pourra demander au tribunal la vente par licitation sans l'autorisation du conseil de famille, tandis que cette autorisation lui sera nécessaire si la part du mineur dans les immeubles est supérieure à quatre mille francs.

14. — Quelles sont les formalités qui devraient être suivies pour la nomination du notaire ?

Dans le système de la loi du 12 juin 1816, le notaire est désigné par le tribunal. Nous croyons qu'il convient de ne pas le laisser nommer par les parties. Le choix de ce fonctionnaire devrait appartenir au président du tribunal du lieu où la succession est ouverte. Ce magistrat ferait la nomination du notaire au bas de la requête que lui présenteraient les parties, soit en personne, soit par le ministère d'un avoué.

15. — Nous sommes d'avis qu'il y a lieu de maintenir la disposition de la loi du 12 juin 1816, prescrivant que la vente se fera en présence des tuteurs et des subrogés-tuteurs, conformément à ce qui est usité à l'égard des ventes publiques ordinaires d'immeubles.

16. — Mais il nous semble que l'on pourrait supprimer la formalité de l'intervention du juge de paix à la vente des biens immeubles dans lesquels sont intéressés des mineurs. Elle nous paraît tout-à-fait inutile (1). Ne peut-on pas avoir toute confiance dans les tuteurs et les subrogés-tuteurs, qui, surtout si la loi leur défend d'acquérir les immeubles qu'ils possèdent en commun avec leurs pupilles, veilleront avec soin aux intérêts de ces derniers (2)? Qu'on ne perde pas de vue que la plupart

(1) Il faudrait dans le cas où l'on supprimerait la formalité de l'intervention des juges de paix à la vente des biens des mineurs, augmenter le traitement de ces magistrats, puisque leurs émoluments seraient considérablement réduits.

(2) Nous exprimons plus loin l'avis que les articles 450 et 1596 c. c. s'appliquent au cas de vente par licitation des immeubles, indivis entre

du temps, le tuteur est le père ou la mère du mineur et que, presque toujours, en qualité d'usufruitier légal de ses enfants, il a intérêt personnel à ce que les biens se vendent au plus haut prix possible.

En second lieu, le notaire ne doit-il pas aussi inspirer toute confiance à raison de son caractère, et à raison du choix qu'en a fait le président du tribunal? Pourquoi mettre en doute la sincérité des opérations d'une vente à laquelle prête son ministère un fonctionnaire, à qui la loi a abandonné le soin des intérêts les plus précieux et dont elle a fait le dépositaire presque exclusif de la fortune des citoyens? Du reste, l'intérêt personnel du notaire dans une vente s'identifie de la manière la plus complète avec celui des vendeurs, puisqu'il reçoit des honoraires proportionnés au prix d'acquisition des immeubles (1). Qu'on en soit persuadé, actuellement, avec la publicité que tout notaire a intérêt à donner aux ventes qu'il fait, les acheteurs ne manqueront pas et les immeubles attiendront leur véritable valeur.

17. — Une mesure de précaution devrait toutefois être prise : il faudrait que le cahier des charges et des conditions de la vente soit examiné par le juge de paix, qui y apposerait son visa, après y avoir fait insérer les clauses, à son avis, nécessaires, et en avoir fait disparaître celles qui pourraient être nuisibles aux intérêts des mineurs. Cette mission lui incomberait à raison de ses fonctions et ne serait, par conséquent, pas rétribuée.

18. — Quant aux fonds pupillaires à provenir de la vente, il faudrait, par une disposition légale, imposer à l'acquéreur l'obligation de les verser dans la caisse des dépôts et consigna-

le tuteur et son pupille, et que le subrogé-tuteur peut acquérir les immeubles de son pupille. (Chapitre XV, nos 7 et 12, livre premier).

Il conviendrait que la loi défende aux tuteurs et aux subrogés-tuteurs de se rendre adjudicataires dans les ventes d'immeubles dans lesquels sont intéressés leurs pupilles.

(1) Voir plus loin le chapitre où nous traitons des honoraires dus aux notaires.

tions. De plus, il devrait être dit dans la loi que le conservateur des hypothèques ne peut, sous peine de responsabilité personnelle, radier l'inscription prise d'office, lors de la transcription, en vertu de l'article 35 de la loi hypothécaire, que sur la production d'une quittance constatant que l'acquéreur a fait le versement que lui imposait la loi. De cette façon l'avoir des mineurs serait parfaitement sauvegardé.

La consignation ne serait qu'une mesure provisoire, car le conseil de famille devrait pouvoir ordonner tel autre emploi des fonds pupillaires consignés, qu'il jugerait convenir.

19. — En faisant subir à la loi du 12 juin 1816, une révision dans le sens que nous venons d'indiquer, on diminuerait notablement les frais qu'engendre aujourd'hui la vente des biens des mineurs. Ainsi disparaîtrait le principal vice inhérent à la multiplicité des formalités prescrites pour la réalisation des immeubles dans lesquels ils sont intéressés.

20. — Signalons encore une formalité qui pourrait être supprimée, celle prescrite par l'article 793 du code civil, qui veut que la déclaration de l'acceptation de la succession sous bénéfice d'inventaire soit faite au greffe du tribunal. A quoi bon imposer une pareille formalité, puisque le mineur ne peut être qu'un héritier bénéficiaire? (Art. 461 du code civil.)

21. — Enfin, nous croyons que le montant des frais spéciaux, faits pour la vente des immeubles des mineurs, devrait être connu avant l'adjudication, au lieu de ne l'être qu'après celle-ci. Beaucoup de personnes n'aiment pas à acquérir dans les ventes judiciaires, à raison même de l'incertitude où elles se trouvent sur la somme proportionnelle qu'elles auront à payer du chef des frais supplémentaires.

Dans nos campagnes, cette situation est souvent exploitée par des paysans rusés et par des agents d'affaires madrés, au grand préjudice des mineurs. Lorsqu'ils désirent acquérir une terre, ils font naître l'incertitude au sujet des frais et jettent ainsi l'épouvante dans l'esprit de ceux qu'ils soupçonnent en être amateurs comme eux. Effrayés, ces derniers ont soin, dans leurs offres, de ne pas pousser la terre au plus haut prix, parce qu'ils tiennent à garder en réserve une somme suffisante pour faire face aux frais imprévus. On comprend que, dans ces circonstances, la propriété subit une dépréciation souvent considérable, véritable prime payée à l'indélicatesse et à l'astuce!

En faisant connaître les frais avant l'adjudication, ce qui ne présenterait aucune difficulté, on réaliserait une amélioration dont le besoin est universellement reconnu.

22. — C'est le cahier des charges qui devrait mentionner la somme exacte, répartie sur les divers lots, que les acheteurs auront à payer, pour l'accomplissement des formalités extraordinaires, prescrites pour parvenir à la vente des biens immeubles appartenant en tout ou en partie à des mineurs (1).

(1) Lettre du notaire Vanoverstraeten citée plus haut.

CHAPITRE II.

La loi du 12 juin 1816 est une loi d'ordre public. — Conséquences.

1. — Les formalités inscrites dans la loi du 12 juin 1816, ayant pour objet la protection des incapables, et touchant à l'organisation des pouvoirs sociaux, sont d'ordre public (1).

2. — De ce que la loi du 12 juin 1816 est une loi d'ordre public, il résulte :

1° Que les tribunaux, pas même sous prétexte d'équité ou d'intérêt des mineurs, ne pourraient s'en écarter ou dispenser les parties de son accomplissement (2).

2° Que les notaires doivent l'observer pour toutes les ventes d'immeubles dans lesquelles des mineurs sont intéressés, même si la somme provenant de la vente devait être absorbée par les frais (3).

3° Qu'un testateur ne pourrait valablement prescrire aux héritiers qu'il institue, de ne pas se conformer aux dispositions de la loi du 12 juin 1816, alors qu'un mineur est au nombre des héritiers (4).

(1) Ar. Bruxelles 23 juin 1873 (*Belg. jud.*, t. 32, p. 632). Ar. Gand 6 juin 1872 (*Pas.*, 1872, 2, 350). Jug. Liége 24 juillet 1852 (*Monit. du not.*, t. 6, p. 283, n° 277).

(2) Cass. 26 août 1807. Arrêt de la Cour supérieure de Luxembourg du 15 février 1850 (*Monit. du not.*, t. 3, p. 106, n° 171). Audenarde 25 juillet 1855 (*Belg. jud.*, t. 14, p. 924). Ar. Bruxelles 23 juin 1873 (*Belg. jud.*, t. 32, p. 632. — BERTIN, article sur la tutelle des mineurs (*Monit. du not.*, t. 6, n° 295, p. 417); DEMOLOMBE, *Cours de code civil*, t. 7, n° 737*bis*.

(3) Ar. Liége 23 janvier 1851, (*Pas.*, 1851, 2, 203). Jug. Liége 24 juillet 1852 (*Belg. jud.*, t. 10, p. 1400). Ar. Bruxelles, 23 juin 1873 (*Belg. jud.*, t. 32, p. 632).

(4) Cass. belg., 28 décembre 1852 (*Pas.*, 1853, 1, 118).

Il ne faudrait même tenir aucun compte des dispositions d'un testament qui tendraient à éluder les formalités de la loi du 12 juin 1816.

Un testateur, après avoir disposé de tous ses biens, avait institué un légataire universel chargé de vendre les immeubles de la succession et de remettre le produit net aux héritiers légitimes parmi lesquels il y avait un mineur. La Cour de Gand par arrêt du 29 avril 1852 (1) a décidé que les immeubles de cette succession ne pouvaient être vendus sans observer les formalités de la loi du 12 juin 1816. Décision fort juste, puisque le testament n'avait pour but que d'éluder les prescriptions tutélaires de cette loi.

4° Qu'un testateur ne pourrait donner à son exécuteur testamentaire le droit de vendre ses immeubles après son décès, sans observer les formalités prescrites par la loi du 12 juin 1816, si, parmi les héritiers co-propriétaires, il se trouve des mineurs (2).

5° Qu'il ne pourrait être dérogé à la loi du 12 juin 1816, même du consentement de toutes les parties (3).

6° Qu'il faudrait observer les formalités prescrites par la loi du 12 juin 1816, alors même que l'action en licitation aurait été introduite entre majeurs exclusivement, si, postérieurement au jugement ordonnant la vente des immeubles communs, par

______

(1) *Belg. jud.*, t. 10, p. 666.

(2) RUTGEERTS, *Commentaire sur la loi du 25 ventôse an XI*, p. 124 n° 129. — On sait que la jurisprudence est divisée sur le point de savoir si un testateur peut donner à son exécuteur testamentaire le droit de vendre ses immeubles. Nous nous rangeons à l'opinion de M. Laurent qui, au tom. 14, n° 365 de ses *Principes de droit civil*, soutient la négative. Mais il nous paraît évident, que les partisans de l'affirmative doivent décider, que le testateur ne pourrait confier à son exécuteur testamentaire le pouvoir de faire procéder à la vente des immeubles de la succession, sans observer les formalités prescrites par la loi du 12 juin 1816, si, à l'époque de son décès, il existait des mineurs parmi ses héritiers co-propriétaires. (Voyez cependant Cass. fr., 17 avril 1855 et ar. Metz 13 mai 1869 (*Monit. du not.*, t. 24, p. 35, n° 1188).

(3) Ar. Bruxelles 23 juin 1873 (*Belg. jud.*, t. 32, p. 632).

suite du décès de l'un des co-propriétaires, des mineurs s'y trouvent intéressés (1).

3. — La loi du 12 juin 1816 étant une loi d'ordre public, il en résulte encore :

1° Que le ministère public, sauf recours aux tribunaux, peut enjoindre aux notaires de surseoir aux ventes qu'il estime faites contrairement à la loi du 12 juin 1816, et que le notaire qui méprise un tel avertissement manque à ses devoirs (2).

2° Que l'inobservation de la loi du 12 juin 1816 constitue pour les notaires une contravention qui mérite répression (3).

(1) Voir chapitre IV, n° 3, livre second.

(2) Ar. Gand 30 avril 1852 (*Pas.*, 1852, 2, 202). Cass. belg., 28 décembre 1852 (*Pas.*, 1853, 1, 118).

(3) Ar. Bruxelles 11 janvier 1847 (*Pas.*, 1848, 2, 343.). Ar. Liége 23 janvier 1851 (*Pas.*, 1851, 2, 203.). Audenarde 12 août 1851, Verviers 5 décembre 1851, Verviers 2 juillet 1852 (*Monit. du not.*, t. 4, p. 322, t. 6, p. 12, n° 246, et p. 244, n° 275). Ar. Gand 29 avril 1852 (*Pas.*, 1852, 2, 202). (Il résulte de cet arrêt que les notaires doivent, avant de procéder à une vente d'immeubles, examiner avec soin les actes qu'on leur présente pour s'assurer s'ils n'ont pas pour but d'éluder la loi du 12 juin 1816). Jug. Liége 24 juillet 1852 (*Belg. jud.*, t. 10, p. 1400). Verviers, 25 octobre 1854 (*Cloes* et *Bonj.*, t. 3, p. 688). — Voir chapitre suivant.

CHAPITRE III.

Les notaires doivent observer rigoureusement la loi du 12 juin 1816.

1. — Les dispositions de la loi du 12 juin 1816 sont conçues en termes impératifs. Plusieurs notaires cependant ne les observaient pas rigoureusement (1). C'est pourquoi le roi Guillaume a porté l'arrêté du 12 septembre 1822.

2. — L'article 1ᵉʳ de cet arrêté s'exprime comme suit : « Nous « défendons très expressément à tous notaires de prêter leur « ministère, sous quelque prétexte que ce soit, pour des actes « contraires à aucunes dispositions législatives actuellement « en vigueur, *et notamment pour ceux où seraient perdues de vue* « ou qui pourraient *éluder* les dispositions de la loi du « 12 juin 1816. »

3. — Il résulte de la loi de 1816 et de l'arrêté royal de 1822, que les notaires ne peuvent procéder à la vente des biens immeubles des mineurs, que sous l'observation de toutes les formalités prescrites par la susdite loi. Ils sont en faute s'ils reçoivent des actes de vente auxquels les mineurs interviennent comme parties, soit par eux-mêmes, soit par leurs tuteurs, sans que les formes légales aient été observées.

Cela ne peut présenter aucune difficulté.

4. — L'arrêté royal du 12 septembre 1822, après avoir dit dans son préambule, que « des notaires ont osé se permettre de prêter la main à des procédés tendant uniquement à éluder les dispositions salutaires de la loi sur la vente des immeu-

(1) Voir préambule de l'arrêté royal du 12 septembre 1822.

bles des mineurs » défend à ces officiers publics, par son article 1er, « de prêter leur ministère, sous quelque prétexte que ce soit, pour des actes qui pourraient éluder les dispositions de la loi du 12 juin 1816. » Un notaire pourrait-il recevoir un acte de vente, par lequel les co-propriétaires majeurs vendent, sans observer les formalités de cette loi, leur part dans un immeuble qu'ils possèdent en commun avec des mineurs, en se portant forts que ceux-ci devenus majeurs, vendront également leur part pour une somme fixée ?

La jurisprudence s'est prononcée pour la négative (1).

Nous ne partageons pas l'opinion de nos tribunaux. A notre avis, un notaire peut recevoir un pareil acte de vente. Il serait, croyons-nous, parfaitement légal et licite.

En effet, l'article 1120 c. c permet de se porter fort pour un tiers en promettant le fait de celui-ci, sans distinguer si ce tiers est capable ou incapable. Le texte de l'article 1120 est formel : il ne laisse place au moindre doute. Il accorde la faculté de se porter fort, dans les termes les plus généraux, sans exiger que celui, pour qui le stipulant se porte fort, soit lui-même capable de s'engager.

Bien plus, l'article 2012 c. c., au titre du cautionnement, permet de cautionner les obligations des incapables. Il dit en effet : « on peut néanmoins cautionner une obligation, encore « qu'elle pût être annulée par une exception purement person- « nelle à l'obligé, *par exemple dans le cas de minorité* ». Si un majeur peut cautionner une obligation d'un incapable, pourquoi ne pourrait-il pas se porter fort pour lui ? On se demanderait vainement pourquoi il ne le pourrait pas.

(1) Ar. Bruxelles 24 mars 1827. (*Pas.*, à sa date). Ar. Bruxelles 11 janvier 1847 (*Pas.*, 1848, 2, 343). Jug. Verviers 24 février 1852 (*Monit. du not.*, t. 6, p. 174 n 266), 25 octobre 1854 et 11 juillet 1855, (*Belg jud.*, t. 13, p. 807 et 1162 ou *Monit. du not.*, t. 9, p. 257, n° 433 et la note). — On cite encore un arrêt de la cour de Liége du 23 janvier 1851 (*Pas.*, 1851, 2, 203). Mais cet arrêt ne paraît pas contraire ; car, dans le cas qu'il prévoit, des enfants mineurs figuraient parmi les vendeurs. — Comparez ar. Bruxelles 28 mars 1865 (*Pas.*, 1865, 2, 132).

Que veut la loi du 12 juin 1816?

Que pour vendre les biens appartenant pour le tout ou pour partie à des mineurs, on observe certaines formalités. Mais il est à remarquer que ces formalités ne doivent être observées que lorsque, conjointement avec des mineurs, les majeurs veulent vendre un bien indivis entre eux. Si les majeurs ne veulent vendre que leur part indivise, la loi du 12 juin 1816 n'est plus applicable. Or, dans le cas que nous posons, les majeurs ne vendent que leur part; eux seuls sont parties à l'acte avec l'acheteur; eux seuls sont engagés et s'obligent. Ils ne vendent pas la part des mineurs. Ils ne le pourraient pas d'ailleurs, puisque les mineurs n'interviennent pas à l'acte, soit par eux-mêmes, soit par leurs représentants. S'ils le faisaient, ils vendraient le bien d'autrui et l'on sait que la vente serait nulle pour la part des mineurs (art. 1599 c. c.). *Nemo plus juris in alium transferre potest quam ipse habet.*

Que font donc les majeurs qui se sont portés forts? Ils vendent leur part dans l'immeuble, et promettent uniquement le fait des mineurs, à leurs risques et périls comme à ceux de l'acheteur. Les mineurs conservent leurs droits de co-propriété; ils conservent leur part. Ceux qui se sont portés forts pour eux ont simplement aliéné leur propre part, et ont pris l'engagement de payer des dommages-intérêts pour le cas où ils ne parviendraient pas à faire vendre leur part par les mineurs devenus majeurs, pour une somme déterminée.

Qu'on ne l'oublie pas : les mineurs ne sont obligés à rien, ne sont nullement liés. Celui qui s'est porté fort pour un tiers n'oblige pas ce tiers. Il n'oblige que lui-même : cela est élémentaire. Dans le cas que nous posons, le mineur n'aura rien à faire annuler, car ses droits sont restés intacts, son tuteur n'ayant rien aliéné. Il aura simplement à refuser l'exécution d'un acte pris en son nom, mais qui n'est ni son fait ni celui de ses représentants légaux. Une pareille vente n'a donc rien de contraire à la loi du 12 juin 1816. D'ailleurs, ceux qui sont dans l'indivision avec un mineur pourraient vendre leurs parts indivises par acte sous seing privé, en se portant forts pour lui. Pourquoi une pareille stipulation, qui n'ôte rien aux droits du mineur, ne pourrait-elle pas se faire par un acte notarié? (1)

On dit qu'une pareille vente est un moyen d'éluder les dispositions salutaires de la loi du 12 juin 1816. Cela n'a pas de sens. Étrange moyen, en effet, d'éluder la loi que de faire un acte que la loi elle-même autorise et consacre! Comme le disent Cloes et Bonjean, t. 14, p. 607, « éluder veut dire éviter le résultat que la loi a voulu produire ou bien produire le résultat que la loi a voulu empêcher. » Or, qu'est ce que la loi du 12 juin 1816 a voulu empêcher? Elle a voulu empêcher que la fortune du mineur fût compromise; et il est évident qu'elle ne peut pas l'être par l'acte dont il s'agit, puisque comme nous l'avons démontré, il n'a pas pour objet d'aliéner le bien du mineur. Cet acte ne peut créer pour ce dernier aucune obligation, puisqu'il n'y est pas intervenu.

Qu'on remarque d'ailleurs, que le notaire ne pourrait pas refuser de prêter son ministère pour un acte de cette nature, s'il en était requis. Ainsi non seulement il peut recevoir un acte de vente par lequel les majeurs vendent leurs parts indivises, en se portant forts que les mineurs devenus majeurs vendront également leur part pour une somme fixée, mais il le doit, lorsqu'il en est requis, car, en principe, un notaire requis de prêter son ministère est tenu, en vertu de ses fontions, de passer acte des conventions des parties qui se présentent devant lui, sauf dans le cas où une loi impérative lui défend expressément de passer l'acte qu'on lui demande, et dans celui où la

1 Rutgeerts, *Manuel de droit notarial*, nº 144, b. — *Moniteur du notariat et de l'enregistrement*, t. 4. p. 67; t. 19, nº 968, p. 362; t. 19 nº 964, p. 328. Jugement du tribunal de Bruxelles du 30 octobre 1845 (*Belg. jud.*, t. 3, p. 1663). Arrêt de la Cour de Cassation de Belgique du 7 déc. 1847 (*Pas.*, 1848, 1, 75). Jugement du tribunal de Liége du 15 avril 1848. (*Belg. jud.*, t. 7, p. 958). Consultez arrêt de la Cour de Bruxelles du 5 mai 1849 (*Pas.*, 1850, 2, 255). — Contrà, *Monit. du not.*, t. 9, p. 63, nº 409. Consultez même recueil, t. 10, p. 83, nº 464.

convention, dont on lui demande acte, constitue implicitement la violation d'une loi (1).

5. — Le *Moniteur du notariat* dit avec raison au sujet de ces ventes :

« De pareilles ventes, qu'on fait souvent pour éviter des frais,
« ne sont cependant pas à conseiller ni aux vendeurs ni aux
« acquéreurs ; car les vendeurs sont tenus de payer des dom-
« mages-intérêts si le mineur ne ratifie pas à sa majorité. Et
« comme, par suite de cette vente, le mineur se trouve dans l'in-
« division avec d'autres co-propriétaires, son tuteur pourrait
« provoquer contre les acquéreurs une nouvelle licitation qui
« devrait se faire conformément à la loi du 12 juin 1816. Le
« tuteur aurait même intérêt à le faire pour mettre sa responsa-
« bilité à couvert, s'il craint que les acquéreurs ne commettent
« des dégradations sur l'immeuble vendu (2). »

6. — Mais, à notre avis, un notaire ne pourrait recevoir un acte de vente, par lequel les co-propriétaires majeurs vendraient l'immeuble qu'ils possèdent indivisément avec des mineurs, en se portant forts de l'assentiment de ces derniers parvenus à leur majorité.

Il est bien vrai qu'un pareil acte ne lie pas les mineurs; qu'en droit il n'y a pas vente de leur bien puisqu'ils n'ont pas été parties à l'acte; qu'il y a seulement engagement pris par des majeurs, qui auront à payer des dommages-intérêts, si plus tard les mineurs ne ratifient pas. Mais il nous semble que l'article 1er de l'arrêté royal du 12 septembre 1822, conçu en des termes très absolus, ne permet pas au notaire de recevoir un pareil acte de vente. Cet article porte, en effet, que « *sous aucun prétexte,* « l'immeuble appartenant à un mineur ne peut être vendu sans « observer les formalités prescrites par la loi du 12 juin « 1816 (3) » .

---

(1) *Moniteur du notariat*, t. 19, p. 330, n° 964.

(2) T. 4, p. 67 ; t. 10, p. 83. Voir RUTGEERTS, *Commentaire sur la loi du 25 ventôse an* XI, t. 1, p. 123, n° 127*a*.

(3) Voir *Cloes et Bonj.*, t. 14, p. 607. Jug. encore inédit du tribunal de Charleroi, en date du 3 juin 1876.

7. — Pour le même motif, un notaire ne pourrait pas recevoir un acte de vente, par lequel le tuteur vendrait les immeubles de ses pupilles, sans observer les formalités prescrites, mais en se portant fort que, devenus majeurs, ils ratifieront la vente. L'article 1ᵉʳ de l'arrêté royal du 12 septembre 1822 s'y oppose d'une façon absolue (1).

8. — De ce que l'arrêté royal du 12 septembre 1822 défend au notaire de prêter son ministère, sous quelque prétexte que ce soit, pour des actes qui pourraient éluder les dispositions de la loi du 12 juin 1816, il résulte qu'il ne pourrait recevoir un testament par lequel le testateur donnerait, soit à son héritier, soit à son exécuteur testamentaire ou à tout autre, le droit de vendre ses immeubles après son décès, sans observer les formalités prescrites par la loi du 12 juin 1816, si, parmi les héritiers co-propriétaires, il se trouve des mineurs (2).

9. — La loi du 12 juin 1816 avait bien prescrit l'observation de ses dispositions d'une façon impérative, mais elle n'avait pas attaché une peine spéciale à leur inobservation.

Pour en assurer l'exécution, le roi Guillaume, après avoir défendu aux notaires, par l'article 1ᵉʳ de son arrêté royal du 12 septembre 1822 (3), de prêter leur ministère, sous quelque prétexte que ce soit, pour des actes contraires à aucunes dispositions législatives actuellement en vigueur, et notamment pour ceux où seraient perdues de vue ou qui pourraient éluder les dispositions de la loi du 12 juin 1816, a prescrit aux procureurs généraux et aux procureurs du roi de requérir, contre les notaires en contravention, l'application des peines comminées par la loi et de provoquer, selon les circonstances, leur suspension et même leur destitution (article 7).

---

(1) RUTGEERTS, *Commentaire sur la loi du 25 ventôse an* XI, t. 1ᵉʳ, n° 127*b*, p. 123. Consultez *Cloes et Bonj.*, t. 14, p. 607. Verviers 25 octobre 1854 (*Cloes et Bonj.*, t. 3, p. 688).

(2) RUTGEERTS, n° 129. — Chapitre II, n° 2, 4°, livre premier.

(3) Voir nᵒˢ 2 et ss. de ce chapitre.

10. — Il est à remarquer que l'article 7 de l'arrêté royal de 1822 n'est qu'une application des principes généraux en matière de poursuites disciplinaires contre les notaires. En effet, en vertu d'une jurisprudence constante en Belgique, en France et en Hollande, les tribunaux ont un pouvoir discrétionnaire pour prononcer des peines disciplinaires contre les notaires qui enfreignent ou aident à enfreindre une loi d'ordre public. Or, la loi du 12 juin 1816, ayant pour but de protéger les incapables contre toute fraude ou collusion, est une loi qui tient à l'ordre public. Ainsi donc, quoique la loi du 12 juin 1816 ne prononce aucune peine contre le notaire qui n'observe pas ses dispositions impératives, les tribunaux ne pourraient pas moins, en l'absence même de l'arrêté royal du 12 septembre 1822, prononcer contre lui la suspension ou la destitution. C'est ce que l'arrêté de 1822 reconnaît du reste, dans son préambule et dans l'article 7 § 2.

11. — On a prétendu que « la loi du 12 juin 1816 n'ayant « fait que substituer des formalités à d'autres formalités, sans « attacher de peines à leur inobservation, le roi Guillaume « n'avait pas le droit de comminer, par un simple arrêté royal, « des peines qui n'étaient pas prononcées par la loi ; que, sous « ce rapport, l'arrêté du 12 septembre 1822 devait être considéré « comme illégal, et, par conséquent, que si un notaire avait reçu « l'acte d'aliénation d'un immeuble, faite, soit par le mineur, soit « par son tuteur, sans observer toutes les formalités prescrites « par la loi de 1816, le mineur ou son tuteur pourraient bien « demander la nullité de pareille vente, mais qu'on ne pourrait « pas infliger au notaire une peine non prononcée par la loi (1) ».

Ce que nous venons de dire répond à cette observation. Les principes généraux permettant de poursuivre le notaire qui n'a pas observé les formalités de la loi du 12 juin 1816, il en résulte que l'arrêté royal du 12 septembre 1822 n'est pas

---

(1) Rutgeerts, *Commentaire sur la loi du 25 ventôse an* xi, p. 121, n° 126. — *Monit. du not.*, t. 4, p. 66.

illégal dans ses dispositions où il prescrit des peines disciplinaires contre le notaire qui enfreint la loi de 1816. Ces dispositions constituent une superfluité et ne sont qu'une application des principes généraux.

12. — Les peines qui peuvent être prononcées contre les notaires, pour avoir passé un acte de vente de biens immeubles appartenant en tout ou en partie à des mineurs, sans avoir observé les formalités de la loi du 12 juin 1816, sont celles prévues dans l'article 10 de l'arrêté du 2 nivôse an XII, ainsi que la suspension et la destitution (Art. 7 de l'arrêté royal du 12 septembre 1822).

13. — Il a été décidé :

1° Que le notaire qui procède, dans la forme ordinaire, à la vente d'un bien dans lequel un mineur est intéressé, sans que le tuteur ait obtenu, au préalable, l'autorisation exigée par la loi du 12 juin 1816, manque à ses devoirs et méconnaît les obligations qui lui sont personnellement imposées par la loi (1).

2° Que le notaire qui reçoit un testament, des dispositions duquel il résulte qu'on a eu pour but de faire vendre, sans les formalités voulues par la loi du 12 juin 1816, les biens légués, dans lesquels des mineurs sont pour partie intéressés, et qui, en vertu du dit acte, procède à une vente immobilière des biens délaissés et ce, nonobstant un avertissement officiel à lui donné de s'en abstenir, se rend passible de peines disciplinaires (2).

3° Que le notaire qui n'observe pas les formalités prescrites par l'article 9 de la loi du 12 juin 1816 peut être condamné à des peines disciplinaires (3).

(1) Ar. Bruxelles 11 janvier 1847 (*Pas.*, 1848, 2, 343).
(2) Ar. Gand, 30 avril 1852 (*Pas.*, 1852, 2, 202).
(3) Furnes, 22 octobre 1870 (*Cloes et Bonj.*), t. 20, p. 431. — Voyez chapitre II, n° 3, livre premier.

CHAPITRE IV.

La loi du 12 Juin 1816 ne prévoit que la vente des immeubles.

1. — Les formalités de la loi du 12 juin 1816 ne sont applicables qu'à la vente publique des immeubles appartenant en tout ou en partie à des mineurs. Elles ne sont pas applicables à la vente publique des meubles, soit corporels, soit incorporels, dans lesquels ces derniers sont intéressés (1). Cela résulte de l'ensemble de la loi qui ne parle que de l'aliénation des immeubles. On lit, en effet, dans le préambule : « Ayant pris en considération l'ensemble...... des formalités prescrites par les lois existantes à l'égard de la vente publique des biens *immeubles* appartenant en tout ou en partie à des mineurs....... » Puis on lit dans l'article 1er : « Sont abolies.... ... toutes les formalités prescrites...... à l'égard de l'aliénation publique d'*immeubles* appartenant en tout ou en partie à des mineurs.....» Enfin l'article 8 dit encore : « La vente des *immeubles* se fera.... conformément à ce qui est usité à l'égard des ventes publiques ordinaires d'immeubles.»

2. — Il ne peut donc y avoir de doute : la loi de 1816 maintient toutes les formalités qui étaient prescrites pour la vente publique des meubles appartenant aux mineurs (2).

Il en résulte que les parts et portions, dans un charbonnage appartenant à des mineurs, n'étant pas des immeubles mais de simples actions mobilières (articles 529 c. c. et 8 de la loi

---

(1) Jug. Bruxelles 5 mars 1859 (*Monit. du not.*, n° 624).

(2) Il ne rentre pas dans le sujet que nous avons voulu traiter, d'indiquer les formalités qui doivent être suivies pour la vente des meubles appartenant aux mineurs.

du 21 avril 1810), ne doivent pas être vendues avec observation des formalités de la loi du 12 juin 1816 (1).

3. — Les immeubles pour la vente desquels il faut observer les formalités de la loi du 12 juin 1816 sont notamment :

1° Les fonds de terre, parmi lesquels il faut comprendre les mines, puisque les mines sont considérées comme faisant corps avec le sol (2).

2° Les caves séparées du sol, car la cave ne laisse pas pour cela d'être immeuble (3).

3° Les biens immeubles par incorporation, bâtiments, moulins fixes sur piliers ou faisant partie du bâtiment (4), les récoltes pendantes par les racines, les fruits des arbres non encore recueillis, ainsi que les coupes des bois (art. 518-521), les chemins de fer (5), etc.

4. — Mais faut-il observer pour la vente *des bâtiments*, *des arbres*, *des récoltes*, etc., appartenant en tout ou en partie à des mineurs, et se trouvant sur un terrain leur appartenant également en tout ou en partie, les formalités de la loi du 12 juin 1816, lorsque cette vente est faite séparément du sol, lorsque ces *bâtiments*, ces *fruits*, etc., sont considérés dans le contrat de vente comme devant être détachés du sol, comme n'y étant pas adhérents ?

Cette question revient à savoir si les bâtiments, les arbres, etc., abstraction faite du sol, constituent des biens immeubles dans le sens de la loi civile.

Les bâtiments, les arbres, etc., ne sont immeubles qu'à raison

(1) Ar. Bruxelles 14 mars 1838 (*Pas.*, à sa date). Jug. Charleroi du 4 août 1848 (*Belg.*, *jud.*, t. 12, p. 499). Ar. Bruxelles 16 avril 1853 (*Pas.*, 1854, 2, 90).

(2) LAURENT, t. 5, n° 407. — Si c'est le droit d'exploiter la mine qui est l'objet du contrat de vente, la mine devient mobilière puisqu'on la considère comme devant être détachée du sol. Dans ce cas il ne faut pas observer la loi du 12 juin 1816.

(3) LAURENT, t. 5, n° 406.

(4) LAURENT, t. 5, n° 409.

(5) LAURENT, t. 5, n° 410.

de leur incorporation, parce qu'ils ne font qu'un avec le sol. Mais lorsqu'on les vend séparément du sol, il ne s'opère pas une aliénation d'immeubles, mais seulement une vente mobilière, car, dans ce cas, la vente tend à quelque chose de meuble : *aliquid mobile.*

Ce que l'on vend réellement est une chose mobilière ; les bâtiments, les arbres, etc., ne doivent plus être considérés comme attachés au sol, mais comme devant en être détachés. Il importe même peu qu'ils ne soient pas de suite enlevés, car le droit de l'acheteur sur ces bâtiments, ces arbres, etc., est un droit mobilier et non un droit immobilier. Les bâtiments, les arbres, etc., sont unis au sol, au moment de la vente, cela est vrai; mais à ce moment même ils sont destinés à disparaître. Ce n'est donc pas un immeuble qui fait l'objet de la vente, mais bien un meuble (1).

5. — Nous pouvons donc poser comme principe, que toutes les fois qu'un immeuble par nature est considéré dans le contrat de vente comme détaché du sol, la raison de l'immobilisation cesse, et l'immeuble devient une chose mobilière (2). Il en résulte, que lorsque des immeubles par nature sont vendus séparément du sol, il ne faut pas appliquer la loi du 12 juin 1816 (3).

6. — Les rédacteurs du *Moniteur du notariat*, tout en reconnaissant avec un arrêt de la Cour de Bruxelles du 23 juin 1824 (4) qu'il y a dans ce cas vente d'objets mobiliers, sont d'avis qu'il faut appliquer la loi du 12 juin 1816. Cette opinion est inadmissible et illogique (5).

(1) Conf. LAURENT, t. 5, nº 408 et 425, 426-428, p. 505, 530, 531, 532, 533. — *Monit. du not.*, t. 7, p. 41, nº 302; t. 8, p. 329, nº 389. — Ar. Bruxelles 4 décembre 1828 (*Pas.*, à sa date).

(2) Louvain, 28 juillet 1873 (*Belg. jud.*, t. 31, p. 1244).

(3) Conclusions de COLINEZ qui ont précédé l'arrêt de Gand du 10 janvier 1845 (*Monit. du not.* t. 18, p. 50, nº 877.)

(4) *Pas.*, à sa date; junge. cass. belg. 31 mars 1834, 7 juin 1837, 29 novembre 1845 et 14 mai 1850 (*Pas.*, 1846, 1, 226 ; 1850, 1, 310).

(5) *Monit. du not.*, t. 18, p. 50, nº 877. RUTGEERTS, *Commentaire sur la loi du 25 ventôse an XI*, t. 1, p. 129 et 130, nº 134 et 135, 2e édit.

CHAPITRE V.

Ventes d'immeubles pour lesquelles il faut observer les formalités prescrites par la loi du 12 juin 1816.

1. — Les ventes d'immeubles pour lesquelles il faut observer les formalités prescrites par la loi du 12 juin 1816, sont les suivantes :

1°) la vente des immeubles des mineurs (préambule de la loi du 12 juin 1816 et article 1er de cette loi);

2°) la vente des immeubles des interdits (préambule de la loi du 12 juin 1816 et articles 1er et 5 de cette loi);

3°) la vente des immeubles des héritiers bénéficiaires (préambule de la loi du 12 juin 1816 et article 3 de cette loi);

4°) la vente des immeubles dépendant d'une succession vacante (préambule de la loi du 12 juin 1816 et article 3 de cette loi);

5°) la vente des immeubles des masses administrées par des syndics, c'est-à-dire des masses faillies (préambule de la loi du 12 juin 1816 et article 4 de cette loi).

Il faut ajouter à cette énumération, la vente par suite de surenchère en matière de purge (article 13 des dispositions transitoires de la loi du 16 décembre 1851) et la vente par expropriation forcée (article 44 de la loi du 15 août 1854).

2. — Il faut donner au mot « *mineurs* » le sens le plus large et le plus étendu. Il comprend les mineurs placés dans un hospice, ainsi que les enfants à naître (1).

3. — On s'est demandé si les formalités de la loi du 12 juin 1816 doivent être observées pour la vente des immeubles appartenant à des mineurs qui ont encore leurs père et mère.

(1) Consultez jug. Gand confirmé par arrêt de la Cour de Gand du 3 juin 1857 (*Pas.*, 1857, 2, 403).

On sait que le père, pendant le mariage, est administrateur légal des biens de ses enfants mineurs (article 389 c. c.). Il est évident que s'il veut vendre des immeubles qui leur appartiennent en tout ou en partie, il devra observer les formalités prescrites par la loi du 12 juin 1846 (1). Cette loi parle, en effet, des mineurs d'une façon générale, sans faire la moindre distinction. Seulement, il faudra, dans le cas de l'article 2, §§ 1 et 2 de la loi du 12 juin 1846, remplacer l'autorisation du conseil de famille, homologuée par le tribunal, par l'autorisation de justice, car le père administrateur, n'étant pas tuteur, n'est pas soumis au contrôle d'un conseil de famille (2).

Si donc, le père administrateur se trouve dans la nécessité absolue de vendre des immeubles appartenant en tout ou en partie à ses enfants mineurs, ou s'il estime qu'il y a avantage évident à les vendre, il devra se faire autoriser à cette fin par le tribunal (3).

Pour le surplus, toutes les formalités de la loi de 1846 sont applicables au cas que nous posons, sauf la formalité ayant pour objet la présence d'un subrogé-tuteur à l'adjudication, le père administrateur n'étant pas un tuteur.

On soutiendrait à tort, en se fondant sur l'article 2, § 4, de la loi du 12 juin 1846 que le père administrateur ne pourrait procéder à la vente sans avoir fait nommer un subrogé-tuteur, car cet article prévoit le cas le plus général, celui où le mineur est orphelin (4).

(1) Voyez ar. Liége 8 décembre 1836 (*Pas.*, à sa date). La Haye, 10 juin 1830, cité par Rutgeerts, *Commentaire sur la loi du 25 ventôse an* xi, t. i, p. 119, n° 124.

(2) Laurent, t. 4, p. 414, n° 313. — Ar. cass. fr. du 3 juin 1867.

(3) Conf. Arlon 8 janvier 1867 (*Monit. du not.*, t. 21, p. 115, n° 1042 ou *Cloes et Bonj.*, t. 15, p. 680). Ar. Bruxelles 9 mars 1868 (*Pas.*, 1868, 2, 128 et la note, ou *Belg. jud.*, t. 26, p. 532 avec conclusions du ministère public. [M. Mesdach de ter Kiel.]) Ar. Bruxelles 14 juin 1874 (*Monit. du not.*, t. 28, p. 273, n° 1427 et p. 253, n° 1424). Voyez encore ar. Liége 8 décembre 1836 (*Pas.*, à sa date). — Voyez Laurent, t. 4, n° 314. — Seligman. « De l'administration légale des biens des mineurs par les père et mère pendant le mariage. » (*Revue critique*, p. 701, année 1875).

(4) Voir chapitre XIV, § 3, n° 5, livre premier.

4. — Nous croyons que l'esprit de la loi de 1816 exige que le père administrateur soit présent à la vente (1).

5. — La loi du 12 juin 1816 doit-elle être observée pour la vente des immeubles dans lesquels sont intéressés des enfants naturels mineurs légalement reconnus ?

Bien que la loi refuse le titre *d'héritiers* aux enfants naturels légalement reconnus, la doctrine et la jurisprudence décident généralement que le droit qu'elle leur accorde sur les biens de leurs père ou mère décédés est, non pas une simple créance ou un droit purement personnel, mais un véritable droit de succession, c'est-à-dire un droit dans les biens du défunt, *jus in re*, droit qui est de même nature que celui des parents légitimes, sauf que ceux-ci sont héritiers, tandis que les enfants naturels sont des successeurs irréguliers. Puisque l'enfant naturel reconnu succède, il acquiert, dès l'instant de l'ouverture de l'hérédité, la propriété des biens à titre de succession. Il devient co-propriétaire, pour la quotité fixée par la loi, des biens qui composent l'hérédité (2).

Il en résulte, que lorsqu'il s'agit de vendre ou de partager des biens immeubles dans lesquels sont intéressés des enfants naturels légalement reconnus, encore mineurs, il faut observer les formalités prescrites par la loi du 12 juin 1816 (3).

6. — Les formalités prescrites par la loi du 12 juin 1816 sont-elles applicables à la vente des immeubles appartenant à des mineurs émancipés ?

Cette question doit recevoir une solution affirmative. En effet, aux termes de l'article 484 § 2 c. c. le mineur émancipé ne peut vendre ni aliéner ses immeubles sans observer les formes prescrites au mineur non émancipé.

Faisons remarquer que l'article 457 c. c. est applicable à la

(1) Voir chapitre XIV, § 3, n° 5, livre premier,

(2) Laurent, t. 9, p. 155. — Mons 24 février 1855 (*Belg. jud.*, t. 13, p. 1160 ; *Monit. du not.*, t. 9, p. 225, n° 429).

(3) Mons 24 février 1855 (*Belg. jud.*, t. 13, p. 1160).

vente des biens immeubles appartenant à un mineur émancipé.

La loi du 12 juin 1816 dit que la vente doit se faire en présence du tuteur et du subrogé tuteur. Nous verrons plus loin que la vente des immeubles d'un mineur émancipé ne doit pas se faire en présence du curateur (1).

7. — Les formalités de la loi du 12 juin 1816 doivent être observées également pour la vente des immeubles de l'époux mineur émancipé par le mariage.

Les immeubles appartiennent-ils au mari mineur, il faudra pour les vendre appliquer ce que nous avons dit au n° 6 de ce chapitre.

Les immeubles appartiennent-ils à la femme mineure, elle devra pour les vendre être autorisée par son mari.

Si le mari lui-même est mineur, il ne peut pas autoriser sa femme, à raison de sa minorité. Dans ce cas, pour que la femme mineure puisse vendre, il faut qu'elle soit autorisée par le tribunal (2).

Pour le surplus il faut observer les formalités de la loi du 12 juin 1816, sauf la formalité ayant pour objet la présence à la vente, d'un tuteur et d'un subrogé-tuteur (3).

8. — La loi du 12 juin 1816 ne parle pas expressément de la vente des immeubles appartenant à des interdits. Elle dit dans ses articles 1 et 2 :

Art. 1er. « Sont abolies par les présentes toutes les dispo-
« sitions et formalités prescrites par les lois encore existantes à
« l'égard de l'aliénation publique d'immeubles appartenant en
« tout ou en partie à des mineurs *ou à des personnes assimilées*
« *aux mineurs,......* et seront dorénavant observées à l'égard de
« ces aliénations, les dispositions mentionnées aux articles
« suivants :

Art. 2. « *En premier lieu :* sur les immeubles appartenant en

(1) Voir chapitre XIV, § 3, n° 4, livre premier.
(2) LAURENT, t. 3, p. 167, n° 129. — *Monit. du not.*, t. 14, n° 698, p. 289.
(3) Voir n° 6 de ce chapitre.

« tout ou en partie à des mineurs ou aux *personnes qui leur sont*
« *assimilées.* »

Il est évident que le législateur, en se servant de l'expression
« *personnes assimilées aux mineurs* », entend désigner les interdits. D'abord il y a assimilation légale entre les mineurs et les
interdits ; ensuite la volonté du législateur ressort du préambule de la loi du 12 juin 1816, ainsi que de quelques dispositions où les interdits sont mentionnés. (Articles 5 et 7.)

9. — Remarquons même que le législateur n'a eu en vue
que les interdits, en parlant des personnes assimilées aux mineurs. Cela résulte à toute évidence du préambule de la loi
de 1816 et des articles 5 et 7 qui ne parlent que des interdits.
Les termes de la loi, « *personnes assimilées aux mineurs* », ne
peuvent du reste s'appliquer qu'aux interdits.

CHAPITRE VI.

Ventes d'immeubles pour lesquelles il ne faut pas observer les formalités prescrites par la loi du 12 juin 1816.

1. — On s'est demandé s'il faut observer les formalités de la loi du 12 juin 1816 pour les ventes d'immeubles appartenant en tout ou en partie :

1°) à des absents ou à des présumés absents ;

2°) à des aliénés colloqués non interdits ;

3°) à des grevés de substitution ;

4°) à des sourds-muets.

2. — On a également discuté la question de savoir s'il faut observer les formalités de la loi du 12 juin 1816 :

5°) dans le cas d'aliénation en vertu d'une promesse de vente valablement souscrite par l'auteur d'un mineur ;

6°) dans le cas de reconnaissance, par acte authentique, faite par un tuteur, au nom de son pupille, d'une vente verbale ou sous seing privé faite par l'auteur de ce pupille ;

7°) dans le cas de vente pour cause d'utilité publique d'un immeuble appartenant pour le tout ou pour partie à des mineurs ;

8°) dans le cas d'acquisition, par les exploitants d'une mine, en vertu de l'article 44 de la loi du 21 avril 1810, d'un immeuble appartenant à un mineur ;

9°) dans le cas de vente d'un immeuble sur lequel un mineur a une hypothèque ;

10°) dans le cas d'échange d'un immeuble appartenant à un mineur, contre un autre immeuble ;

11°) dans le cas de licitation d'un immeuble indivis entre majeurs et mineurs, lorsque l'immeuble est vendu à l'étranger ;

12°) dans le cas de vente d'immeubles appartenant aux établissements de bienfaisance.

Nous allons examiner successivement chacun de ces cas.

§ 1.

Vente d'immeubles appartenant à des absents ou à des présumés absents.

1. — Nous ne croyons pas que les formalités tracées par la loi du 12 juin 1816 doivent être observées lorsque, parmi les colicitants, il se rencontre des absents ou des présumés absents, car ni dans le message royal du 29 avril 1816 (1) accompagnant le projet de loi, ni dans le préambule de la loi de 1816, ni dans aucune des dispositions de cette loi, il n'est question de cette catégorie de personnes. Il n'y est fait mention que des mineurs, des interdits, des successions vacantes ou bénéficiaires et des masses faillies.

Il est vrai, que dans les articles 1 et 2 de cette loi, il est question « *de personnes assimilées aux mineurs* ». Mais l'absent peut-il être assimilé à un mineur? Évidemment non, car aucune loi n'assimile formellement celui-ci à l'absent ou au non-présent. Or, l'on ne saurait apporter trop de réserve dans l'application des lois spéciales.

D'ailleurs, dans le rapport de la section centrale aux États Généraux, nous trouvons l'intention, clairement exprimée par la majorité de ses membres, de ne pas appliquer la loi du 12 juin 1816 au cas où, parmi les colicitants, il y aurait des absents.

« Quelques membres eussent désiré, dit ce rapport, que « l'abolition des formalités du code civil relativement au par- « tage des successions et aux ventes de biens immeubles, n'eût « pas seulement été proposée pour le cas où il se trouve parmi

(1) *Gazette générale des Pays-Bas* du 10 mai 1816.

« les intéressés des mineurs ou des interdits, mais aussi pour
« le cas où l'un ou plusieurs des héritiers sont absents, les
« dispositions du code étant en cela semblables.

« Cependant on a observé que le but du projet de loi n'est
« pas d'écarter tous les inconvénients que pourraient présenter
« les dispositions du code civil en matière de partage et licitation,
« et autres objets y relatifs, mais uniquement de remédier à des
« difficultés journalières, et qui, à chaque instant, donnaient
« lieu à demander des dispenses : ces demandes si multipliées
« se sont jusqu'ici bornées exclusivement aux cas prévus par
« le projet de loi. Aucune requête en dispense n'a été présentée
« pour le cas d'absence d'un des intéressés. »

Voilà donc un texte bien précis et bien net. La section centrale ne veut pas étendre les formalités de la loi du 12 juin 1816 au cas où il y a des absents parmi les intéressés, et elle se fonde surtout sur ce qu'aucune demande en dispense n'avait été présentée pour ce cas, tandis que les demandes en dispense étaient très nombreuses dans le cas où parmi les colicitants il y avait des mineurs.

Gendebien, le seul des membres qui ait pris la parole dans la discussion, disait dans le même sens, sans rencontrer de contradiction :

« Vous avez remarqué, Nobles et Puissants Seigneurs, que
« les articles 838 et 839 code proc, appliquent toutes les formalités prescrites pour les licitations et partages de successions,
« lorsque des absents y sont appelés, et il ne vous a pas échappé, que le projet de loi n'y est pas applicable. Il est manifeste
« que le motif, qui a détourné le Roi d'appliquer la dispense
« générale de la loi à ce cas particulier, est que, jusqu'ici, aucune
« dispense semblable ne lui a été demandée et qu'il résulte de
« là, ou que les cas sont peu fréquents, ou que les intéressés
« préfèrent remplir toutes les formalités. »

2. — En présence d'une intention si clairement manifestée, le doute semblerait devoir être impossible sur le point de savoir

si les formalités de la loi de 1816 doivent être observées lorsque, parmi les intéressés, il y a des absents. Cependant la question est controversée, et il a été décidé que cette loi est applicable à la vente publique de leurs immeubles (1).

Cette jurisprudence est suivie par plusieurs tribunaux.

On cite dans ce sens un avis du secrétaire du Cabinet du Roi, en date du 21 août 1816, transmis de la part de Sa Majesté au rédacteur du *Staatscourant* (Gazette d'État) et rapporté dans la Pasinomie, 2e série, t. 5, p. 97, (2) et une dépêche du procureur général DANIELS, adressée au procureur du roi de Bruges le 9 novembre 1816.

A notre sens, cette opinion est erronnée. Il n'est pas exact de dire que l'absent est assimilé à un mineur. Aucune loi ne fait cette assimilation, nous l'avons déjà fait remarquer. D'un autre côté, le législateur a nettement déclaré qu'il n'appliquait pas la loi du 12 juin 1816 aux absents.

N'oublions pas, du reste, que cette loi est une loi spéciale, qui doit, par conséquent, être appliquée rigoureusement et sans extension par voie d'analogie.

(1) Termonde 20 Janvier 1860 (*Cloes* et *Bonj.*, t. 9, p. 514).

(2) Voici les termes de cet avis :

« Des requêtes ont été présentées ces jours derniers au Roi à l'effet d'obtenir dispense des formalités exigées pour la vente des biens immeubles dans lesquels des absents sont intéressés.

« Ces requêtes sont superflues, puisqu'il a été satisfait à cet objet par la loi du 12 juin 1816, qui a remplacé, par des formes plus simples, les formalités coûteuses et compliquées de la législation française. Je suis chargé par Sa Majesté de vous en informer, et de vous faire remarquer en même temps que les *absents* tombent bien certainement dans les termes de cette loi par les expressions de : *mineurs ou personnes qui leur sont assimilées*, qui se trouvent dans les articles 1 et 2, et qui, non seulement s'appliquent aux mineurs proprement dits, mais aussi à tous ceux qui, d'après les principes de droit, leur sont assimilés, quant à l'administration des biens, comme les *absents* et les interdits.

« Je vous prie, Monsieur, de faire connaître cette décision aux receveurs (collecteurs) et procureurs, afin qu'à l'occasion, ils agissent en conséquence.

« Le premier secrétaire du Cabinet du Roi.

« Signé : J. G. DE MEY VAN STREEFKERK. »

3. — On cite contre notre opinion, l'article 1 de l'arrêté royal du 12 septembre 1822, qui assimile les absents aux héritiers mineurs, interdits, bénéficiaires, etc. Mais comme le disent Cloes et Bonjean (1) « le Roi qui pouvait, à la vérité, accorder des « dispenses particulières, n'avait pas le droit d'étendre la loi « aux ventes des biens des absents par une décision générale, « laquelle dès lors doit être considérée comme inconstitution- « nelle et non obligatoire pour les tribunaux ».

Du reste, qu'on le remarque bien, l'arrêté royal de 1822 ne parle des absents que dans l'article 1 § 2, au sujet de l'obliga- tion pour les notaires de se conformer exactement au tarif du 16 février 1807, tandis que dans le préambule de cet arrêté, où il est rappelé à l'égard de quelles ventes doivent être observées les formalités de la loi du 12 juin 1816, il n'est pas question de cette catégorie de personnes (2).

4. — M. Rutgeerts partage l'opinion du Gouvernement hol- landais. « Les absents, dit-il, sont évidemment compris dans les « mots : et *autres personnes assimilées aux mineurs*, qui se trou- « vent dans la loi, car il y aurait une véritable anomalie à « mettre dans les attributions des notaires, la vente des immeu- « bles des mineurs, mineurs émancipés, interdits et même les « ventes faites par expropriation forcée et, d'en soustraire la « vente des immeubles des absents. Au reste, l'article 75 de la « nouvelle loi hypothécaire a mis les absents sur la même ligne « que les mineurs et les interdits sous le rapport des hypothè- « ques qu'on peut accorder sur leurs biens (3) ».

Ce raisonnement n'a aucune valeur. Il va tout-à-fait à l'en- contre du texte de la loi de 1816, ainsi que de son esprit.

M. Rutgeerts raisonne ici en législateur, mais non en inter- prète de la loi.

(1) t. 10, p. 811.

(2) Conf. Jug. Bruxelles 4 mai 1844 (*Belg. jud.*, t. 2, p. 1293; *Monit. du not.*, t. 15, p. 349).

(3) Rutgeerts, *Commentaire sur la loi du 25 ventôse an XI*, t. 1ᵉʳ, p. 134 et 135, édit. 1866.

5. — Si, parmi les co-propriétaires d'un bien indivis, il y a des absents, des présumés absents, ou des non-présents, la licitation devra être faite, aux termes de l'article 839 c. c., d'après les formalités du code de procédure. Les articles de ce code sur la vente des biens des mineurs ne sont donc pas abrogés. Ils sont restés en vigueur pour les ventes qui concernent les absents (1).

§ 2.

Vente d'immeubles appartenant par indivis à des aliénés colloqués non interdits.

1. — Faut-il pour la vente des immeubles appartenant par indivis à ceux qui sont placés dans une maison d'aliénés et qui ne sont pas interdits, observer les formalités de la loi du 12 juin 1816?

S'il s'agit de biens dépendant d'une succession ouverte depuis que l'aliéné est pourvu d'un administrateur provisoire, il ne peut y avoir la moindre difficulté sur la question. La succession échue à l'aliéné, étant acceptée sous bénéfice d'inventaire (art. 34, loi du 18 juin 1850, modifiée par la loi du 18 décembre 1873), il en résulte que les biens qui en dépendent doivent être vendus conformément à la loi du 12 juin 1816, en vertu de l'article 3 de cette dernière loi.

Nous posons la question pour le cas où les biens dépendent d'une succession antérieurement acceptée par l'aliéné ou pour le cas où ils ont été acquis par l'aliéné lui-même.

M. RUTGEERTS est d'avis que la loi du 12 juin 1816 est applicable dans ces cas (1).

« Il faut, dit-il, observer les mêmes formalités que pour la
« vente des biens des mineurs, et il en donne pour raison que

(1) Jug. Bruxelles, 4 mai 1844. (*Belg. jud.*, t. 2, p. 1293). — Voir plus haut, chapitre I, n° 5.

(2) T. 1er, p. 137, n° 145., édit. de 1866.

« ces personnes doivent être comprises parmi celles qui sont
« *assimilées aux mineurs et aux interdits* ».

Nous ne pouvons pas partager cette opinion. D'abord la
loi ne se sert pas de l'expression : « *personnes assimilées aux
interdits* »; elle emploie seulement l'expression : « *personnes assimilées aux mineurs* ». Ensuite, il n'existe pas d'assimilation entre
l'aliéné colloqué et l'interdit, et il n'en existe pas davantage
entre l'aliéné colloqué et le mineur. Enfin l'expression : « *personnes assimilées aux mineurs* » ne s'entend que des interdits,
comme nous l'avons prouvé au nº 9 du chapitre V.

Un jugement du tribunal d'Anvers du 10 juin 1854 applique
la doctrine que nous soutenons (1).

2. — La discussion de la loi du 18 juin 1850 prouve que la
loi du 12 juin 1816 ne doit pas être observée pour la vente des
immeubles des aliénés colloqués. En effet, M. Lelièvre avait
signalé que la loi proposée était muette sur les formalités
à suivre pour l'aliénation des immeubles de ces derniers.
« La vente aura-t-elle lieu, disait-il, dans les formes prescrites
« à l'égard des mineurs, ou bien se conformera-t-on aux dis-
« positions concernant les majeurs? La même observation est
« applicable aux inventaires, partages et liquidations. Les actes
« devront-ils être passés avec les formes établies à l'égard des
« mineurs, en conformité de la loi du 12 juin 1816, ou bien
« les aliénés seront-ils considérés comme majeurs? (2) ».

Il proposa, en conséquence, un amendement ainsi conçu :

Article 29. « Si les personnes qui se trouvent placées dans
« des établissements d'aliénés ne sont ni interdites, ni pourvues
« d'un administrateur provisoire, il leur est nommé par le
« tribunal de première instance, sur la requête de la partie la
« plus diligente, ou même sur le réquisitoire du ministère

---

(1) *Monit. du not.*, année 1855, p. 29. et *Cloes* et *Bonj.*, t. 4, p. 546. (Voir
surtout les observations sur ce jugement). Junge : Bruges, 12 mai 1874
(*Cloes* et *Bonj.*, t. 23, p. 388).

(2) Séance de la chambre des représentants du 15 février 1850.

« public, un curateur qui les représente dans tous les actes
« judiciaires et extrajudiciaires.

« Les actes excédant les bornes de simple administration ne
« pourront être faits que pour les causes, et avec les formes
« établies par la loi pour les mineurs et interdits (1). »

Cet amendement fut rejeté (2), et la loi fut adoptée telle que
nous l'avons aujourd'hui.

Le rejet de l'amendement de M. Lelièvre a entraîné la conséquence, que les biens des aliénés colloqués ne doivent pas être
vendus suivant les formes prescrites pour la vente des immeubles appartenant aux mineurs ou aux interdits (3).

§ 3.

Vente d'immeubles appartenant à un grevé de substitution.

1. — Faut-il observer les formalités de la loi du 12 juin
1816, pour la vente d'un immeuble appartenant à un grevé de
substitution ?

C'est une question douteuse que celle de savoir si le grevé
peut aliéner définitivement les immeubles de la substitution (4).

Mais si un immeuble appartient en commun à un majeur et
à un grevé de substitution, l'aliénation peut devenir pour le
grevé une nécessité, si le tiers veut sortir d'indivision.

Quelles formalités faudra-t-il suivre pour cette vente?

La loi ne prévoit pas le cas d'aliénation des biens substitués.
Des auteurs disent qu'il faut suivre les formes voulues pour
l'aliénation des biens des mineurs. C'est l'opinion de MARCADÉ

(1) Séance de la chambre des représentants du 14 février 1850.
(2) Séance du 15 février 1850.
(3) Il n'entre pas dans notre sujet de rechercher les formes qui doivent
être observées. Voyez sur cette question *Cloes et Bonj.*, t. 4, p. 546, t. 17,
p. 255.
(4) LAURENT, t. 14, n° 564.

sur l'article 1053, II, et des rédacteurs du *Moniteur du nota-riat* (1). Ils raisonnent par analogie entre la tutelle des mineurs et la tutelle fidéicommissaire.

Voici comment s'expriment les rédacteurs du *Moniteur du notariat.*

« Nous nous rangeons à l'opinion qui exige l'emploi des
« formalités requises pour la vente des biens des mineurs. Il
« est vrai, comme le disent GRENIER et DURANTON, que la tutelle
« à une substitution diffère notablement de la tutelle ordinaire;
« qu'en général, il n'est pas permis de suppléer à la loi et qu'au-
« cune loi ne prescrit, par exemple, la tenue d'un conseil de
« famille pour autoriser la vente des immeubles de la substitu-
« tion. La vérité est que l'espèce actuelle est une de celles où,
« à défaut de texte, il faut appliquer l'esprit de la loi : or, l'ad-
« ministration, qui a le plus de rapport avec celle des biens de
« substitution, est incontestablement celle des biens de mineurs;
« les fonctions de tuteur à la substitution, en tant qu'elles sont
« prévues par le code, sont analogues à celles d'un tuteur ordi-
« naire. Ces raisons ont fait admettre par tous les auteurs la
« nomination par un conseil de famille (celui du domicile du
« donateur) du tuteur à la substitution, lorsque le donateur ne
« l'a pas nommé lui-même.

« Il est donc rationnel, en suivant cette analogie, de procéder
« à la vente des immeubles avec les autorisations et d'après les
« formes requises pour la tutelle ordinaire..... En résumé nous
« estimons qu'on doit suivre, dans l'espèce citée, la loi du
« 12 juin 1816. »

Ce raisonnement ne nous convainc pas. Il n'y a aucune ana-logie possible entre le grevé de substitution et le mineur. Le premier est un capable, le second est un incapable.

Nous sommes, en conséquence, d'avis que les formalités de la loi du 12 juin 1816 ne doivent pas être observées pour la vente des immeubles appartenant à des grevés de substitution.

(1) T. 17, nº 858, p. 313; t. 27, p. 17, nº 1343.

§ 4.

Vente d'immeubles appartenant à des sourds-muets.

1. — Une dissertation insérée dans le *Moniteur du notariat et de l'enregistrement*, a pour but de prouver que la loi du 12 juin 1816 ne s'applique pas à la vente des immeubles appartenant à des sourds-muets; que, s'il y a un de ces malheureux parmi les colicitants, il ne faut pas observer les formalités de cette loi (1). Cela est évident, car la loi du 12 juin 1816 ne mentionne pas les sourds-muets parmi les personnes dont les biens doivent être vendus en suivant les formalités qui y sont indiquées. Puis on ne peut assimiler le sourd-muet à un mineur, c'est-à-dire à un incapable.

§ 5.

Aliénation en vertu d'une promesse de vente valablement souscrite par l'auteur d'un mineur.

1. — On s'est demandé si les formalités prescrites pour l'aliénation des immeubles appartenant à des mineurs sont applicables à l'aliénation en vertu d'une promesse de vente valablement souscrite par l'auteur d'un mineur.

Il nous paraît évident que non (2).

La loi du 12 juin 1816 s'occupe des aliénations purement volontaires, et non des cessions résultant d'une convention obligatoire à laquelle les mineurs ne pourraient pas plus se soustraire que leur auteur. Le tuteur, en abandonnant la chose vendue contre le paiement du prix stipulé, satisfait à une obligation née et incontestable, car la vente devient parfaite, du

(1) *Monit. du not.*, t. 1er, p. 328.

(2) Conf. jug. Bruxelles 10 mai 1851 (*Belg. jud.*, t. 9, p. 651, ou *Monit. du not.*, t. 29, p. 129, n° 1461) et jug. Liége 27 février 1875 (*Pas.*, 1875, 3, 203).

moment que celui, à qui la promesse de vente a été faite, déclare qu'il veut acquérir, pour le prix stipulé, la chose qui en faisait l'objet. A partir de cette déclaration, l'immeuble est censé n'avoir jamais fait partie du patrimoine des mineurs.

Les rédacteurs du *Moniteur du notariat* (1) partagent cette opinion; mais cependant ils engagent les tuteurs à solliciter, en pareil cas, l'autorisation du conseil de famille et à la faire homologuer par le tribunal.

Nous nous demandons quelle est l'utilité de ce conseil. A quoi bon, en effet, demander une autorisation que le conseil de famille DOIT accorder, et une homologation qui ne peut être refusée?

2. — Les principes que nous venons d'exposer servent à résoudre le cas suivant: Un acte de bail à long terme porte, entre autres stipulations, qu'à son expiration, il sera loisible au locataire d'acheter l'immeuble loué moyennant un prix déterminé. A l'expiration du bail, les locataires déclarent vouloir faire usage de cette faculté. Or, il se trouve que le bailleur primitif étant venu à mourir, le propriétaire actuel est mineur. Cette vente doit-elle être environnée des formes prescrites par la loi du 12 juin 1816 (2)?

Évidemment non, puisque le bail porte promesse de vente. Il y a consentement éventuel sur la chose et sur le prix. Si donc le locataire opte pour l'achat, le contrat se réalise et l'héritier mineur ne peut pas plus en refuser l'exécution que ne l'aurait pu le bailleur originaire.

3. — On s'est également demandé si, dans le cas suivant, il faut observer les formalités de la loi du 12 juin 1816.

Un bien est donné en bail, et l'acte renferme la clause suivante : « Le preneur pourra, sur le terrain loué, placer à ses « frais tels bâtiments que bon lui semblera, que le bailleur ou « ayant droit aura la faculté, après l'expiration du bail, de « reprendre sur estimation sous déduction d'un tiers, ou bien

(1) T. 10, p. 121, n° 469, mais voyez même recueil t. 13, n° 619, p. 489.
(2) *Monit. du not.*, t. 13, n° 619, p. 489.

« de faire ôter du fonds loué, en demandant que le sol soit
« remis dans son état primitif, libre et vide de tous bâtiments. »

Le bail est expiré ; le preneur est décédé, et parmi ses héritiers
se trouve un mineur : faudra-t-il, à raison de la présence de
ce mineur, que les preneurs observent les formalités de la loi
du 12 juin 1816, si le bailleur veut reprendre les bâtiments
placés sur son terrain par le preneur primitif ?

Nous ne le pensons pas, car ici de nouveau, il y a promesse
de vente. Le mineur ne pourrait pas plus se soustraire à l'obligation de laisser reprendre les bâtiments par le bailleur que son
auteur lui-même ne l'aurait pu. La promesse de céder commen-
çait à partir du moment où le bâtiment était construit.

§ 6.

**Reconnaissance par acte authentique, faite par un tuteur au
nom de son pupille, d'une vente verbale ou sous seing-privé
faite par l'auteur de ce pupille.**

1. — Le tuteur d'un héritier mineur devrait-t-il se faire autoriser par justice et suivre les formes prescrites par la loi du
12 juin 1816, pour reconnaître, par acte authentique, une vente
verbale ou sous seing privé, faite par une personne majeure
décédée?

Il faut répondre négativement à cette question. Il ne s'agit
pas, en effet, de vendre un bien appartenant à un mineur. Il
s'agit seulement de valider une convention de vente passée avec
un majeur (1).

§ 7.

**Vente pour cause d'utilité publique d'un immeuble appartenant
pour le tout ou pour partie à un mineur.**

1. — La loi exige, pour la vente des immeubles des mineurs, l'observation rigoureuse de la loi du 12 juin 1816. On

---

(1) *Monit. du not.*, t. 16, n° 796, p. 233.

s'est demandé si les formalités prescrites par cette loi doivent être observées lorsque la vente des biens des mineurs est rendue nécessaire par une expropriation pour cause d'utilité publique.

La jurisprudence et la doctrine se prononcent assez généralement, et avec raison, à notre avis, pour la négative, et admettent que le tuteur peut consentir la cession amiable des biens de ses pupilles, soumis à l'expropriation pour cause d'utilité publique. En effet, les formalités pour la vente des immeubles appartenant en tout, ou en partie, à des mineurs, déterminées par la loi du 12 juin 1816, en exécution des dispositions des articles 457, 458, 460 c. c. se réfèrent, ainsi que ces dispositions l'indiquent, à la vente volontaire. Il suffit de lire l'article 457 c. c. pour être convaincu, qu'en parlant de nécessité absolue, cet article vise le cas où le mineur n'a pas de ressources suffisantes pour satisfaire à ses engagements ou à ses besoins, et non le cas où il se trouve dans l'obligation de céder son immeuble. A quoi bon d'ailleurs s'adresser au tribunal pour demander l'autorisation de vendre, le tribunal ne pouvant la refuser puisqu'il s'agit d'une cession obligée?

La preuve que les articles 457, 458 et 459 c. c. et la loi du 12 juin 1816 visent des cas différents de celui où il s'agit d'une vente forcée, c'est que la désignation d'un notaire et la vente publique ne sont pas possibles là où l'acquéreur est nécessairement désigné d'avance, et où il ne reste plus qu'à fixer le prix. Pourrait-on mettre l'immeuble aux enchères publiques, conformément à l'article 459 c. c. et à la loi du 12 juin 1816? Non, puisque, comme le dit DELMARMOL, dans son traité de l'expropriation (1), l'éventualité même des enchères empêche l'expropriant d'être assuré qu'il deviendra propriétaire. Dans ce cas, la mise aux enchères des parcelles emprises ne pourrait être qu'une formalité dérisoire, un vain simulacre qui donnerait naissance à des frais frustratoires, contraires aux intérêts des

(1) N° 171, 2e édition.

mineurs. Qu'on le remarque bien, le décret d'utilité publique a profondément altéré le droit de propriété des mineurs, et l'a réduit en définitive à un règlement d'indemnité.

L'examen des lois, sur les expropriations, des 8 mars 1810 et 17 avril 1835 confirme complètement notre opinion.

Ces lois sont générales, et elles doivent être considérées comme s'appliquant aux majeurs aussi bien qu'aux mineurs, puisqu'elles ne distinguent pas entre eux. Or, en vertu de l'article 12 de la première de ces lois et de l'article 1er de la deuxième, les propriétaires peuvent s'entendre à l'amiable avec l'administration (1).

2. — Malgré ces raisons si concluantes, des tribunaux ont quelquefois décidé, qu'en cas d'expropriation pour cause d'utilité publique, les emprises de biens appartenant à des mineurs ne peuvent faire l'objet d'une cession volontaire, parce que, dans le système de nos lois, la vente des biens appartenant à des mineurs ne peut avoir lieu que publiquement, et ils ont jugé qu'il faut observer les formalités prescrites par la loi du 12 juin 1816 (2).

3. — En France, la question que nous discutons ne présente plus de difficultés. Elle a été prévue par l'article 25 de la loi du 17 juillet 1833, et par les articles 13 et 19 de la loi du 3 mai 1841. En vertu de ces dispositions, les tuteurs sont autorisés à accepter les offres de l'expropriant, moyennant l'autorisation du tribunal, qu'ils obtiennent sur simple requête, en la chambre du conseil, le ministère public entendu (3).

4. — Nous n'avons pas à examiner ici quelles formalités

(1) Voyez dans notre sens : ar. Bruxelles 22 mars 1826 (*Cloes* et *Bonj.*, t. 2, p. 412); jug. Bruxelles 4 avril 1851; Anvers 29 novembre 1851 (*Belg. jud.*, t. 9, p. 478, t. 10, p. 272); Charleroi 6 novembre 1852; ar. Liége 6 mars 1867 (*Cloes* et *Bonj.*, t. 4, p. 52; t. 15, p. 1098); Tongres 8 novembre 1872 (*Pas.*, 1872, 3, 27).

(2) Jug. Bruxelles 19 décembre 1845 (*Belg. jud.*, t. 5, p. 999); jug. Bruxelles 19 novembre 1846 (*Belg. jud.*, t. 5, p. 261).

(3) Nous voudrions qu'une loi prescrive en Belgique l'observation de la même procédure. Seulement nous croyons qu'il faudrait aussi exiger l'avis du conseil de famille, qui peut, quelquefois, être très utile.

doivent être suivies pour la cession par le tuteur des biens appartenant à ses pupilles. Généralement, dans la pratique, le tuteur, conformément à l'article 457 § 1 c. c., se fait autoriser par le conseil de famille à accepter les offres de l'État, et puis, se basant sur l'article 458 c. c., il soumet la délibération à l'homologation du tribunal (1).

On conteste cependant que l'on puisse demander l'homologation du tribunal, en se fondant sur ce que les délibérations des conseils de famille ne sont sujettes à homologation que quand la loi le prescrit d'une façon formelle (2).

5. — Comme on le voit, les opinions diffèrent sur la marche à suivre pour la cession à l'amiable, ce qui ne doit pas nous étonner, puisque, par suite du silence du législateur, on a dû, dans la pratique, créer une procédure.

6. — Nous trouvons que la procédure suivie devant le tribunal de Liège, lorsque l'accord existe entre le tuteur et l'expropriant, est beaucoup plus conforme à la loi, et nous voudrions qu'elle fût suivie devant tous les tribunaux belges. Voici comment elle est indiquée dans Delmarmol (3) :

« Par la même conclusion tendante à obtenir du tribunal la
« reconnaissance de l'accomplissement des formalités prescrites,
« l'expropriant formule des offres; et en fournissant à l'appui
« les documents justificatifs exigés par l'article 7 de la loi de
« 1835, il demande l'homologation de ces offres par le tribunal.
« De son côté, le tuteur muni de l'autorisation du conseil de
« famille, requise par l'article 464 c. c., acquiesce, tant à la
« reconnaissance des formalités qu'à la déclaration de suffisance
« des offres; acte en est donné par le jugement et les effets de
« l'accord amiable sont ainsi obtenus.

« La même marche pourrait être suivie encore, après que le
« tribunal aurait ordonné une expertise pour l'appréciation de

(1) Anvers 29 novembre 1851 (*Belg. jud.*, t. 10, p. 272).
(2) Charleroi 6 novembre 1852 (*Cloes* et *Bonj.*, t. 4, p. 52).
(3) Traité de l'expropriation, t. 1er, 2e édition, p. 212.

« l'indemnité, et que les parties se sont mises d'accord sur
« les résultats de l'expertise. »

C'est à peu près la marche tracée dans une circulaire du
département des travaux publics du 17 septembre 1841, signée
par le Ministre Desmaizières (1).

§ 8.

Acquisition par les exploitants d'une mine, en vertu de l'article 44 de la loi du 21 avril 1810, d'un immeuble appartenant à un mineur.

1. — L'article 44 de la loi du 21 avril 1810 sur les mines,
permet au propriétaire du terrain qui a été occupé pendant plus
d'un an par les exploitants des mines, ou qui n'est plus propre
à la culture, après les travaux, d'exiger qu'ils en fassent l'acquisition, pour le double de la valeur qu'il avait avant l'exploitation.

Le tuteur pourrait-il exiger, que les exploitants d'une mine
qui auraient occupé un terrain appartenant à ses pupilles, en
fassent l'acquisition, conformément à l'article 44 de la loi
susdite? Pourrait-il accepter le prix offert pour la double
valeur du terrain de ses pupilles?

La question paraît douteuse, à cause de la loi du 12 juin 1816,
et de l'article 459 c. c., qui exigent que toute aliénation d'immeubles appartenant à des mineurs ait lieu publiquement.

Mais nous croyons que la loi du 12 juin 1816, et l'article
459 c. c., ne sont pas applicables dans l'espèce. Sous ce rapport,
nous nous rallions à l'opinion exprimée par le tribunal de
Charleroi dans un jugement du 14 août 1838 (2).

« Considérant, dit ce jugement, que les mineurs ne peuvent
être privés de la faculté accordée par l'article 44 de la loi du
21 avril 1810 sur les mines, de faire acheter à la double valeur,
le terrain occupé depuis plus d'une année par les exploitations

---

(1) Delmarmol, t. 1er, p. 205 et ss., nos 172 et 173; *Cloes* et *Bonj.*, t. 2,
p. 408 et ss.; t. 3, p. 1048; *Monit. du not.*, t. 7, p. 1, no 297.

(2) *Cloes* et *Bonj.*, t. 2, p. 584.

charbonnières; qu'alors la faculté de la mise aux enchères publiques, exigée pour les cas ordinaires par l'article 459 c. c. et la loi du 12 juin 1816, serait illusoire et sans objet, et ne pourrait être tentée sans occasionner aux mineurs des frais frustratoires; que la seule clause à examiner est, d'une part, s'il est plus avantageux aux mineurs de recevoir le double prix de leur immeuble que la double indemnité annuelle pour la valeur des fruits, et d'un autre côté, s'il est préférable d'accepter la somme offerte comme double prix, que de faire régler celui-ci par les tribunaux en courant les chances d'un procès. »

Le 26 avril 1838, le tribunal civil de Valenciennes, sur les conclusions conformes du ministère public, a porté une semblable décision dans une affaire de la minière Saugrain, et, comme il s'agissait d'un immeuble situé dans l'arrondissement de Charleroi, le tribunal de cet arrondissement a accordé l'exéquatur par jugement du 4 avril 1839 (1).

2. — Dans la pratique, le tuteur s'adresse au conseil de famille pour être autorisé à accepter le prix offert, et puis il demande, par requête, l'homologation de la délibération par le tribunal de l'arrondissement où se trouve située l'exploitation minière.

Cependant, dans une note insérée dans CLOES et BONJEAN, t. 19, p. 479, nous lisons que le tribunal de Charleroi n'admet plus cette procédure. Voici celle que l'on doit y suivre.

Après que le conseil de famille a adopté le prix offert, le tuteur des mineurs provoque l'homologation de la délibération par le tribunal, et demande de commettre un notaire pour procéder à la vente. Le tribunal statuant sur cette requête, ordonne que la vente aura lieu publiquement, avec mise à prix de la somme offerte et adoptée, à l'intervention du juge de paix, le tout conformément à la loi du 12 juin 1816, et par le ministère d'un notaire à ce commis.

C'est là, évidemment, un simulacre d'adjudication sans utilité

(1) *Cloes* et *Bonj.*, t. 2, p. 584.

pour les mineurs, et que nous ne pouvons approuver, pour les motifs déduits dans les considérants du tribunal de Charleroi que nous avons rapportés plus haut.

§ 9.

Vente d'un immeuble sur lequel un mineur a une hypothèque.

1. — Faut-il observer les formalités de la loi du 12 juin 1816 pour vendre un immeuble sur lequel un mineur a une hypothèque?

Le tribunal de Verviers, par jugement en date du 2 juillet 1852, s'est prononcé pour l'affirmative (1).

Cette décision nous paraît très contestable. En effet, pour que la loi du 12 juin 1816 soit applicable, il faut que le mineur ait la propriété en tout ou en partie de l'immeuble vendu.

Comme le dit d'ailleurs M. RUTGEERTS, dans son commentaire sur la loi du 25 ventôse an XI (2) : « Le propriétaire qui vend son immeuble, grevé d'hypothèque en faveur d'un mineur, ne peut pas nuire, par cette vente, aux droits du mineur, qui ne conserve pas moins son hypothèque sur l'immeuble vendu, quand même l'acte de vente porterait qu'il est vendu comme quitte et libre ».

§ 10.

Échange d'un immeuble appartenant à un mineur contre un autre immeuble.

1. — Un jugement du tribunal d'Audenarde du 12 août 1851 (3) a décidé que les formalités de la loi du 12 juin 1816 doivent être observées pour l'échange d'un immeuble appartenant à un mineur, contre un autre immeuble. Nous ne pouvons approuver cette décision, la loi de 1816 ne parlant que des ventes et des partages.

(1) *Monit. du not.*, t. 6, p. 228, n° 273.
(2) T. 1ᵉʳ, n° 136, p. 130.
(3) *Monit. du not.*, année 1851, p. 322.

Cette loi se sert, quelquefois, il est vrai, du mot *aliénation*. Or, comme l'échange est une aliénation, on pourrait soutenir, en se basant sur ce mot, que l'intervention du juge de paix est nécessaire pour l'échange d'un immeuble appartenant en tout ou en partie à des mineurs. Mais le mot « *aliénation* », dont se sert la loi du 12 juin 1816, ne s'applique qu'à la vente des immeubles dans lesquels sont intéressés des mineurs, comme on peut s'en convaincre en lisant cette loi, qui emploie cinq ou six fois les mots : « *vente publique* » pour expliquer le mot « *aliénation* » (1).

§ 11.

Vente à l'étranger d'immeubles indivis entre majeurs et mineurs.

1. — La loi du 12 juin 1816 ne s'applique pas à la vente par licitation d'immeubles, indivis entre majeurs et mineurs belges, lorsqu'elle a lieu à l'étranger. La maxime : « *locus regit actum* » trouve dans ce cas son application (2).

§ 12.

Vente d'immeubles appartenant aux établissements de bienfaisance.

1. — La loi du 12 juin 1816 n'est pas applicable à la vente des immeubles appartenant aux établissements de bienfaisance. Cette loi ne les mentionne pas.

Si nous en faisons l'observation, c'est parce qu'un jour, nous avons eu à émettre un avis sur une requête, dans laquelle on demandait au tribunal l'autorisation de vendre, d'après les formalités de la loi du 12 juin 1816, un immeuble appartenant à un établissement de bienfaisance.

(1) Rutgeerts, *Commentaire sur la loi du 25 ventôse an* xi, nº 137, p. 131. — Nous croyons d'ailleurs que le bien d'un mineur ne peut former l'objet d'un échange (Laurent, t. 5, p. 104, nº 90). L'affirmative a été admise par un jugement du tribunal de Bruxelles du 9 janvier 1852; la négative a été admise par le même tribunal le 7 juillet 1853 (*Cloes* et *Bonj.*, t. 2, p. 128).

(2) Liége 22 novembre 1864 (*Pas.*, 1865, 2, 68).

CHAPITRE VII.

Droits du ministère public et du juge de paix, si un tribunal autorisait une vente d'immeubles en ordonnant de suivre les formalités de la loi du 12 juin 1816, alors qu'elles ne lui seraient pas applicables.

1. — Nous venons de citer plusieurs cas de ventes pour lesquelles, à notre avis, il ne faut pas observer les formalités de la loi du 12 juin 1816.

Si un tribunal rendait un jugement autorisant une vente d'immeubles, én prescrivant l'observation des formalités de cette loi, alors qu'elles ne lui seraient pas applicables, que pourraient faire le ministère public et le juge de paix ?

Nous croyons, avec les rédacteurs de la *Jurisprudence des tribunaux de première instance* (1), que, dans ce cas, le ministère public aurait le droit d'appeler du jugement, ou de le faire rapporter par les juges qui l'ont rendu, lesquels conservent la faculté de révoquer une commission rogatoire lorsqu'elle n'a pas reçu un commencement d'exécution. Il puise ce droit, à notre avis, dans l'article 46 de la loi du 20 avril 1810.

En ce qui concerne les juges de paix, nous rapporterons ce que disent sur ce point, les rédacteurs du recueil précité, loco citato : « Le juge de paix, dont l'assistance à la vente est indûment prescrite, est également fondé à critiquer le jugement comme portant atteinte à l'indépendance de ses fonctions. En effet, les cours et tribunaux ne sont autorisés à user de délégation que dans les cas spécialement déterminés par la loi, et notamment par l'article 1035 c. pr. c., qui ne leur

(1) T. 10, p. 818.

« permet de commettre un tribunal voisin, un juge ou même
« un juge de paix, que lorsqu'il s'agit de recevoir un serment
« ou une caution, de procéder à une enquête ou à un inter-
« rogatoire sur faits et articles, de nommer des experts, et
« généralement de faire une opération quelconque en vertu
« d'un jugement, et que les parties ou les lieux contentieux
« sont trop éloignés. Cet article, ni aucune autre disposition
« législative, ne leur accordent le pouvoir de commettre le
« juge de paix compétent pour assister notamment à la vente
« des biens des absents. Ils doivent, au contraire, dans ce cas,
« la renvoyer devant un notaire qu'ils désignent, et sans qu'ils
« puissent imposer à ce fonctionnaire la surveillance du juge
« de paix du canton. Ce renvoi pur et simple n'est pas facul-
« tatif. Il est obligatoire (art. 976-984 c. proc. c.). Ne pouvant
« retenir la vente pour être faite à leur barre ou devant un de
« leurs membres, il ne leur appartient pas de décerner un
« mandat pour une opération à laquelle il leur est interdit de
« se livrer eux-mêmes, et de déléguer ainsi l'exercice d'un
« droit qu'ils ne possèdent pas. »

Le juge de paix pourrait décliner la mission qui lui a été
illégalement conférée, soit dans un rapport, soit dans son
ordonnance sur requête aux fins de fixation des jours pour les
adjudications provisoire ou définitive (articles 7 de la loi du
12 juin 1816 et 5 § 1 de l'arrêté royal du 12 septembre 1822) (1).

(1) Voyez chapitre XIV, § 4, n° 3, livre premier.

CHAPITRE VIII.

Il faut observer pour la vente des immeubles des mineurs les formalités de la loi du 12 juin 1816, n'importe à quel titre ils en sont devenus propriétaires.

1. — La loi du 12 juin 1816, en réglant les formalités à suivre pour la vente des immeubles dans lesquels sont intéressés des mineurs, prévoit le cas le plus fréquent, celui où ils leur sont échus par succession. Mais il n'est pas douteux, que les mêmes formalités devraient être observées, s'il s'agissait de la vente d'immeubles dont ils seraient devenus propriétaires à tout autre titre, par suite de donation, d'achat, etc.

CHAPITRE IX.

Division des formalités à suivre pour la vente des immeubles dans lesquels sont intéressés des mineurs.

1. — Nous allons maintenant nous occuper spécialement des règles à suivre pour la vente des immeubles dans lesquels sont intéressés des mineurs (1).

2. — Pour procéder méthodiquement, nous distinguerons :

1°) les formalités qui doivent précéder la mise en vente des immeubles appartenant en tout ou en partie à des mineurs ;

2°) les formalités qui doivent être remplies depuis le jugement, autorisant ou ordonnant la vente des immeubles appartenant en tout ou en partie à des mineurs, jusqu'à l'adjudication ;

3°) les formalités qui doivent être observées lors de l'adjudication des immeubles appartenant en tout ou en partie à des mineurs.

---

(1) Faisons remarquer que les ventes des immeubles, appartenant en tout ou en partie à des mineurs, sont des ventes *volontaires* et *judiciaires* :

Volontaires, parce qu'elles ne sont pas poursuivies par des créanciers, mais bien par les propriétaires eux-mêmes, ou par ceux qui ont mission de les représenter ;

Judiciaires, parce qu'elles sont ordonnées en justice.

CHAPITRE X.

Des formalités qui doivent précéder la mise en vente des immeubles appartenant en tout ou en partie à des mineurs.

1. — Nous avons à distinguer trois cas :

1° celui où les immeubles appartiennent exclusivement aux mineurs;

2° celui où les immeubles appartiennent par indivis à des mineurs et à des majeurs, et où les tuteurs des mineurs désirent vendre tout ou partie de ces immeubles;

3° celui où les immeubles appartiennent en commun à des majeurs et à des mineurs, et où les majeurs veulent sortir d'indivision.

Nous devons traiter séparément de ces trois cas, parce que les formalités ne sont pas les mêmes pour chacun d'eux.

ART. Ier.

PREMIER CAS.

Les immeubles appartiennent exclusivement aux mineurs.

1. — L'article 2 §§ 1 et 2 de la loi du 12 juin 1816 indique les formalités qui doivent précéder la mise en vente des immeubles appartenant exclusivement à des mineurs.

Voici comment sont conçus ces deux paragraphes :

« § 1. Les tuteurs qui jugeront l'aliénation d'immeubles, appar-
« tenant en tout ou en partie à des mineurs ou à des interdits,
« nécessaire pour les intérêts d'iceux, seront tenus de demander

« au conseil de famille, composé de la manière prescrite par
« les lois, l'autorisation de procéder à la vente publique des
« susdits immeubles.

« § 2. L'autorisation accordée par le conseil de famille sera
« présentée, par requête, à l'homologation du tribunal de
« première instance, pour y statuer, l'officier du roi entendu.
« Si le tribunal accorde l'homologation, il désignera, en même
« temps, un notaire par le ministère duquel la vente publique
« aura lieu. »

2. — Les formalités à observer, pour parvenir à la mise en
vente des immeubles appartenant exclusivement aux mineurs, se
réduisent aux actes suivants :

1º un avis des parents autorisant la vente ;

2º une demande, par requête, adressée au tribunal, et tendant à l'homologation de cet avis;

3º un jugement d'homologation autorisant la vente.

Examinons chacun de ces actes.

§ 1.

Avis des parents autorisant la vente.

1. — Le premier acte que doit poser le tuteur qui veut
vendre des immeubles appartenant exclusivement à ses pupilles,
est de s'adresser au conseil de famille, et de lui demander
l'autorisation de vendre (art. 2 § 1 de la loi du 12 juin 1816 et
art. 457 c. c.).

2. — Si les immeubles, qu'il s'agit de vendre, appartiennent
à des enfants mineurs admis dans un établissement de charité,
en vertu de la loi du 25 pluviôse an XIII, l'autorisation de vendre
doit être donnée par la commission administrative des hospices.

Elle doit être demandée par le tuteur délégué. Le tuteur
nommé au mineur, avant son admission à l'hospice, ne le pourrait pas, peu importe que l'admission de cet enfant, régulière en
la forme, soit ou non légalement justifiée.

3. — Le mineur émancipé a-t-il besoin de l'autorisation du conseil de famille pour pouvoir vendre ses immeubles ?

Évidemment. Cela résulte de l'article 484 c. c., aux termes duquel, il ne peut vendre ni aliéner ses immeubles sans observer les formes prescrites au mineur non émancipé. Le texte de cet article est tellement formel et précis, que nous ne comprenons pas l'opinion de Dalloz (1), qui soutient la négative, en se fondant sur l'article 482 du code civil.

4. — La Cour d'appel de Paris a décidé, que la femme mineure émancipée peut, avec le concours de son mari, curateur légal à son émancipation, et sans autorisation du conseil de famille, procéder à la vente d'un de ses immeubles. Nous ne pouvons approuver cette décision. L'article 484 c. c. est général et absolu, et ne fait pas de distinction (2).

5. — Le père, administrateur légal des biens de ses enfants mineurs, n'est pas tenu, comme le tuteur, de se pourvoir d'une autorisation du conseil de famille pour pouvoir vendre leurs immeubles; car le père administrateur n'est pas un tuteur (3). Or, là où il n'y a pas de tutelle, l'institution du conseil de famille ne peut exister. Il devra donc s'adresser directement au tribunal (4).

Il y a cependant des auteurs qui soutiennent que les pouvoirs du père sont absolument illimités. Tels sont Zachariæ et son commentateur allemand Anschütz, qui s'appuient notamment, sur ce que le troisième alinéa de l'article 389 du code civil, ainsi conçu dans le projet du code : « *Tout ce qui concerne la propriété sera réglé par la disposition de la section VIII* », a disparu dans la rédaction définitive. Ils en tirent un argument pour soutenir, que le législateur n'a pas voulu soumettre le

(1) Dalloz, *Rép.*, v° Succession, n° 1600.

(2) Ar. Paris 8 mai 1848. (*Journ. des avoués*, t. 1ᵉʳ, p. 178, n° 76.)

(3) Voyez chapitre V, n° 3, livre premier.

(4) Ar. Bruxelles 9 mars 1868 (*Belg. jud.*, t. 26, p. 532). Laurent, t. 4, p. 415, n° 314. — Seligman, « De l'administration légale des biens des mineurs par les père et mère pendant le mariage » (*Revue critique*, année 1875, p. 701).

père administrateur aux restrictions imposées à la gestion du tuteur, et que, sauf le compte à rendre à l'enfant devenu majeur, il a droit de disposer, comme il l'entend, des biens du mineur.

Ces auteurs attribuent à la suppression du 3e alinéa de l'article 389 du code civil une portée qu'elle n'a pas. Tout ce que l'on peut conclure de cette suppression, c'est que le législateur n'a pas voulu assimiler complètement le père administrateur au tuteur. Mais on ne peut aller au delà, sans se mettre en contradiction évidente avec la volonté du législateur. En effet, en employant le mot « *administrateur* », il est indéniable qu'il n'a pas voulu lui permettre de gérer comme un propriétaire.

6. — Si le père administrateur a disparu sans donner de ses nouvelles, ou s'il est interdit, l'administration légale appartient à la mère, et celle-ci devra aussi s'adresser directement au tribunal pour pouvoir vendre les immeubles de ses enfants mineurs. Il ne faut pas distinguer, dans ce dernier cas, si la mère est ou non tutrice de son mari (1).

7. — Si les père et mère sont tous deux absents ou interdits, on doit nommer un *administrateur provisoire*, qui devra également s'adresser au tribunal pour pouvoir vendre les immeubles des enfants mineurs dont il est chargé d'administrer les biens (2).

8. — Si les immeubles appartiennent à un enfant à naître, le curateur au ventre ne pourra s'adresser au conseil de famille pour demander l'autorisation de vendre, car les fonctions de curateur au ventre se réduisent aux actes conservatoires et aux actes d'administration provisoire (3).

9. — La vente des immeubles des mineurs, en cas d'expro-

(1) L'administration légale de la mère est tout-à-fait la même que celle du père. Elle a les mêmes pouvoirs. — SELIGMAN, déjà cité, p. 707 et 708.

(2) Ses pouvoirs sont également les mêmes que ceux du père administrateur. — SELIGMAN, loc. cit.

(3) AUBRY et RAU, t. 1er, § 136, p. 560 et 561.

priation forcée, n'est pas soumise à un avis préalable du conseil de famille.

On conçoit que le tuteur doive être autorisé par le conseil de famille pour pouvoir vendre les immeubles de ses pupilles, car ne pouvant vendre que pour des causes déterminées, il faut bien que l'on puisse contrôler si ces causes existent en réalité, et il était tout naturel de donner ce droit de contrôle au conseil de famille, qui, en vertu de la loi, doit s'assurer si les intérêts du mineur exigent la vente.

Mais quand il y a nécessité de vendre, non pour les intérêts du mineur, mais pour les intérêts d'un tiers, quel avis le conseil de famille pourrait-il donner, sans se constituer juge des intérêts de ce tiers, et, remarquons-le, juge souverain, car la délibération prise par le conseil de famille n'est pas susceptible d'opposition de la part du créancier? (Articles 882 et suiv. du code civil.)

Un avis unanime du conseil de famille décidé à neutraliser l'action du créancier en ne permettant pas la vente des biens indivis, le refus même de délibérer, entraveraient les droits du créancier. Le patrimoine des débiteurs mineurs cesserait ainsi d'être le gage de leurs créanciers (1).

10. — D'après l'article 457 § 2 c. c., le conseil de famille ne peut accorder au tuteur l'autorisation d'aliéner que pour cause d'une nécessité absolue ou d'un avantage évident. D'un autre côté, l'article 2 § 1er de la loi du 12 juin 1816 porte : « Les tuteurs « qui jugeront l'aliénation d'immeubles appartenant en tout « ou en partie à des mineurs *nécessaire* pour les intérêts « d'iceux, etc...... »

En employant le mot « *nécessaire* », la loi de 1816 a-t-elle modifié l'article 457 § 2 c. c. ? A-t-elle dérogé à cet article?

Non, et, pour le prouver, il nous suffira de reproduire le passage suivant du rapport de la section centrale (2) :

(1) Voir conclusions de M. Schuermans dans *Cloes* et *Bonj*., t. 9, p. 572 et ss. — LAURENT, t. 5, p. 105, n° 92. — Douai 24 mai 1854 (DALLOZ 1855, 2, 51).

(2) *Pasinomie*, p. 97, n° 1.

« Les dispositions du code civil, dit ce rapport, demeurant
« intactes en tant qu'il n'y est pas dérogé expressément par la
« loi nouvelle, il paraît assez évident que les tuteurs des mi-
« neurs ou des interdits peuvent demander la vente de biens
« immeubles, dans tous les cas où cette vente est *nécessaire* ou
« *évidemment avantageuse;* et, quoique ces mêmes expressions
« du code civil eussent pu être conservées dans l'article 2 § 1er
« du projet, la section centrale et la majorité des membres ne
« voient pas que les termes plus vagues dont on se sert dans
« l'article cité, puissent donner lieu aux abus que paraissent
« craindre les membres d'une des sections. »

Du reste la loi du 12 juin 1816 n'a dérogé au code civil qu'en
ce qui concerne les formes de la vente, et non en ce qui concerne les conditions sous lesquelles la vente doit se faire (1).

La vente d'un immeuble qui aurait été faite avec les formalités requises, pourrait être attaquée de nullité dans l'intérêt du
mineur, si la délibération du conseil de famille homologuée
par le tribunal ne constatait pas l'existence d'une cause de nécessité absolue ou d'un avantage évident.

Mais lorsque la délibération renferme à cet égard la déclaration exigée par la loi, la vente ne peut être annulée sous le
prétexte qu'il n'existait, en réalité, ni cause de nécessité absolue,
ni avantage évident (2).

11. — Le projet de code civil énumérait quelques causes
d'une nécessité absolue : « Le payement d'une dette onéreuse ou
exigible, des réparations d'une nécessité urgente, le besoin de
procurer au mineur une profession ou un établissement avantageux. » On a retranché cette énumération, dit M. Laurent,
parce qu'elle semblait limiter les cas où l'aliénation pouvait se
faire pour cause de nécessité absolue, tandis que l'intérêt même
du mineur exige qu'on ne les limite pas (3).

(1) Conf. Ar. Bruxelles 21 janvier 1819 (*Pas.*, à sa date). Laurent, t. 5,
p. 102, n° 891.
(2) Aubry et Rau, t. 1er, p. 449 et 450.
(3) Laurent, t. 5, p. 98, n° 87.

12. — C'est au conseil de famille (1), sous le contrôle du tribunal, à apprécier s'il y a nécessité absolue ou avantage évident.

13. — L'allégation, que le remploi des fonds est de nature à augmenter actuellement les revenus du mineur, n'est pas un motif suffisant pour autoriser la vente, ce mode n'offrant pas les mêmes gages de sécurité (2).

14. — D'après M. Laurent, il y avantage évident à vendre les immeubles du mineur, si celui-ci a une dette pour laquelle il doit payer un intérêt de 6 p. c.; tandis qu'ils ne rapportent que $2^1/_2$ ou 3 p. c.

15. — Le conseil de famille ne peut accorder l'autorisation de vendre pour cause d'une nécessité absolue, qu'après qu'il a été constaté par un compte sommaire présenté par le tuteur, que les deniers, effets mobiliers ou revenus du mineur, sont insuffisants pour satisfaire aux besoins auxquels il s'agit de faire face (article 457 § 3 c. c.).

16. — Le conseil de famille doit indiquer les immeubles qui doivent être vendus de préférence (article 457 § 4 c. c.).

17. — Enfin le conseil de famille doit déterminer les conditions de la vente qu'il jugera utiles (article 457 § 4 c. c.).

18. — Quelles sont ces conditions? Elles ne peuvent avoir pour objet les formes dans lesquelles la vente doit se faire, puisque celles-ci sont réglées par la loi. Elles concernent surtout le prix. Le conseil de famille pourrait fixer un prix au-dessous duquel l'immeuble du mineur ne pourrait être vendu, lorsque, bien entendu, la vente se fait pour procurer un avantage au mineur, car elle ne serait plus avantageuse, si elle se faisait pour un prix inférieur à la valeur de l'immeuble. Si la vente se

(1) Ou à la commission administrative des hospices, s'il s'agit de la vente d'immeubles appartenant à des mineurs placés dans un établissement de charité, ou au tribunal, s'il s'agit de la vente d'immeubles appartenant à des mineurs ayant encore leurs père et mère.

(2) Ar. Bruxelles 5 mai 1866 (*Pas.*, 1867, 2, 346).

faisait pour cause de nécessité absolue, il ne saurait être question de fixer un prix, puisqu'il faudrait vendre à tout prix (1).

19. — Ces conditions peuvent aussi concerner l'emploi du prix. Le conseil de famille peut le prescrire (2).

Lorsque la vente a lieu pour cause de nécessité absolue, il n'y a pas lieu d'ordonner l'emploi des fonds à en provenir, puisqu'il est indiqué par la cause même pour laquelle elle est autorisée. Il faut cependant prévoir le cas où il y aurait un excédant.

20. — La réunion du conseil de famille, aux fins d'accorder l'autorisation de vendre des immeubles appartenant à un mineur, doit être tenue devant le juge de paix du canton où cet incapable est domicilié.

21. — Ce que nous venons de dire, dans les numéros précédents, depuis le n° 9, s'applique à la vente des immeubles appartenant, soit aux mineurs qui sont en tutelle (tutelle ordinaire ou tutelle des hospices (3)), soit aux mineurs ayant encore leurs père et mère (4), soit aux mineurs émancipés.

§ 2.

Demande en homologation de la délibération du conseil de famille autorisant la vente.

1. — Si le conseil de famille ou la commission administrative des hospices ont autorisé le tuteur à vendre des immeubles de leurs pupilles, il faut que celui-ci présente *par requête* cette autorisation à l'homologation du tribunal.

2. — Le mineur émancipé, à qui le conseil de famille a ac-

---

(1) LAURENT, t. 5, n° 87, p. 99.

(2) Tout ce qui concerne l'emploi du prix fera l'objet d'un chapitre spécial. (Chapitre XVIII.)

(3) Sauf en ce qui concerne l'emploi du prix de vente (n° 18 de ce §). Voyez Chapitre XVIII n° 4, livre premier.

(4) SELIGMAN, « De l'administration légale des biens des mineurs par les père et mère pendant le mariage ». (*Revue critique*, année 1865, p. 688.)

cordé l'autorisation de vendre des immeubles, doit remplir la même formalité. Cela résulte de l'article 484 c. c.

3. — Nous avons vu que le père, administrateur légal des biens de ses enfants mineurs, ne peut aliéner leurs immeubles qu'avec l'autorisation du tribunal, mais qu'il ne doit pas s'adresser à un conseil de famille. (Voyez chapitre X, article 1er, § 1, no 5, livre premier). Il ne peut donc être question d'homologation, quand il s'agit de la vente, par un père administrateur, des immeubles de ses enfants mineurs.

4. — Le tribunal ne peut statuer que par voie d'homologation. Il ne pourrait autoriser directement le tuteur à vendre les immeubles appartenant à ses pupilles. Il faut un avis des parents. Cela résulte de l'économie de la loi du 12 juin 1816.

5. — C'est à l'aide d'une requête, que doit être soumise au tribunal, la demande en homologation de la délibération du conseil de famille autorisant la vente des immeubles appartenant aux mineurs. (Article 2 § 2 de la loi du 12 juin 1816.)

6. — Quel est le tribunal auquel doit être déférée la demande en homologation ?

Nous devons distinguer le cas où les immeubles, dont le conseil de famille a autorisé la vente, pour cause de nécessité absolue ou d'avantage évident, ont été acquis par donation, achat, etc., de celui où ils sont échus aux mineurs par suite de succession ou de disposition testamentaire (1).

7. — Si les immeubles appartiennent exclusivement aux mineurs du chef d'une donation, d'un achat, etc, nous croyons que le tribunal compétent, pour homologuer la délibération, ou les délibérations (2), est celui de la situation des immeu-

(1) Voir no 20 § 1er article Ier de ce chapitre, où nous avons indiqué le canton dans lequel doit se réunir le conseil de famille.

(2) Car il se pourrait qu'il y ait plusieurs mineurs, et qu'ils aient des auteurs différents.

bles dont la vente est poursuivie (1), parce que nous nous trouvons, dans ce cas, en matière réelle.

Des auteurs disent que le tribunal compétent pour homologuer est celui du domicile du mineur. Pour le décider ainsi, il faudrait une disposition qui le porte expressément, parce que, comme nous venons de le dire, il s'agit ici d'une matière réelle. Ces auteurs invoquent l'article 406 c. c., aux termes duquel, le juge de paix compétent pour présider le conseil de famille, est celui du domicile du mineur. Ils y voient l'indication implicite de la compétence du tribunal de ce domicile, pour les demandes en homologation des délibérations des conseils de famille.

La conséquence que l'on tire de l'article 406 c. c., nous paraît très forcée. Aussi pouvons-nous dire que ces auteurs ne prouvent rien, qu'ils se bornent à affirmer (2).

8. — Si les immeubles qu'il s'agit de vendre sont échus aux mineurs par suite de succession ou de disposition testamentaire, le tribunal compétent, pour homologuer la délibération du conseil de famille autorisant la vente, est celui du lieu de l'ouverture de la succession. La loi du 12 juin 1816 n'est pas explicite sur ce point. Elle se borne à dire que la vente se fera devant le juge de paix du canton où la succession s'est ouverte. Mais il faut appliquer ici l'article 59 § 6 c. proc. civ., qui veut, qu'en matière de succession, les demandes entre héritiers soient portées devant le tribunal du lieu où la succession s'est ouverte.

Du reste, l'intention du législateur de 1816 de faire homologuer la délibération du conseil de famille par le tribunal du domicile du défunt, peut s'induire de l'article 2 § 4, où il est dit, que la vente se fera devant le juge de paix où la succession

---

(1) Si les immeubles sont situés dans divers arrondissements, le chef-lieu de l'exploitation détermine la compétence, et, à défaut de chef-lieu, c'est le lieu où sont situés les immeubles qui présentent le plus de revenu sur la matrice du rôle (Cass. fr., 11 mai 1807 CHAUVEAU sur CARRÉ, n° 1187).

(2) Contrà. Jug. Bruxelles 16 juillet 1861 (*Cloes* et *Bonj*,. t. 2, p. 160). Voyez DALLOZ, *Rép.*, v° Vente publique d'immeubles, n° 1971. CHAUVEAU sur CARRÉ, n° 3167 4°.

s'est ouverte, ainsi que de l'article 3 § 1 où il est dit, que les héritiers bénéficiaires doivent demander l'autorisation de vendre au tribunal de 1re instance de l'arrondissement où la succession s'est ouverte (1).

9. — Il ne faut pas envisager le décès du testateur primitif pour déterminer le lieu de l'ouverture de la succession, mais bien le décès de celui dont les colicitants sont les héritiers directs. Il faut prendre en considération la succession dans laquelle les héritiers puisent leurs droits (2).

10. — Nous venons de dire que le tribunal compétent, pour statuer sur la demande en homologation d'une délibération du conseil de famille autorisant la vente des immeubles des mineurs, est le tribunal du lieu où la succession s'est ouverte (art. 59 c. pr. c.).

Ce principe est absolu et ne souffre pas d'exception. L'article 59 c. pr. c. ne distingue pas. Il est conçu d'une façon générale. Il importe donc peu que la succession se soit ouverte en Belgique ou à l'étranger : c'est toujours au tribunal du lieu de l'ouverture de la succession que les tuteurs doivent s'adresser. Il importerait peu aussi que les biens, dépendant de la succession, fussent situés ou non dans le pays où la succession s'est ouverte (3).

(1) Conf. jug. Bruxelles 24 février 1848 (*Journal de procédure*, t. 1, p. 89). *Cloes* et *Bonjean*, t. 9, p. 883 et 884. — Il est à remarquer que le législateur, dans l'article 3 de la loi du 12 juin 1816, ne s'occupe que du cas où il s'agit de la vente d'immeubles dépendant d'une succession acceptée sous bénéfice d'inventaire, dans laquelle des mineurs ne sont pas intéressés. On ne pourrait donc pas dire que l'homologation doit être demandée, en vertu de l'article 3 de cette loi, au tribunal de l'arrondissement où la succession s'est ouverte, en argumentant de ce que les immeubles du mineur, dont on demande la vente, dépendent d'une succession acceptée sous bénéfice d'inventaire.

(2) Jug. Bruxelles 16 juillet 1861 (*Cloes* et *Bonj.*, t. 11, p. 160 et ss.).

(3) La Cour provinciale de la Gueldre, par arrêt du 29 juin 1854, a décidé que c'est le tribunal du domicile des mineurs qui est compétent pour donner l'autorisation requise pour la mise en vente des biens des mineurs situés à l'étranger (*Belg. jud.*, t. 12, p. 1055). Dans le même sens : Sarrebrück

11. — Ainsi, un mineur belge, domicilié en Belgique ou à l'étranger, est intéressé dans une succession ouverte en Belgique : l'homologation de la délibération du conseil de famille, autorisant le tuteur à vendre certains immeubles dépendant de cette succession, doit être demandée au tribunal de l'arrondissement belge dans lequel la succession s'est ouverte.

12. — Un mineur belge, domicilié en Belgique ou à l'étranger, est intéressé dans une succession ouverte à l'étranger : l'homologation de la délibération du conseil de famille, autorisant le tuteur à vendre certains immeubles dépendant de cette succession, doit être demandée au tribunal du lieu de ce pays où la succession s'est ouverte (1).

13. — Comme nous l'avons dit au n° 10 de ce chapitre, il importe peu que les immeubles dont on poursuit la vente, soient ou non situés dans le pays où la succession s'est ouverte.

14. — Ainsi donc, si un mineur belge, domicilié en Belgique ou à l'étranger, est intéressé dans une succession ouverte en France, et que les immeubles qui en dépendent sont situés en Belgique, l'homologation de la délibération du conseil de famille, autorisant le tuteur à vendre quelques-uns de ces immeubles, doit être demandée au tribunal français, dans l'arrondissement duquel la succession s'est ouverte (2).

1ᵉʳ mars 1842 (*Belg. jud.*, t. 2, p. 31). — Il n'existe, croyons-nous, aucun texte de loi ou principe de droit qui permette, en Belgique, de rendre une pareille décision.

(1) Ar. de la Cour provinciale de la Zélande (Middelbourg) du 26 mars 1872 (*Belg. jud.*, t. 30, p. 499). Bréda 3 août 1869 (*Belg. jud.*, t. 27, p. 1295). DALLOZ, *Rép.*, v° Compétence civile, n° 78. Contrà : jug. du tribunal de Goes du 26 février 1872 (*Belg. jud.*, t. 30, p. 499).

(2) Dans l'arrêt de la Cour provinciale de la Zélande du 26 mars 1872 cité plus haut, il s'agit d'un mineur belge domicilié en Belgique, et intéressé dans une succession ouverte en Zélande. La Cour, pour décider que le tribunal de Goes était compétent à l'effet d'autoriser la vente, se fonde sur ce que la succession s'est ouverte en Zélande, et sur ce que les biens qui en dépendent y sont situés. Ce serait une erreur de croire que les deux circonstances relevées dans l'arrêt doivent coexister pour fixer la

15. — Le tribunal étranger devra, lorsqu'il sera appelé, dans les cas que nous venons de citer, à homologuer la délibération d'un conseil de famille, autorisant le tuteur d'un mineur belge à vendre certains immeubles, observer les lois belges pour tout ce qui concerne le statut personnel du mineur belge.

Il devra considérer l'âge de la majorité d'après nos lois, examiner s'il y a réellement utilité ou nécessité de vendre (article 457 c. c.), etc. En effet, l'article 3 § 3 c. c. dit que les lois concernant l'état et la capacité des personnes régissent les français même résidant en pays étranger (1).

16. — Supposons qu'un mineur étranger, domicilié ou non en Belgique, soit intéressé dans une succession ouverte en Belgique.

Si les lois du pays, auquel appartient ce mineur, exigent, pour la vente de ses biens, une autorisation du conseil de famille homologuée par le tribunal, le tribunal belge, dans l'arrondissement duquel la succession s'est ouverte, sera également compétent pour accorder l'homologation (2). Mais le tribunal belge devra, en accordant cette homologation, observer la loi du pays du mineur, pour tout ce qui concerne le statut personnel, (âge de la majorité, utilité ou nécessité de la vente, etc.) (3).

C'est ainsi que les conditions prescrites par les articles 457 et 458 c. c. ne sont pas nécessaires pour la validité de la vente des biens appartenant à un mineur étranger, si ces formalités ne sont pas requises par la législation du pays auquel appartient ce mineur (4).

compétence. Il n'est pas douteux que la décision eût été la même si cette deuxième circonstance ne s'était pas présentée dans l'espèce. — Contrà, *Cloes* et *Bonjean*, t. 9, p. 884.

(1) ARNTZ, *Cours de droit civil*, t. 1, nos 61 et 62.

(2) Contrà, Cass. fr., 14 mars 1837 (*Journal du pal.*, 1837, 1, 211).

(3) Ar. Bruxelles 25 avril 1849 (*Belg. jud.*, t. 7, p. 780). ARNTZ, t. 1er, no 63.

(4) Ar. Cologne 24 avril 1844 (*Belg. jud.*, t. 4, p. 1151). Ar. Cologne 20 octobre 1857 (*Belg. jud.*, t. 17, p. 229). Consultez ar. Gand 26 mars 1847 (*Belg. jud.*, t. 6, p. 1053).

17. — Le tribunal belge serait compétent, croyons nous, dans le cas examiné au n° précédent, sans devoir distinguer si les immeubles sont ou non situés en Belgique. Ainsi un mineur hollandais, domicilié en Belgique ou à l'étranger, est intéressé dans une succession ouverte en Belgique, et dont dépendent des immeubles situés en Hollande : le tribunal belge, dans l'arrondissement duquel la succession s'est ouverte, est compétent pour homologuer la délibération du conseil de famille autorisant le tuteur à vendre des immeubles situés en Hollande.

18. — Dans les diverses hypothèses que nous venons d'examiner, où doivent se vendre les immeubles des mineurs?

Nous traiterons cette question au chapitre XIV § 5, nᵒˢ 4 et suiv., livre premier. Bornons-nous à rappeler ici, que les formalités à observer pour l'aliénation des immeubles des mineurs, tiennent au statut réel. Il faut donc observer celles qui sont prescrites par la loi du pays dans lequel se fait la vente (1).

§ 3.

Jugement d'homologation de la délibération du conseil de famille autorisant la vente d'un immeuble appartenant aux mineurs.

1. — D'après l'article 458 du code civil, le jugement d'homologation de la délibération du conseil de famille, relative à l'autorisation donnée au tuteur, de vendre des biens de ses pupilles, doit être rendue en la chambre du conseil. Voici, en effet, comment est conçu cet article : « Les délibérations du conseil de « famille, relatives à cet objet, ne seront exécutées qu'après que « le tuteur en aura demandé et obtenu l'homologation devant « le tribunal de première instance, qui y statuera en *la chambre* « *du conseil*, et après avoir entendu le procureur impérial. »

En ordonnant au tribunal de statuer en la chambre du conseil, le législateur voulait sauvegarder les intérêts du mi-

(1) ARNTZ, t. 1ᵉʳ, n° 66.

neur. Si c'est pour cause de nécessité absolue que se fait la
vente de ses immeubles, il importe de ne pas rendre public le
mauvais état de ses affaires. Si c'est pour cause d'avantage
évident, il peut lui être avantageux que les conditions, auxquelles le tuteur est autorisé à vendre, ne soient pas rendues
publiques.

Cette prescription du code civil était fort sage. Mais nous
croyons qu'elle n'a pas été maintenue par la loi du 12 juin
1816. En effet, l'article 2 § 2 de cette loi porte ce qui suit :
« l'autorisation accordée par le conseil de famille sera pré-
« sentée par requête à l'homologation du tribunal de première
« instance pour y statuer, l'officier du roi entendu ».

Cette loi se borne donc à prescrire l'homologation par le
tribunal. Or, un jugement, même un jugement d'homologation,
doit toujours être rendu à l'audience publique, à moins que le
législateur ne l'ordonne autrement (1). Pour qu'un jugement
puisse être rendu en chambre du conseil, il faut que la loi le
dise en termes exprès. Or, la loi de 1816 n'en dit rien, et puisqu'elle abolit les formalités prescrites par le code civil pour la
vente des immeubles des mineurs, il faut bien en conclure
qu'elle n'a pas maintenu l'obligation pour le tribunal de statuer
en la chambre du conseil. C'est un regrettable oubli de la part
du législateur hollandais.

2. — Le tribunal ne peut statuer qu'après avoir entendu le
ministère public.

3. — Le ministère public doit s'opposer à l'homologation, lorsque les formes légales n'ont pas été observées, ou lorsque la
délibération du conseil de famille lui paraît contraire aux intérêts des mineurs.

4. — La procédure à suivre pour le jugement d'homologation
se trouve indiquée dans les articles 885 et 886 c. pr. c.

5. — Il arrive assez rarement, que le tribunal rejette la
demande en homologation d'un avis des parents, parce qu'en

(1) DALLOZ, *Rép.*, v° Minorité, n° 274.

général, le conseil de famille connaît parfaitement les besoins comme les ressources du mineur dont il est chargé de protéger les intérêts, et qu'il n'autorise pas, sans une utilité reconnue ou un avantage évident, l'aliénation de ses immeubles. Mais il n'est pas douteux, que le tribunal, saisi de la demande, a le droit de l'admettre ou de la rejeter, suivant qu'elle lui paraît bien ou mal fondée, c'est-à-dire, suivant que l'absolue nécessité ou l'avantage évident en sont ou non bien démontrés. Cela résulte de l'article 2 § 2 de la loi du 12 juin 1816 qui dit: « *Si le tribunal accorde l'homologation* » ce qui implique bien l'idée que le tribunal n'est pas obligé d'homologuer (1).

6. — Les tribunaux peuvent refuser l'autorisation de vendre, lorsqu'il n'est allégué aucun motif de nécessité, et qu'il n'appert pas qu'il soit avantageux pour le mineur de vendre l'immeuble.

7. — Les tribunaux pourraient refuser d'homologuer une délibération du conseil de famille autorisant la vente d'immeubles appartenant à des mineurs, tant qu'il n'a pas été justifié que l'inscription hypothécaire, ordonnée pour garantie de la gestion du tuteur, a été prise contre ce dernier. Du reste, l'article 54 de la loi du 16 octobre 1851 défend de délivrer aucune expédition des délibérations du conseil de famille, avant qu'il n'ait été justifié de l'inscription prise contre le tuteur pour les sommes et sur les immeubles désignés (2).

8. — Le tribunal ne pourrait pas refuser d'homologuer la délibération du conseil de famille autorisant le tuteur à vendre certains immeubles de son pupille, en se fondant sur ce que la succession, dont dépendent ces immeubles, n'a pas été acceptée sous bénéfice d'inventaire, car l'acceptation, croyons-nous, n'est pas une formalité d'ordre public.

Le ministère public ne pourrait conclure à la non-homologa-

____

(1) DALLOZ, *Rép.*, v° Vente publique d'immeubles, n° 1973. — Ar. Bruxelles 27 juillet 1827 (*Pas.*, à sa date).

(2) Verviers 13 février 1855 (*Belg. jud.*, t. 13, p. 1310). — Voyez ma brochure sur la tenue des tutelles, année 1874, p. 34, n° 52.

tion de la délibération pour défaut d'acceptation de la succession.

Il conviendrait toutefois, que le ministère public et le tribunal engagent le tuteur à se mettre en règle (1).

9. — Lorsque le tribunal homologue l'avis du conseil de famille autorisant la vente, il déclare par le même jugement, qu'elle aura lieu devant le juge de paix compétent, conformément à la loi du 12 juin 1816, par le ministère d'un notaire commis, suivant les clauses du cahier des charges joint à la demande.

10. — Il va de soi que le jugement ne doit pas énoncer expressément que la vente se fera suivant les formalités de la loi du 12 juin 1816.

Si donc le jugement était muet sur ce point, les immeubles devraient néanmoins être vendus en observant les formalités de cette loi.

11. — Le jugement doit désigner le notaire par le ministère duquel la vente des immeubles aura lieu. Pour les règles relatives à la désignation de ce fonctionnaire, voir chapitre XI, livre premier.

12. — Le tribunal, en homologuant l'avis des parents, ordonne implicitement que la vente sera faite sous les conditions prévues par le conseil de famille; mais il peut les modifier s'il le trouve utile (2); son intervention n'est pas une simple formalité; il a pour mission de veiller aux intérêts du mineur. Il peut même ajouter des conditions nouvelles, autres que celles qui se trouvent insérées dans la délibération du conseil de famille (3). (Voir chapitre XVIII nos 7 et suiv., livre premier.)

Il peut enfin exiger que le cahier des charges soit joint à la demande en homologation, et ordonner que la vente se fera d'après les clauses qui y sont inscrites, modifier quelques-unes

(1) Ar. Liége 4 août 1866 (*Belg. jud.*, t. 25, p. 1193).

(2) LAURENT, t. 5, p. 100, n° 88. Voyez cependant AUBRY et RAU, t. 1, p. 449.

(3) Contrà, Colmar 11 avril 1822. DALLOZ, *Rép.*, v° Minorité, n° 543, et v° Vente publique d'immeubles, n° 1987.

de ces clauses, ou en ajouter de nouvelles. (Voir chapitre XIII,
nᵒˢ 2 et suiv., livre premier.)

13. — Le tribunal peut-il indiquer pour la vente, d'autres
immeubles que ceux désignés par le conseil de famille?

Nous nous rangeons à l'opinion de **M.** Laurent qui enseigne
l'affirmative. Si le tribunal, dit-il, peut réformer la délibération
concernant les conditions, pourquoi ne pourrait-il pas réformer
la délibération concernant les immeubles à vendre? Le tribunal
a pour mission de sauvegarder les intérêts du mineur. Si ces
intérêts ont été lésés, ne faut-il pas, pour ce motif, que le tribunal
puisse réformer la délibération? Il faut lui reconnaître ce pouvoir, à moins de décider que l'homologation consiste à dire oui
ou non (1).

La Cour de Cassation de France a cependant jugé le contraire (2).

14. — Sur le caractère du jugement d'homologation, voir
plus loin, même chapitre, article 3, section 1ʳᵉ § 3 nᵒ 4.

ART. 2.

DEUXIÈME CAS.

**Les immeubles appartiennent par indivis à des mineurs
et à des majeurs, et les tuteurs désirent vendre tout ou partie
de ces immeubles.**

1. — Il faut appliquer, pour parvenir à la vente de ces
immeubles, littéralement les mêmes formalités que celles prescrites pour parvenir à la vente des immeubles appartenant
exclusivement à des mineurs. C'est ce qui résulte de l'article 2
§§ 1 et 2 de la loi du 12 juin 1846.

Les formalités à observer pour parvenir à la mise en vente

(1) Laurent, t. 5, p. 101 et 102, nᵒ 88.

(2) Ar. Cass. 17 décembre 1867 (Dalloz, 1870. 1, 483). Cet arrêt est
peu motivé. Dans le même sens ar. Cass. fr., 9 février 1863 (Dalloz, 1863,
1, 85), Cet arrêt est approuvé par Aubry et Rau, t. 1ᵉʳ, p. 449.

des immeubles appartenant par indivis à des mineurs et à des majeurs, se réduisent donc, lorsque ce sont les tuteurs des mineurs qui veulent vendre, aux actes suivants :

1° un avis des parents autorisant la vente ;

2° une demande par requête, adressée au tribunal, tendant à l'homologation de cet avis ;

3° un jugement d'homologation autorisant la vente.

2. — Nous n'avons plus à nous occuper de ces divers actes. Les observations que nous avons présentées aux §§ 1, 2, 3, chapitre X, article Ier, sont tout-à-fait applicables au cas que nous traitons sous cet article. Nous n'y reviendrons donc pas. Seulement, dans les numéros suivants, nous examinerons quelques points spéciaux à ce deuxième cas.

3. — Malgré le principe que nul n'est tenu de rester dans l'indivision, nous croyons qu'il n'appartient au tuteur de poursuivre la vente des immeubles appartenant en partie à des mineurs, et au conseil de famille de l'autoriser, que lorsqu'il y a *avantage évident* ou *nécessité absolue*. L'article 2 § 1 de la loi du 12 juin 1846 dit en effet : « Les tuteurs qui jugeront l'alié- « nation d'immeubles appartenant en tout ou en partie à « des mineurs, NÉCESSAIRE pour les intérêts d'iceux, seront « tenus, etc. ». On le voit, le législateur impose une condition au droit qu'il confère au tuteur de demander l'aliénation des immeubles des mineurs, c'est qu'il y ait NÉCESSITÉ. Or, nous connaissons le sens qu'il faut donner au mot « *nécessaire* » employé dans l'article 2 § 1 (1).

Le tuteur pourrait demander le partage pour sortir d'indivision ; il ne peut, à cette fin, demander la vente par licitation.

4. — L'action en licitation, formée par le créancier au nom de ses débiteurs mineurs, est-elle astreinte à un avis préalable du conseil de famille (article 1166 du code civil ; article 2 de la loi du 15 août 1854) ?

(1) Voir chapitre X. article 1er, § 1er, n° 10.

Nous croyons que non, et, pour justifier notre opinion, nous nous fondons sur l'ensemble des §§ 1 et 3 de l'article 2 de la loi du 12 juin 1816, d'où il résulte que le tuteur peut, sans autorisation du conseil de famille, répondre à une action en licitation dirigée contre le mineur. Or, la subrogation judiciaire est une demande formée contre le débiteur. Elle est une véritable saisie des droits qui compètent à ce dernier, et comme telle, elle doit être formée en justice contre lui (1).

La demande en licitation, quoique intentée au nom des mineurs, est donc en réalité formée contre ceux-ci, et il y a par conséquent lieu d'appliquer l'article 2 § 3 de la loi du 12 juin 1816, c'est-à-dire qu'il ne faut pas d'autorisation du conseil de famille (2). Voyez en outre, ce que nous avons dit chapitre X, article Ier, § 1er, n°9.

5. — Il est à remarquer que le tribunal ne peut homologuer la délibération du conseil de famille autorisant la vente, qu'après avoir entendu les majeurs intéressés, s'ils ne se sont pas joints à la demande du tuteur. En effet, personne ne peut être condamné avant d'avoir été entendu (3).

Si les majeurs comparaissent, soit volontairement, soit dûment appelés, et consentent à la vente, tout se termine promptement et sans beaucoup de frais. Le tribunal autorise l'aliénation, commet un notaire, et renvoie devant le juge de paix pour y procéder. S'ils n'y consentent pas, parce que, par exemple, ils contestent les droits des mineurs, le tribunal devra renvoyer les parties à se pourvoir par la voie ordinaire de l'ajournement.

6. — C'est aussi la marche qu'il faudra suivre, si les majeurs ne consentent pas à la vente, en soutenant que les immeubles dont le conseil de famille a autorisé l'aliénation, sont commodément partageables.

---

(1) Proudhon, *Traité de l'usufruit*, n°s 2236 et suiv.

(2) Hasselt 14 mars 1860 (*Cloes* et *Bonjean*, t. 9, p. 572) et les conclusions du ministère public (M. Schuermans).

(3) *Cloes* et *Bonjean*, t. 2, p. 163.

7. — Les rédacteurs de la *Jurisprudence des tribunaux de première instance* font remarquer avec raison, que l'on retombe, de cette façon, dans toutes les formalités longues et dispendieuses du code civil et du code de procédure civile : nomination, par le tribunal, d'experts pour vérifier si les immeubles sont ou non commodément partageables; jugement ordonnant le partage ou la licitation et renvoyant les parties devant le juge de paix compétent, avec désignation d'un notaire pour recevoir l'un ou l'autre de ces actes.

Ils conseillent, pour éviter ces inconvénients dispendieux, une marche fort simple, suivie par le tribunal de Liége, et qui n'a soulevé ni plaintes ni réclamations. Le tribunal renvoie les parties devant le juge de paix chargé, si le désaccord des parties persiste, de nommer des experts pour vérifier si les biens sont commodément partageables et former les lots s'il y a lieu. Le tribunal commet un notaire pour recevoir le partage si la formation des lots n'est pas contestée, et, éventuellement, pour procéder à la licitation, si les parties reconnaissent que, d'après l'expertise, il n'y a pas lieu à partage (1). De cette façon, les parties ne sont plus obligées de revenir devant le tribunal ; mais il va de soi que le juge de paix doit y renvoyer les parties si l'une ou l'autre conteste les résultats de l'expertise.

8. — Aux termes de l'article 461 c. c., le tuteur ne peut accepter une succession échue à son pupille qu'avec l'autorisation du conseil de famille, et cette acceptation doit avoir lieu sous bénéfice d'inventaire.

Quid si le tuteur demandait au tribunal l'homologation de la délibération du conseil de famille l'autorisant à vendre, pour cause de nécessité absolue ou d'avantage évident, certains immeubles appartenant par indivis à ses pupilles, mais dépendant d'une succession dont il n'aurait pas fait au greffe l'acceptation sous bénéfice d'inventaire. (Article 793 c. c.) ?

(1) Voir livre 2, chapitre II, n° 10.

Comme nous l'avons déjà dit, nous croyons que ni le ministère public ni le tribunal ne pourraient *d'office* opposer la non-acceptation de la succession pour refuser l'homologation (1). Mais nous sommes d'avis que les majeurs pourraient opposer la non-acceptation de la succession sous bénéfice d'inventaire. Il n'est pas douteux, suivant nous, qu'ils sont en droit de prendre des conclusions tendant à ce que le tribunal ordonne au tuteur de se mettre en règle, et sursoie à prononcer sur l'action, jusqu'à ce que l'acceptation de la succession sous bénéfice d'inventaire ait été faite. Il est évidemment de l'intérêt commun des parties, que cette demande soit accueillie, puisqu'elle tend à empêcher, que la décision à porter ne soit susceptible de rétractation par requête civile, en vertu de l'article 480 c. pr. c., et que ses effets puissent être annulés par une répudiation de succession (2).

ART. 3.

TROISIÈME CAS.

Les immeubles appartiennent en commun à des majeurs et à des mineurs, et les majeurs veulent sortir d'indivision.

1. — Ici il faut faire une nouvelle distinction. Il faut distinguer le cas où tous les majeurs sont d'accord pour demander la vente, de celui où ils ne s'accordent pas pour la demander.

SECTION I.

Les immeubles appartiennent en commun à des majeurs et à des mineurs, et les majeurs sont d'accord pour en demander la vente par licitation (3).

1. — Les formalités à suivre dans ce cas sont indiquées dans l'article 2 § 3 de la loi de 12 juin 1816.

(1) Voir n° 8, § 3, article Ier, chapitre X.
(2) Ar. Liége 4 août 1866 (*Pas.*, 1867, 2, 44).
(3) On entend par *licitation*, la vente aux enchères d'une chose commune à plusieurs qui ne peut être partagée commodément et sans perte, ou qu'aucun des copropriétaires ne peut ou ne veut prendre.

Voici comment est conçu cet article :

« Lorsque les immeubles appartiennent en commun à des
« majeurs et à des mineurs, ou à ceux qui leur sont assimilés,
« et que les *majeurs* désirent procéder à la vente publique, ils
« pourront, sans autorisation préalable du conseil de famille,
« s'adresser par requête au tribunal de première instance, à
« l'effet d'être autorisés à la vente. Le tribunal, après avoir
« entendu les tuteurs des intéressés mineurs ou interdits, ainsi
« que les conclusions de l'officier, prononcera sur la demande
« des requérants, et, dans le cas où la requête sera octroyée, il
« désignera en même temps un notaire par le ministère duquel
« la vente publique aura lieu. »

2. — Les formalités à observer pour parvenir à la mise en
vente des immeubles appartenant en commun à des mineurs et
à des majeurs, lorsque les majeurs sont d'accord pour en
demander la vente par licitation, se réduisent donc aux actes
suivants :

1° une demande par requête adressée au tribunal à l'effet
d'être autorisés à vendre ;

2° l'audition des tuteurs par le tribunal ;

3° un jugement autorisant la vente.

3. — Ces formalités devraient être également observées, s'il
n'y avait qu'un seul majeur possédant les immeubles en commun
avec des mineurs, et s'il désirait sortir d'indivision par la voie
de la licitation.

4. — Le conseil de famille ne doit pas donner son avis sur
la demande en licitation, lorsqu'elle est poursuivie par les
majeurs. Cela se comprend. Il est inutile, en effet, de convoquer et de consulter le conseil de famille qui ne peut, du chef
du mineur, s'opposer à la mise en vente, puisque nul n'est
tenu de rester dans l'indivision (art. 816 c. c.).

Examinons chacun de ces actes.

§ 1.

Requête adressée au tribunal.

1. — Les majeurs, qui possèdent des immeubles en commun avec des mineurs, doivent, lorsqu'ils sont d'accord pour sortir d'indivision par la voie de la licitation, adresser une requête au tribunal à l'effet d'être autorisés à vendre (1).

2. — Dans beaucoup de tribunaux, on a recours à la voie de l'ajournement. En agissant ainsi, on contrevient formellement à la loi; aussi les défendeurs assignés pourraient-ils proposer la nullité de la procédure. Mais ils devraient le faire avant d'avoir fourni des défenses au fond (art. 173 c. pr. c.), sinon ils ne seraient plus recevables à soutenir qu'on aurait dû se pourvoir par la voie de la requête (2).

Ce n'est que dans le cas où il n'y a pas accord entre les majeurs, qu'il est permis de recourir à la voie de l'ajournement.

3. — Si les colicitants majeurs avaient été d'accord dans le principe, mais qu'une contestation sur le fond du droit ou la qualité des parties s'élevât entre eux, après la présentation de la requête, le juge serait obligé de renvoyer les parties à l'audience publique pour faire juger la contestation dans la forme ordinaire, c'est-à-dire par la voie de l'ajournement (3).

4. — Mais le juge, croyons nous, ne doit pas renvoyer à se pourvoir par cette voie, si le droit des parties aux immeubles n'est pas contesté. Il ne le devrait pas, par exemple, dans le cas où s'élèveraient des contestations entre les parties sur des droits à faire valoir sur le prix à provenir de la vente (4).

---

(1) Voir n° 1, sect. 1re, article 1er, chapitre X, livre 1er.|
(2) Ar. Liége 19 février 1853 (*Cloes et Bonj.*, t. 1er, p. 628).
(3) Conclusions de M. Beltjens (*Cloes et Bonj.*, t. 2, p. 150).
(4) Consultez *Cloes et Bonjean*, t. 2, p. 168.

5. — Nous renvoyons aux n⁰ˢ 6 et suiv. du § 2, art. 1ᵉʳ, chap. X, liv. 1ᵉʳ, pour résoudre la question de savoir à quel tribunal doit être adressée la requête en autorisation de vendre.

§ 2.

Audition des tuteurs par le tribunal

1. — L'article 2 § 3 de la loi du 12 juin 1816 dit que, dans le cas où des immeubles sont indivis entre des majeurs et des mineurs, si les majeurs sont d'accord pour en demander la vente par licitation, il faut que les tuteurs des intéressés mineurs soient entendus par le tribunal.

S'ils ne comparaissent pas volontairement, il faut qu'ils soient dûment appelés.

S'ils ne se présentent pas, après avoir été dûment appelés, le tribunal peut autoriser la vente sans les avoir entendus.

2. — Si les tuteurs ne combattent pas la licitation, tout se termine promptement. Le tribunal autorise la vente, commet un notaire, et renvoie devant le juge de paix compétent pour y procéder.

S'ils la combattent, parce que, par exemple, ils contestent les droits des majeurs, il faudra renvoyer les parties à se pourvoir par la voie ordinaire de l'ajournement.

C'est aussi la marche qu'il faudra suivre si les tuteurs combattent la licitation, en soutenant que les immeubles sont commodément partageables (1).

3. — On s'est demandé si le tuteur doit comparaître *en personne*, ou s'il peut se faire représenter par un avoué.

Nous croyons que le tuteur peut se faire représenter par un avoué, car aucune disposition de la loi n'exige que le tuteur soit entendu *personnellement* et *par voie d'interrogatoire*.

Il est du reste de règle, que les parties peuvent et doivent

_____
(1) Voir n⁰ˢ 6 et suiv., article 2, chapitre X, livre 1ᵉʳ.

même se faire représenter par avoués devant les tribunaux civils. Ce sont eux qui sont appelés par la loi du 27 ventôse an VIII, par les décrets du 7 juillet 1810 et du 2 juillet 1812, et par le code de procédure, à comparaître, conclure et postuler pour les justiciables. La loi n'exige la comparution des parties en personne que dans des cas tout-à-fait exceptionnels. Elle ne se borne pas alors à dire que les parties seront entendues ; elle dit qu'elles seront entendues *en personne* (1). Or, l'article 2 § 3 de la loi du 12 juin 1846 dit bien que le tuteur sera entendu, mais il ne dit pas qu'il sera entendu *en personne*. Il n'exclut donc nullement le ministère de l'avoué pour représenter le tuteur.

On dit que le tuteur sera plus à même de fournir à la justice tous les renseignements dont elle peut désirer s'entourer. Le tribunal peut en effet, ajoute-t-on, juger à propos de poser une foule de questions, d'entrer dans des détails sur l'administration des biens des mineurs, sur leurs revenus, sur la possibilité d'un partage, etc. Or, continue-t-on, l'avoué ne pourra répondre d'une façon convenable à toutes les questions qui lui seront posées. Il ne pourra donner tous les éclaircissements réclamés.

On oublie que, pour représenter le tuteur, l'avoué fera dans l'espèce ce qu'il fait en toute autre matière. Il s'enquerra des faits, réclamera du tuteur les renseignements nécessaires, et les exposera au tribunal, pour justifier les conclusions prises par la partie qu'il représente.

Nous nous demandons pourquoi le législateur aurait exigé la comparution personnelle du tuteur. Quoi ! dans une question d'état, où il s'agit de l'avenir et de la fortune d'un mineur, l'avoué serait habile à représenter le tuteur, et il ne le serait pas quand il s'agit de demander la vente ou le partage des biens dans lesquels un mineur est intéressé !

On objecte, il est vrai, que l'intervention de l'avoué est nuisible aux mineurs à cause des frais qu'elle occasionne, et qu'elle

(1) Voyez les articles 236, 238, 241, 242 c. c., 333 et 877 c. p. c.

ressuscite les formalités onéreuses que la loi de 1816 a supprimées.

Dans certains cas, il peut y avoir économie à ce que le tuteur
comparaisse en personne. Mais il n'en est pas toujours ainsi.
Il pourrait même arriver que le système que nous combattons
conduise à des frais assez considérables : ce qui se présentera
si le tuteur habite une localité éloignée du siége du tribunal.
Dans ce cas, son voyage et les frais y relatifs, excéderont ce
qu'il lui en aurait coûté pour comparaître par avoué. Qu'on
songe, ensuite, à ce qui arrivera, si le tuteur est indisposé ou
empêché ! Les frais grossiront considérablement. On sait, en
effet, qu'il faudra, dans ce cas, rendre un jugement de délégation pour entendre le tuteur, envoyer ce jugement, dresser procès-verbal de l'audition du tuteur, et qu'après cela seulement,
on pourra rendre le jugement d'autorisation. Que de frais et que
de formalités ! Et pourtant la loi du 12 juin 1816 a été portée en
vue de les éviter ! (1)

On insiste cependant, et l'on fait remarquer, que le législateur de 1816 ordonnant *l'interrogatoire* des tuteurs, sans dire
comment il y sera procédé, il faut supposer qu'il a voulu qu'il
fût fait de la manière déterminée par le code de procédure civile,
et que, d'après ce code, l'interrogatoire doit être répondu par la
personne même qui doit être interrogée, et ne peut l'être par
avoué. Nos adversaires auraient raison, s'il était établi que le
législateur de 1816 a ordonné l'interrogatoire des tuteurs. Or,
aucune disposition de la loi n'exige que les tuteurs soien
entendus par voie d'interrogatoire.

4. — L'article 2 § 3 de la loi du 12 juin 1816 prévoit le
cas le plus fréquent, celui où les immeubles appartiennent par
indivis à des majeurs et à des mineurs qui sont en tutelle
(tutelle ordinaire, tutelle administrative des hospices).

5. — Si les immeubles appartiennent en commun à des

(1) Conf. ar. Liége 15 mai 1844 (*Pas.* 1845, 2, 60 ou *Belg. jud.*, t. 2,
p. 822). Contrà. Dinant 10 décembre 1842 (*Belg. jud.*, t. 1, p. 135).

majeurs et à des mineurs émancipés, nous croyons que c'est le mineur émancipé, assisté de son curateur, qui doit être entendu par le tribunal (art. 482 c. c.).

6. — Si les immeubles appartiennent à un enfant mineur ayant encore ses père et mère, nous estimons que c'est le père administrateur qui devra être entendu par le tribunal. Ainsi le veut, d'après nous, l'esprit de la loi du 12 juin 1816.

7. — Quid si les majeurs sont dans l'indivision avec un enfant à naître, et que les majeurs veulent sortir d'indivision (1)?

Il est incontestable que le tribunal a, dans ce cas, le droit d'autoriser la vente par licitation, en vertu du principe que nul n'est tenu de rester dans l'indivision. C'est le curateur au ventre qui devra représenter l'enfant à naître, et qui devra être entendu par le tribunal. Il nous paraît certain qu'il peut défendre à l'action (2).

8. — Les mineurs émancipés, les pères administrateurs, les curateurs au ventre peuvent se faire représenter par des avoués.

(Voir plus haut n° 3).

9. — Il est à remarquer que le tuteur ne peut acquiescer à la demande en licitation, qu'avec l'autorisation du conseil de famille (article 464 c. c.). Si le tuteur y consentait sans l'autorisation du conseil de famille, le jugement qui interviendrait, ne lierait pas le mineur. Celui-ci pourrait demander la nullité de la vente qui aurait été faite en vertu de ce jugement (3).

10. — Si le tuteur n'avait pas reçu du conseil de famille ou de la commission administrative des hospices, l'autorisation d'acquiescer à la demande en licitation, il pourrait seulement

---

(1) Nous supposons le cas où il n'y aurait pas d'enfants mineurs autres que l'enfant à naître; car s'il y avait des enfants mineurs, nous sommes d'avis qu'il ne faudrait pas nommer un curateur au ventre. Les intérêts de l'enfant à naître seraient garantis par le tuteur et le subrogé-tuteur. (LAURENT, t. 4, p. 508, n° 394).

(2) DALLOZ, *Rép.*, v° Minorité, n° 131. — Ar. Besançon du 3 mai 1810.

(3) LAURENT, t. 5, p. 96, n° 85.

déclarer qu'il ne s'oppose pas à ce que la demande des colicitants majeurs soit accueillie.

11. — Le mineur émancipé, assisté de son curateur, peut consentir à la vente. Seul il ne le peut pas (art. 482 c. c.).

12. — Nous avons déjà dit que le père administrateur n'est pas placé sous le contrôle d'un conseil de famille (1). Nous estimons qu'il ne pourrait acquiescer à la demande en licitation, qu'avec l'autorisation du tribunal; que, sans cette autorisation, il pourrait seulement déclarer qu'il ne s'oppose pas à ce que la demande des colicitants majeurs soit accueillie.

13. — Nous estimons que le curateur au ventre, n'ayant que le droit de prendre des mesures de conservation, ne peut acquiescer à la demande en licitation formée par les majeurs, même avec l'autorisation du conseil de famille. Il pourra dire qu'il ne s'oppose pas à la demande. Ce qu'il aurait même de mieux à faire, croyons-nous, c'est de déclarer qu'il s'en rapporte à la décision du tribunal. Ce n'est pas là un acquiescement à la demande, car cette déclaration ne renferme pas un acquiescement. Cela est de doctrine et de jurisprudence certaines (2).

14. — Nous sommes d'avis que le curateur au ventre peut combattre la demande, soit en contestant les droits des demandeurs, soit en soutenant que les immeubles sont commodément partageables.

§ 3.

Jugement autorisant la vente.

1. — Nous renvoyons aux nᵒˢ 1, 2, 3, 8, 9, 10, 11, 12 du § 3, article 1ᵉʳ, chap. X, livre 1ᵉʳ, et aux nᵒˢ 6 et 7, article 2, chap. X, livre 1ᵉʳ. On y trouvera des principes qui sont applicables au cas que nous traitons sous l'article 3, section 1ʳᵉ.

2. — Le tribunal peut et doit déterminer les conditions de

(1) Voyez chap. X, art. 1ᵉʳ, § 1ᵉʳ, nᵒ 5.
(2) Ar. Gand 12 janvier 1855 (*Cloes et Bonjean*, t. 3, p. 1058 et 1059).

la vente, qu'il jugera utiles. Il peut fixer un prix en dessous duquel chacun des immeubles ne pourra être vendu. Il peut aussi prescrire l'emploi de la part des mineurs dans les fonds à provenir de la vente (1).

3. — Quid si la demande en licitation est faite par les majeurs avant que le tuteur ait accepté la succession du mineur? Nous renvoyons pour cette question à ce que nous disons n°s 10 et suiv., section II, article 3, chap. X, livre 1er.

4. — Quel est le caractère des jugements rendus sur requête? Ont-ils l'autorité de la chose jugée?

Les jugements sur requête, rendus au sujet de la vente d'un immeuble appartenant par indivis à des mineurs et à des majeurs, n'ont pas le caractère de la chose jugée, et peuvent être rétractés à la demande des parties. Il n'y a, en effet, chose jugée que là où il y a, soit une condamnation, soit un congé de demande, là où il y a consécration d'un droit quelconque au profit d'une des parties; mais la chose jugée n'existe pas là où il n'y a pas de controverse, de contestation, là où toutes les parties sont d'accord et soutiennent le même intérêt. Il faut donc deux plaideurs en désaccord, un demandeur et un défendeur. *Res judicata*, dit la loi 1 dig., liv. XLII, titre 1er, *dicitur quæ finem controversiarum pronuntiatione judicis accepit, quod vel condemnatione vel absolutione contingit.*

Il résulte de là, qu'une décision de justice ne constitue la chose jugée que lorsqu'elle porte sur des droits litigieux, et qu'elle met fin à la contestation qui divisait les parties. Or, dans une requête présentée par des colicitants majeurs, et dans l'avis donné au nom du mineur, il n'y a aucun différend (*litis contestatio*) qui les divise. On ne peut pas dire que les uns sont demandeurs et les autres défendeurs, puisque tous ils tendent au même but et sollicitent la même chose. Il n'y a ni condamnation ni congé d'aucune des parties (2).

(1) Voir n°s 17, 18, 19, § 1er, art. 1er, chap. X, liv. 1er.

(2) Ar. Bruxelles 29 juillet 1865 et surtout l'avis de M. Mesdach de Ter Kiele qui a précédé cet arrêt (*Pas.* 1866, 2, 57).

5. — De ce que le tribunal n'est pas lié par sa première décision dans cette matière, il résulte:

1° Qu'un tribunal, qui est saisi d'une demande en homologation d'une délibération d'un conseil de famille, autorisant la vente des immeubles d'un mineur, qu'il a déjà repoussée, ne peut écarter cette demande par l'exception de la chose jugée. Le tribunal est tenu de statuer sur le fond de la requête, autant de fois qu'il plaira aux parties de la reproduire, sans pouvoir jamais tirer de fin de non-recevoir de ses précédentes décisions (1).

2° Qu'un tribunal pourrait annuler son jugement par lequel il homologuait une délibération du conseil de famille autorisant la vente des biens d'un mineur (2).

3° Que le tribunal qui a rendu un jugement sur requête, autorisant la licitation d'immeubles indivis entre majeurs et mineurs, peut modifier les garanties prescrites par lui dans l'intérêt des incapables (3).

SECTION II.

Les immeubles appartiennent en commun à des majeurs et à des mineurs, et les majeurs ne sont pas d'accord pour demander la vente par licitation.

1. — Dans ce deuxième cas, les majeurs, qui veulent sortir d'indivision, doivent recourir à la voie de l'ajournement dans la forme ordinaire, et non à la voie de la requête. L'article 2 § 3 de la loi du 12 juin 1816 en disant « *et que les majeurs désirent procéder à la vente publique* », suppose qu'il y accord, entre tous les majeurs intéressés, pour demander par requête l'autorisation de vendre. Le fait même que c'est *l'autorisation* de vendre, qu'ils doivent demander par requête, implique bien l'idée qu'un accord existe entre toutes les parties; car s'il n'y a pas accord entre elles,

(1) Ar. Cour provinciale de la Gueldre du 29 juin 1854. (*Belg. jud.*, t. 12, p. 1055). BERTIN, *Chambre du conseil*, t. 1, p. 251 et ss. et 319.

(2) Consultez jug. Gand 9 février 1852 (*Belg. jud.*, t. 10, p. 437).

(3) Ar. Bruxelles 29 juillet 1865 (*Belg. jud.*, t. 23, p. 1078).

il ne suffit pas d'une simple autorisation de justice; il faut quelque chose de plus: il faut une ordonnance de justice ayant pour
but de vaincre la résistance des intéressés récalcitrants; il faut
obtenir la condamnation des dissidents à concourir à la licitation.

La loi de 1816 garde le silence sur le cas où quelques-uns
des co-intéressés majeurs refusent de procéder à la vente, soit
parce qu'ils contestent la qualité de leurs consorts, qu'ils soutiennent, par exemple, qu'ils ne sont ni héritiers ni communistes,
que les biens à liciter ne font pas partie de la succession du
défunt, qu'ils appartiennent exclusivement à l'un des héritiers,
soit pour tout autre motif. Dans ce cas, il ne nous paraît pas douteux qu'il faut appliquer le droit commun, et recourir à la voie
de l'ajournement. Il faudra donc que ceux qui veulent sortir
d'indivision agissent comme en matière contentieuse; qu'ils
demandent un jugement au tribunal.

2. — On a soulevé la question de savoir si, avant de recourir
à la voie ordinaire de la justice, à l'effet de faire condamner
les récalcitrants à procéder à la vente, il ne faut pas préalablement présenter une requête au tribunal (1).

Il nous paraît évident que non, puisque la loi de 1816 ne
s'occupe que du cas où il y a accord entre toutes les parties,
et qu'elle ne modifie en rien tout ce qui est relatif à la juridiction contentieuse, concernant les demandes ayant pour objet la
vente de biens immeubles, dans lesquels des mineurs sont intéressés. Elle ne prévoit que le cas d'une procédure *inter volen-
tes;* elle ne s'occupe pas du cas d'une procédure *inter nolentes.*
Elle la laisse sous l'empire du droit commun. Nous pouvons
donc émettre l'avis, que la requête n'est pas un préliminaire
indispensable dans l'hypothèse que nous examinons (2).

---

(1) Dans cette hypothèse il faudrait admettre que les majeurs, qui
efusent de concourir à la vente, doivent être appelés pour s'expliquer.
Il faudrait admettre la nécessité de cet appel, quoique la loi ne le dise
pas. Conclusions de M. Beltjens (*Cloes et Bonjean,* t. 2, p. 152).

(2) Voir conclusions de M. Beltjens (*Cloes et Bonj.*, t. 2, p. 150).

A quoi bon, du reste, en cas de désaccord, adresser une requête en autorisation de vendre ? Cette autorisation ne pourrait être octroyée, que si les parties dissidentes ont été appelées et entendues. Or, leur refus de concourir à la vente, la contestation du droit des demandeurs, forceraient les magistrats à renvoyer les requérants à se pourvoir par la voie ordinaire. La requête seraitdonc une voie inutile, entraînant des frais frustratoires (1).

3. — Mais il faudrait, pour pouvoir procéder par la voie ordinaire de droit commun, c'est-à-dire, par une assignation en justice, que le désaccord entre parties fût bien constaté, fût-ce même par une simple lettre, afin que l'on n'élude pas les dispositions bienfaisantes de la loi du 12 juin 1816. Les procureurs du roi, chargés de veiller à la stricte exécution de cette loi, doivent y faire attention (2).

4. — C'est contre le tuteur que les majeurs doivent demander la licitation d'un immeuble indivis entre eux et des mineurs.

5. — S'il y a indivision entre des majeurs et des enfants mineurs admis dans un établissement de charité, en vertu de l'article 1er de la loi du 25 pluviôse an XIII, c'est contre la commission des hospices ou contre le tuteur délégué, que les majeurs doivent demander la licitation.

Il importerait peu que l'admission de ces enfants, régulière en la forme, fût ou non légalement justifiée. La licitation ne pourrait être demandée contre un tuteur nommé aux mineurs avant leur admission à l'hospice (3).

6. — Si les immeubles sont indivis entre des majeurs et des mineurs émancipés, c'est contre le mineur émancipé et son curateur que la licitation doit être demandée.

---

(1) Conclusions de M. Beltjens. (*Cloes* et *Bonj.*, t. 2, p. 155). Ar. Liége 12 janvier 1853 (*Pas.* 1855, 2, 170 ou *Belg. jud.*, t. 13, p. 846).

(2) Consultez *Cloes* et *Bonjean*, t. 2, p. 166.

(3) Ar. Gand 12 mars 1873 (*Belg. jud.*, t. 31, p. 774).

7. — Si les immeubles sont indivis entre des majeurs et des enfants mineurs ayant encore leurs père et mère, c'est contre le père administrateur que la licitation doit être demandée.

8. — Si les immeubles sont indivis entre des majeurs et des enfants à naître, c'est contre le curateur au ventre que la licitation doit être demandée.

9. — Pour les pouvoirs des tuteurs, des mineurs émancipés, des pères administrateurs et des curateurs au ventre, voyez n°s 3 à 14, § 2, sect. I, article 3, chapitre X, livre 1er.

10. — L'action en licitation pourrait-elle être valablement dirigée contre un mineur, dans la personne de son tuteur, avant toute acceptation de la succession ?

Nous adoptons l'affirmative. A notre avis, l'assignation serait valablement faite. Il n'est pas nécessaire que le tuteur ait été autorisé à accepter la succession, ou qu'il ait fait au greffe l'acceptation sous bénéfice d'inventaire. Nous croyons devoir le décider ainsi, d'après les articles 795, 797 c. c. et 174 c. pr. c. combinés.

Mais le tuteur pourra empêcher qu'il soit donné suite à l'assignation, en se prévalant des délais pour faire inventaire et délibérer; et, même les délais écoulés, il pourra demander qu'il soit sursis, afin qu'il puisse se faire autoriser, par le conseil de famille, à accepter ou à répudier la succession.

11. — C'est au tuteur à en faire la demande. L'action en licitation ne pourrait être déclarée non recevable dans ce cas, soit sur les conclusions du ministère public, soit d'office par le tribunal. L'exception déduite du défaut d'acceptation de la succession n'est pas d'ordre public (1).

12. — Celui qui agit en licitation peut demander qu'il soit ordonné au tuteur de se mettre en règle, et, qu'en attendant, il soit sursis aux poursuites.

Remarquons qu'il le peut, mais qu'il ne le doit pas, car aucun

____

(1) Ar. Liége 4 août 1866 (*Belg. jud.*, t. 25, p. 1193).

principe de droit, ni aucune disposition légale ne l'obligent à contraindre le tuteur à se mettre en règle pour la défense. Mais il est de son intérêt d'en faire la demande au tribunal, puisqu'elle tend à empêcher que la décision à porter soit susceptible de rétractation par requête civile, en vertu de l'article 480 c. pr. c., ou que ses effets puissent être annulés par une répudiation de succession (1).

13. — Nous renvoyons aux n°s 6 et suiv. du § 2, art. 1er, chap. X, livre 1er, pour résoudre la question de savoir à quel tribunal doit être adressée la requête en autorisation de vendre.

(1) Ar. Liége 4 août 1866 (*Pas.* 1867, 2, 44).

CHAPITRE XI.

Désignation du notaire chargé de procéder à la vente des immeubles appartenant en tout ou en partie à des mineurs.

1. — Les règles que nous exposons sous ce chapitre, relatives à la nomination du notaire chargé de procéder à la vente des immeubles appartenant en tout ou en partie à des mineurs, s'appliquent à tous les cas que nous avons posés plus haut.

2. — La loi du 12 juin 1816 dit dans l'art. 2 §§ 2 et 3, que le tribunal désignera, en même temps qu'il accorde l'autorisation de vendre, ou qu'il homologue la délibération du conseil de famille autorisant le tuteur à vendre, le notaire par le ministère duquel la vente publique des immeubles aura lieu.

3. — Les immeubles des incapables doivent être vendus par des notaires. Ils ne pourraient l'être par d'autres personnes (voir art. 827, c. c. et la loi du 12 juin 1816) (1).

4. — Plusieurs notaires peuvent être désignés pour procéder à une vente d'immeubles appartenant à des mineurs. Mais il faut, pour en nommer deux et au delà, qu'il y ait des motifs plausibles, afin de ne pas augmenter inutilement les frais de la vente (2).

(1)On sait que la jurisprudence est divisée sur le point de savoir si d'autres personnes que les notaires peuvent vendre publiquement des immeubles appartenant aux majeurs. Voir surtout l'arrêt de la Cour d'appel de Gand du 11 août 1858, qui décide que les notaires seuls sont en possession du droit de passer les actes de vente de biens immobiliers, soit par enchères publiques, soit de la main à la main. (*Monit. du not.*, t. 12, p. 274, n⁰ 592). Contrà. Cass. belg., 25 nov. 1862 (*Monit. du not.*, t. 17, p. 9, n⁰ 820); Termonde, 9 janvier 1861 (*Monit. du not.*, t. 15. n⁰ 731, p. 129).

(2) Ar. Gand 6 novembre 1873 (*Belg. jud.*, année 1874, p. 36).

5. — Au tribunal seul appartient le droit de désigner le notaire (art. 2 § 3, et art. 3 §§ 1 et 2 de la loi du 12 juin 1816). Il ne peut l'être par les parties ou par toute autre personne. C'est ainsi que la disposition d'un testament, par laquelle un exécuteur testamentaire est chargé par le défunt, de faire procéder à la vente des immeubles dépendant de sa succession, par un notaire de son choix, ne peut, dans le cas où la vente doit avoir lieu d'après la loi du 12 juin 1816, recevoir d'exécution, comme étant contraire aux prescriptions formelles de cette loi. Elle doit, partant, être réputée non écrite au vœu de l'art. 900 c. c (1).

6. — Le notaire commis par le tribunal, pour procéder à une adjudication aux enchères, ne pourrait, en cas d'empêchement, conférer à un confrère le droit qu'il tient de la justice (2).

7. — Le mandat de procéder à la vente des immeubles d'un mineur, donné à un notaire par le tribunal, ne peut être révoqué par les parties. Il ne peut l'être que par le tribunal (3).

8. — D'habitude, les parties proposent elles-mêmes le notaire par le ministère duquel elles désirent que la vente se fasse; mais si elles ne s'entendent pas sur le choix de ce fonctionnaire, le tribunal doit en commettre un d'office.

9. — Le tribunal est-il obligé de nommer le notaire proposé par les parties?

Évidemment non. Il résulte, tant des termes que de l'esprit de la loi du 12 juin 1816, qu'il n'est pas obligé de nommer aveuglement le notaire proposé par les parties. Le tribunal conserve et doit conserver à cet égard son appréciation et sa liberté entières, pour n'avoir égard qu'aux intérêts des mineurs qui sont soumis à sa surveillance. Il appartient seulement aux par-

----

(1) Conf. jug. Bruxelles 1er février 1851 (*Belg. jud.*, t. 10, p. 155).

(2) RUTGEERTS, *Commentaire sur la loi du 25 ventôse, an XI*, nº 138, p. 132.

(3) Cass. fr., 30 avril 1855 (DALLOZ, 1855, 1, 165).

ties de l'éclairer sur le choix du notaire qui procédera à la vente (1).

Notre opinion trouve un appui dans une circulaire du ministère de la justice, en date du 20 octobre 1822 (2). Il y est dit, en effet, qu'il conviendrait, afin de prévenir des arrangements ou conventions entre les avoués et les notaires, par rapport aux bénéfices, que les tribunaux n'aient pas égard aux présentations de notaires faites dans les requêtes en autorisation de vendre des biens des mineurs.

M. l'avocat général Dumont est d'un avis contraire. Dans des conclusions, qui ont précédé l'arrêt de la Cour d'appel de Gand du 2 juin 1870, il dit que l'arbitraire du juge n'est pas absolu, et qu'il faut des motifs spéciaux pour ne pas suivre le vœu des parties, et pour désigner un autre notaire que celui dont elles demandent la nomination (3).

10. — D'après ce que nous venons de dire, le tribunal n'est pas lié par le choix qu'ont fait les parties. Mais si l'honorabilité du notaire proposé est à l'abri de tout reproche, et si, en outre, il est investi de la confiance de toutes les parties, il convient que le tribunal le désigne pour procéder aux opérations de la vente. Il doit tenir compte de l'intérêt et de la convenance des familles (4).

11. — Lorsque les parties n'ont pu s'entendre sur le choix du notaire, c'est, avons-nous dit, le tribunal qui doit en nommer un d'office (5).

Aucune circonstance ne peut lier son choix. C'est ainsi qu'il ne doit pas désigner le notaire qui a procédé au partage des biens qu'il s'agit de vendre (6).

(1) Conf. ar. Gand 2 juin 1870 (*Pas.*, 1870, 2, 276). Ar. Bruxelles 18 janvier 1851 (*Belg. jud.*, t. 9, p. 289).

(2) Recueil des circulaires du ministère de la justice, n° 740.

(3) Voyez ces conclusions dans *la Belg. jud.*, t. 25, p. 1221.

(4) Ar. Gand 11 août 1859 (*Belg. jud.*, t. 17, p. 1396 ou *Pas.*, 1861, 2, 268).

(5) Jug. Bruxelles 1er février 1851 (*Belg. jud.*, t. 10, p. 155).

(6) Ar. Gand 27 novembre 1861 (*Monit. du not.*, t. 16, p. 110, n° 780).

Mais il convient que le tribunal donne la préférence, en l'absence d'objections sérieuses, au notaire proposé par la partie représentant le plus fort intérêt, tout en prenant en considération l'intérêt commun des parties (1); ou bien au notaire qui a déjà procédé à l'inventaire et à la vente du mobilier (2).

12. — Le tribunal peut nommer le notaire proposé par une partie, mais récusé par l'autre (3).

13 — Les tribunaux ont un pouvoir discrétionnaire pour la nomination des notaires. Ils ne doivent pas énoncer les motifs de leur décision (4).

14. — Le ministre de la justice, dans une circulaire du 20 octobre 1822, a émis l'avis qu'il serait désirable que les tribunaux choisissent, autant que faire se peut, un notaire résidant dans le canton où l'adjudication doit se faire, afin d'éviter des frais de déplacement (5).

15. — Le jugement qui autorise, conformément à la loi du 12 juin 1816, la vente d'immeubles communs à des majeurs et à des mineurs, est-il susceptible d'appel du chef de la désignation du notaire, ou bien a-t-il été rendu en dernier ressort ?

Cette question ne peut former l'objet d'un doute dans le cas où les parties étaient divisées sur le choix du notaire. La nomination faite par le tribunal nous paraît, dans ce cas, pouvoir être l'objet d'un recours au juge supérieur.

En effet, par suite des conclusions contradictoires qui ont été prises par chacune des parties, aux fins d'obtenir la nomination de tel notaire plutôt que de tel autre, une contestation s'est engagée devant le tribunal. En abjugeant la demande de l'une des parties et en accueillant la demande de l'autre, ou en abjugeant

(1) Ar. Gand 27 novembre 1861, déjà cité; Ar. Metz du 6 mai 1863 (*Monit. du not.*, t. 18, p. 317, n° 710).

(2) DALLOZ, *Rép.*, v° Vente publique d'immeubles, n° 1998.

(3) Ar. Bruxelles 10 décembre 1825 (*Pas.*, à sa date).

(4) Ar. Liége 11 décembre 1837 (*Pas.*, à sa date).

(5) Recueil des circulaires du ministère de la justice, n° 740.

les demandes des deux parties (il se peut, en effet, que le tribunal ait désigné un notaire présenté par l'une des deux parties,
ou qu'il ait désigné tout autre notaire que l'un de ceux présentés
par chacune des parties), le tribunal a prononcé un véritable
jugement. Par les conclusions et les débats des parties, sa juridiction a été transformée en juridiction contentieuse (1). Or, en
matière contentieuse, l'appel est de droit commun.

S'il n'y a pas eu de contestation sur le choix du notaire, si
toutes les parties ont présenté le même notaire, mais que le tribunal en a nommé un autre, cette nomination pourrait, croyons-
nous, être également l'objet d'un recours au juge supérieur.
Qu'importe l'accord entre les parties ; la nomination pouvait être
sujette à contestation, à litige entre les parties : cela suffit pour
que la décision du tribunal, dans ce cas, appartienne à la juridiction contentieuse. En effet, après que le tribunal aura nommé
le notaire, l'une des parties pourra contraindre l'autre à accepter ce fonctionnaire. Or, du moment qu'une décision judiciaire
intervient entre des parties, dont l'une peut être contrainte d'y
adhérer, elle n'émane pas de la juridiction gracieuse (2).

Supposons maintenant le cas où il n'y a qu'une seule partie
en cause, par conséquent le cas où le tuteur demande au tribunal, l'homologation de la délibération du conseil de famille, autorisant la vente des biens appartenant à ses pupilles : le choix
que ferait le tribunal, en homologuant la délibération, d'un
notaire autre que celui proposé, ne pourrait, croyons-nous,
être l'objet d'un recours au juge supérieur, l'acte du tribunal
émanant de la juridiction gracieuse ou volontaire (3).

(1) Conf. ar. Bruxelles 20 mars 1824 (*Pas.*, à sa date). Ar. Gand,
19 avril 1850 (*Belg. jud.*, t. 9, p. 865). Ar. Gand, 16 avril 1858 (*Pas.*,
1858, 2, 250).

(2) *Dictionnaire du notariat* de ROLLAND DE VILLARGUES, v° *Juridiction*,
n°⁵ 11 et suiv. Conclusions de M. Dumont sur lesquelles a été rendu
l'arrêt de la Cour de Gand du 2 juin 1870 (*Belg. jud.*, t. 28, p. 1221).

(3) Contrà. Ar. Bruxelles 18 janvier 1851 (*Belg. jud.*, t. 9, p. 289). Ar.
Bruxelles 14 juin 1851 (*Monit. du not.*, t. 4, p. 421). Ar. Gand, 11 août
1859 (*Belg. jud.*, t. 17, p. 1396 ou *Pas.*, 1861, 2, 268).

On objecte que le tribunal, étant aux termes de la loi du 12 juin 1816, obligé d'entendre le tuteur des mineurs, celui-ci peut s'expliquer sur la désignation du notaire, et que, dès lors, la décision rendue par le juge est une décision délibérée et portée en connaissance de cause. On en conclut que cette décision n'émane pas de la juridiction gracieuse, parce que la juridiction gracieuse est celle que le juge exerce sans examen ou connaissance de cause (1).

Mais il est à remarquer que le ministère du magistrat, qui rend les actes de la juridiction gracieuse, n'est pas toujours passif. Il peut quelquefois se livrer à une information, se décider d'après ses connaissances personnelles, etc.; et ainsi, l'on peut dire, que la connaissance de cause préalable lui est permise. Elle lui est même quelquefois ordonnée : c'est ainsi que la loi du 12 juin 1816 l'oblige à entendre les tuteurs et les subrogés-tuteurs des mineurs.

Il faut bien distinguer la connaissance de cause en matière de juridiction gracieuse, de la connaissance de cause en matière de juridiction contentieuse.

« Il y a deux espèces de connaissance de cause, dit Rolland de Villargues, *Dictionnaire du notariat*, v° *Juridiction*, n° 19, l'une appelée par les auteurs (d'Argentrée et Henrion de Pansey) *informatoire*, l'autre *légitime*. Celle-ci ne peut s'établir que *secundum allegata et probata;* elle est évidemment dévolue à la juridiction contentieuse; l'autre appartient à la juridiction volontaire ; elle consiste en ce que le magistrat peut, en certains cas, se décider d'après ses connaissances personnelles et les prendre pour base de sa décision, ou repousser, à son gré, les faits articulés par le demandeur. »

15bis. — Comme conséquence de ce que nous venons de dire, nous pouvons poser en règle, que lorsque les biens sont indivis entre des mineurs et des majeurs, le jugement, qui autorise la

______

(1) Cass. belg. 9 janvier 1851 (*Pas.*, 1851, 1, 188).

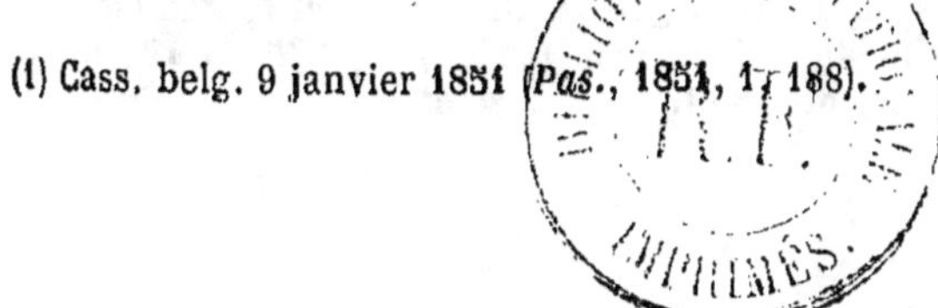

vente, est susceptible d'appel du chef de la désignation du notaire; mais que ce jugement est en dernier ressort, lorsque les biens, dont la vente est autorisée, appartiennent exclusivement à des mineurs.

16. — Dans quelle forme l'appel du chef de la désignation du notaire peut-il être formé?

Si les parties étaient divisées sur le choix du notaire, celles qui veulent appeler du jugement, doivent recourir à la voie de l'assignation. Si, au contraire, les parties étaient d'accord sur le choix du notaire, il faudrait qu'elles recourent à la voie de la requête, car, dans ce cas, aucune d'elles ne peut être intimée (1).

17. — La cour d'appel, qui infirme un jugement relativement à la nomination du notaire, doit-elle nommer un autre notaire, ou doit-elle en laisser le soin au tribunal?

On a soutenu que le juge d'appel, qui réforme le jugement quant à la nomination du notaire, ne peut en désigner un autre. Il doit, disait-on, renvoyer les parties devant le tribunal de première instance, aux fins d'y demander la nomination de l'officier public par lequel sera faite la vente de leurs immeubles. On se fondait sur l'article 472, c. pr. c., aux termes duquel l'exécution de l'arrêt n'appartient pas à la cour qui infirme, dans une matière où la loi attribue, comme dans l'espèce, juridiction au juge inférieur.

Mais c'était tout-à-fait à tort que l'on invoquait l'article 472 c. pr. c.; cet article est complètement étranger à l'espèce. La nomination du notaire par la cour d'appel n'est pas seulement un acte d'exécution de l'arrêt infirmatif; elle constitue la réformation même du jugement infirmé. Elle forme, comme le dit un arrêt de la Cour de cassation de Belgique, « l'objet de l'appel, et constitue aussi l'objet du jugement à rendre par le juge supérieur ». Par conséquent le juge d'appel, qui infirme un juge-

---

(1) Conclusions de M. l'avocat général Dumont, sur lesquelles a été rendu l'arrêt de Gand du 2 juin 1870 (*Belg. jud.*, t. 28, p. 1221). Voir encore ar. Liége 11 décembre 1837 (*Pas.*, à sa date).

ment relativement à la nomination du notaire, est tenu, par la nature de son institution, de faire lui-même ce que le juge inférieur aurait dû faire (1).

18. — Pour que la cour d'appel nomme un autre notaire que celui désigné par le tribunal, il faut qu'il y ait des motifs plausibles; il faut que l'appelant ou les appelants aient allégué des griefs sérieux contre le notaire nommé (2). Si l'on n'invoque aucun motif de récusation contre le notaire nommé par le tribunal, ou si l'on ne justifie d'aucun intérêt pour les mineurs à ce qu'un autre notaire soit nommé, la cour d'appel doit le maintenir (3).

19. — Si le jugement, qui a autorisé une vente de biens appartenant à des mineurs, avait omis de désigner le notaire chargé d'y procéder, ce serait au tribunal et non au président du tribunal, que les parties devraient s'adresser, et ce à l'aide d'une requête, pour demander la réparation de cette omission. Qu'importe que ce notaire doive être nommé après que la licitation a été ordonnée : d'après l'économie de la loi du 12 juin 1816, c'est toujours par le tribunal que doit être désigné le notaire qui procédera à la vente des immeubles des mineurs.

Si les parties s'adressaient au président du tribunal, ce magistrat devrait, à notre avis, se déclarer incompétent (4).

20. — Il en serait de même, s'il fallait, par suite de l'une ou de l'autre circonstance, faire nommer un autre notaire, en remplacement de celui qui avait été commis, soit parce qu'il est décédé, soit parce qu'il a été déplacé, soit parce qu'il n'a

(1) Ar. Cass. belg. 9 janvier 1851 (*Pas.*, 1851, 1, 188).

(2) Ar. Liége 30 mars 1867 (*Cloes et Bonjean*, t. 16, p. 374). Ar. Liége 9 mars 1867 (*Cloes et Bonjean*, t. 16, p. 381). Ar. Gand 2 juin 1870 (*Pas.*, 1870, 2, 276).

(3) Ar. Liége 20 juin 1825 (*Pas.*, à sa date). Ar. Bruxelles 18 janvier 1851 (*Pas.*, 1853, 2, 20).

(4) Consultez cassat., Berlin 9 septembre 1844 (*Belg. jud.*, t. 3, p. 1076). — Mais voyez cependant jug. trib. de la Seine 4 mai 1861 (*Monit. du not.*, t. 15, p. 255, n° 749).

pas, dans l'accomplissement de sa mission, apporté les soins, le zèle et le dévouement qu'elle lui imposait (1).

(1) Ar. Bruxelles, 23 juin 1873 (*Belg. jud.*, année 1874, p. 632). Le tribunal de la Seine est dans l'usage d'ajouter, que le notaire commis sera, en cas de refus ou d'empêchement, remplacé sur simple requête présentée au président. On évite ainsi aux parties les frais d'un jugement. (BERTIN, article sur la tutelle des mineurs, inséré dans le *Monit. du not.*, t. 6, nº 294, p. 417). RUTGEERTS, *Commentaire sur la loi du 25 ventôse, an XI*, nº 138.

CHAPITRE XII.

Formalités à remplir depuis le jugement autorisant la vente jusqu'à l'adjudication.

1. — La seule formalité, qui soit expressément prescrite, est celle imposée au notaire, de communiquer au juge de paix, dix jours au moins avant la première séance d'adjudication, le cahier des charges et des conditions de la vente (article 5 de l'arrêté royal du 12 septembre 1822) (1).

2. — Les articles 459 c. c., 960 et 962 c. pr. c. exigent, pour la vente des biens des mineurs, l'insertion de la vente dans les journaux et l'apposition d'affiches ou de placards. Ces formalités ne sont plus de rigueur, l'article 1er de la loi du 12 juin 1816, ayant abrogé toutes les formalités en vigueur, et les ayant remplacées par d'autres, parmi lesquelles, l'annonce de la vente dans les journaux, et les affiches ne sont pas prescrites.

Si donc aujourd'hui, on annonce encore dans les journaux les ventes des biens des mineurs, c'est uniquement dans l'intérêt des vendeurs, afin d'obtenir un prix plus élevé, mais non pour satisfaire au prescrit de la loi. Il en résulte que l'omission de l'insertion dans les journaux n'est plus, comme avant la loi du 12 juin 1816, une cause de nullité de la vente. Sa validité n'en dépend pas (2).

(1) Voir n° 7, chap. XIII, liv. 1er.

(2) Décision de l'administration belge du 22 décembre 1843. — Nous conseillons cependant l'annonce de la vente dans les journaux et l'apposition d'affiches, d'abord dans l'intérêt des vendeurs, mais ensuite parce que l'on pourrait soutenir qu'elles doivent être faites en vertu de l'article 8 de la loi du 12 juin 1816.

3. — Nous verrons plus loin, qu'il y aura quelquefois lieu de sommer les tuteurs et les subrogés-tuteurs, les mineurs émancipés, les pères administrateurs, les curateurs au ventre, d'être présents à la vente, ou de faire nommer un notaire pour les remplacer (1).

4. — C'est au poursuivant qu'appartient naturellement le droit de requérir la mise en adjudication, puisque la poursuite lui confère l'initiative de tous les actes et de toutes les réquisitions d'intérêt général.

5. — Si le poursuivant n'agissait pas, tout colicitant pourrait requérir l'ouverture des enchères. Il a le même intérêt que lui, à faire procéder à la vente, et il ne doit pas souffrir de sa négligence.

6. — Celui qui poursuit la mise en adjudication doit faire fixer le jour et le lieu de la vente (2).

(1) Voir chapitre XIV, § 3, nos 11 et ss., liv. 1er.
(2) Voir chapitre XIV, § 4, nos 3 et 4, liv. 1er.

CHAPITRE XIII.

Du cahier des charges et des conditions de la vente.

1. — En vertu de l'article 1er de la loi du 12 juin 1816, les dispositions du code de procédure civile (articles 958 et suiv.), relatives au cahier des charges, « ont été abolies à l'égard de l'aliénation publique des immeubles appartenant en tout ou en partie à des mineurs ». Elles ne furent pas, cependant, remplacées dans cette loi par d'autres dispositions. Seulement, il résulte de l'article 8 de la dite loi, qu'il faut dans le cas de vente d'immeubles dans lesquels des mineurs sont intéressés, appliquer au cahier des charges, ce qui est usité à l'égard des ventes publiques ordinaires d'immeubles.

On comprit bientôt, qu'à raison de la protection due aux mineurs, il eût fallu soumettre le cahier des charges à des règles spéciales, et l'on put se convaincre, qu'en abolissant les dispositions du code de procédure civile, relatives à cette matière, sans les avoir remplacées par d'autres, le législateur de 1816 avait exposé les mineurs à de graves dangers. C'est à l'effet de combler cette lacune qu'a été porté l'arrêté royal du 12 septembre 1822.

2. — Cet arrêté donne aux tribunaux le droit d'exiger que le cahier des charges et des conditions, auxquelles il sera procédé à la vente, soit *joint* à la demande en autorisation (art. 4 de l'arrêté royal du 12 septembre 1822).

3. — Le tribunal peut refuser d'accorder l'autorisation de vendre, aussi longtemps que les parties ne remettent pas le cahier des charges et des conditions de la vente.

4. — L'arrêté royal du 12 septembre 1822 n'impose pas aux tribunaux l'obligation d'exiger que le cahier des charges et des conditions de la vente soit joint à la demande en autorisation. Il leur en laisse la faculté. Mais les tribunaux ne devraient jamais négliger d'en réclamer la production.

5. — Il est regrettable que cet arrêté ne leur impose pas le devoir d'examiner toujours le cahier des charges, avant d'autoriser la vente. Cela présente surtout ce grand inconvénient, que les licitations d'immeubles, dans lesquels sont intéressés des mineurs, ne sont pas postulées et ordonnées d'une façon uniforme dans les divers tribunaux du pays. Les uns se bornent à nommer le notaire par le ministère duquel la vente aura lieu, sans se faire produire le cahier des charges. Les autres, au contraire, veulent que le cahier des charges et des conditions de la vente soit toujours joint à la demande en autorisation, le modifient s'il y a lieu, le visent dans le jugement, ajoutent des conditions spéciales, et ordonnent que la vente se fera aux conditions y reprises.

6. — Le ministère public doit avoir soin de toujours requérir la production du cahier des charges de la vente (1).

7. — Une vente pourrait donc se faire sans que le tribunal ait eu connaissance des conditions auxquelles elle se fera. Cela serait parfaitement régulier. La loi le permet ainsi. Mais elle ne veut pas cependant que l'on procède à l'aliénation d'immeubles appartenant en tout ou en partie à des mineurs, sans que la justice ait pris connaissance du cahier des charges. En effet, l'article 5 de l'arrêté du 12 septembre 1822 impose aux notaires, l'obligation de donner aux juges de paix, ouverture et communication du cahier des charges et des conditions auxquelles il sera procédé à la vente des biens de ces incapables.

8. — Le jugement autorisant la licitation doit également être communiqué aux juges de paix. Il faut qu'ils aient connaissance, en effet, de toutes les conditions auxquelles la vente doit se faire.

(1) Circulaire ministérielle du 28 décembre 1835 (Recueil des circulaires du ministère de la justice n° 649).

9. — L'arrêté de 1822 fixe le délai dans lequel cette communication doit être faite. Il dit que c'est dix jours *au moins* avant celui fixé pour la première séance de l'adjudication.

10. — Lorsque le tribunal, usant de la faculté inscrite dans l'article 4 de l'arrêté de 1822, a arrêté le cahier des charges et des conditions auxquelles doivent être vendus les immeubles des mineurs, le notaire doit-il se conformer à l'obligation que lui impose l'article 5 de cet arrêté, ou bien cette dernière disposition n'est-elle applicable, que lorsque le cahier des charges n'a pas été arrêté par le tribunal ?

La question que nous posons ne peut offrir de doute, en présence de la généralité des termes de l'article 5 de l'arrêté du 12 septembre 1822, qui porte : « que les notaires seront tenus « DANS TOUS LES CAS (IN ALLEN GEVALLE) de donner communi- « cation du cahier des charges au juge de paix ».

Ces termes absolus sont d'autant plus décisifs, que l'article 4 de cet arrêté prévoit précisément le cas, où le cahier des charges a déjà été soumis au tribunal. Il ne faut donc pas distinguer. Les juges de paix doivent toujours recevoir d'avance communication du cahier des charges, même dans le cas où il a été arrêté par le tribunal (1).

11. — Par qui est rédigé le cahier des charges?

Lorsque le tribunal exige que le cahier des charges soit joint à la demande en autorisation de vendre, l'avoué chargé de poursuivre la licitation le rédige, ou du moins il le présente signé par lui (2).

Si le tribunal n'a pas arrêté le cahier des charges, s'il a autorisé la vente sans en exiger la production, dans ce cas il est dressé par le notaire commis ou par les parties. Il ne peut plus l'être par l'avoué, car une fois que l'autorisation de vendre a été accordée par le tribunal, le ministère de l'avoué vient à cesser.

---

(1) *Monit. du not.*, t. 9, p. 351, n° 445.

(2) Consultez cependant un arrêt de la Cour de Gand du 6 juin 1872 (*Pas.*, 1872, 2, 350).

12. — Quels sont les droits des tribunaux, lorsqu'ils exigent que le cahier des charges et des conditions de la vente soit joint à la demande en autorisation?

Ils se trouvent indiqués dans l'article 4 de l'arrêté du 12 septembre 1822. Voici comment s'exprime cet article, après avoir accordé aux tribunaux, appelés à autoriser l'aliénation des immeubles appartenant en tout ou en partie à des mineurs, la faculté d'exiger que le cahier des charges soit joint à la demande en autorisation de vendre : « et au cas où il s'y trouverait des « *clauses contraires* à la loi, à notre présent arrêté, ou aux « intérêts des ayants cause, ils n'accorderont la dite autorisation « que moyennant les dispositions additionnelles qu'ils jugeront « propres à assurer l'exécution des lois et règlements, et à « garantir les intérêts individuels ».

Il résulte donc de l'article 4 de l'arrêté de 1822, que les tribunaux ont le droit de modifier le cahier des charges présenté au nom des parties (1).

13. — L'article 4 de l'arrêté de 1822 ne donne au tribunal que le droit de modifier le cahier des charges. Il ne s'occupe, en effet, que du cas où il contient des clauses *contraires* à la loi. Mais il est évident qu'il a le droit d'ajouter des dispositions au cahier des charges, qu'il a le droit de le compléter, puisque, comme nous l'avons vu, chap. X, art. 1er § 3, n° 12, il a le droit d'indiquer, en autorisant la vente, toutes les conditions qu'il juge utiles.

14. — Le ministère public, étant spécialement chargé de veiller aux intérêts des mineurs, a qualité pour demander d'office au tribunal, la rectification des clauses du cahier des charges qu'il croit pouvoir leur être préjudiciables (2). L'article 6 de l'arrêté du 12 septembre 1822 lui en fait même un devoir. Il a aussi le droit et le devoir de prendre des conclusions aux

(1) Ar. Gand 6 juin 1872 (*Pas.*, V., 1872, 2, 350).

(2) Orléans 9 février 1827 (DALLOZ, *Rép.*, v° Vente publique d'immeubles, n° 2021).

fins de faire ajouter au cahier des charges les dispositions qu'il juge utiles aux intérêts des mineurs.

15. — Quels sont les *devoirs* des juges de paix relativement au cahier des charges de la vente ? Ils sont indiqués dans l'article 5 de l'arrêté du 12 septembre 1822. Il résulte de cet article, que ces magistrats *doivent* examiner le cahier des charges de la vente, et que s'ils y découvrent des clauses contraires à la loi, à l'arrêté de 1822, ou aux intérêts des ayants cause, ils *doivent* veiller à ce que les rectifications nécessaires y soient faites.

16. — Il est à remarquer que le juge de paix ne peut apporter de rectifications ou de modifications au cahier des charges, qu'avec l'assentiment du notaire; que le juge de paix ne peut les lui imposer. C'est ce qui résulte de l'article 5 § 3 de l'arrêté royal du 12 septembre 1822, qui dit, qu'en cas de dissentiment entre le notaire et le juge de paix, l'affaire sera soumise, par voie de référé, à la décision du président du tribunal.

17. — Remarquons, en outre, que le juge de paix ne peut intervenir près du notaire, que pour faire modifier ou faire rectifier des clauses du cahier des charges, mais pas pour en faire insérer de nouvelles. L'article 5 de l'arrêté de 1822 n'impose en effet, au juge de paix, que l'obligation de veiller à la rectification des clauses CONTRAIRES à la loi, à l'arrêté de 1822, et aux intérêts des ayants cause.

Il ne faut pas toutefois prendre cette remarque trop à la lettre, car, si le juge de paix et le notaire s'entendent, des clauses nouvelles pourront être ajoutées au cahier des charges. Notre observation n'a d'importance que pour le cas où ces fonctionnaires ne parviennent pas à se mettre d'accord, parce qu'alors le juge de paix ne pourra s'adresser au président du tribunal par la voie du référé. L'arrêté royal de 1822 ne lui accorde pas ce droit.

18. — Qu'on remarque bien la différence entre les attributions du tribunal et celles du juge de paix, relativement au cahier des charges.

Le tribunal a le *droit*, mais pas le *devoir* d'examiner le cahier des charges de la vente. L'arrêté de 1822 en fait un *devoir* au juge de paix.

Le tribunal arrête le cahier des charges, le modifie ou le rectifie d'office. Le juge de paix ne peut le rectifier ou le modifier qu'avec *l'assentiment* du notaire. Il ne peut lui imposer un changement au cahier des charges.

De plus, le juge de paix ne peut intervenir près du notaire que pour faire *modifier* ou faire *rectifier* des clauses du cahier des charges, mais pas pour en faire insérer de nouvelles.

Nous savons au contraire que le tribunal peut d'office compléter le cahier des charges, y ajouter toutes les conditions qu'il juge utiles.

19. — Si le notaire n'approuve pas les changements ou rectifications que le juge de paix propose d'apporter au cahier des charges, s'il s'élève à ce sujet un dissentiment entre eux, aux termes de l'article 5 de l'arrêté de 1822, l'affaire doit être soumise, par voie de référé, à la décision du président du tribunal de première instance.

20. — Le président, auquel il doit être référé par le juge de paix, est celui du tribunal de l'arrondissement dans lequel les biens doivent être vendus. Or, il peut arriver que le jugement autorisant la licitation ait été rendu par un tribunal autre que celui de l'arrondissement où les biens doivent être aliénés (article 5 de la loi du 12 juin 1816). C'est néanmoins le président de ce tribunal qui doit connaître des difficultés qui s'élèvent au sujet du cahier des charges, entre le notaire et le juge de paix. Il est censé en avoir reçu le mandat du tribunal qui a ordonné la vente, et ce tribunal ne pourrait y apporter aucune restriction (1).

(1) *Cloes* et *Bonjean*, t. 11, p. 734.

21. — Quelle procédure doit suivre le juge de paix pour introduire ce référé?

Le juge de paix doit dresser un procès-verbal du dissentiment qui s'est élevé entre lui et le notaire, y préciser l'objet du dissentiment, et le faire signer par cet officier public (article 922 c. proc. c.). Il y fixe les jour et heure de la comparution, et le notaire se trouve ainsi régulièrement assigné.

Si le notaire refusait de signer, il devrait être ajourné par une citation ordinaire.

22. — Le président rend et signe son ordonnance sur le procès-verbal, et si le notaire a fait défaut, l'ordonnance lui est notifiée afin qu'il ait à s'y conformer (1).

Le juge du référé, s'il trouve la question trop difficile ou trop sérieuse pour en assumer seul la décision, pourra renvoyer les parties, en état de référé, devant le tribunal (article 60 décret du 30 mars 1808).

Quant à la question de savoir si la décision rendue sur le référé est susceptible d'appel ou d'opposition, il faut appliquer l'article 809 du code de procédure civile.

23. — Ce n'est que dans le cas où il y a un différend entre le notaire et le juge de paix, que ce magistrat doit s'adresser par référé au président du tribunal. L'article 5 de l'arrêté royal du 12 septembre 1822 est spécial au cas qu'il prévoit. S'il s'agit donc d'une contestation étrangère au notaire, mais qui intéresse les incapables, il faut que le juge de paix observe l'article 7 de la loi du 12 juin 1816.

24. — Le juge de paix pourrait-il, d'accord avec le notaire, faire des changements au cahier des charges visé dans le jugement, soit en entier, soit avec certaines modifications?

Nous ne le pensons pas (2). Dans ce cas le cahier des charges est l'œuvre du tribunal, et elle est présumée supérieure en raison. Il est impossible d'admettre que le notaire et le juge de

(1) DALLOZ, *Rép.*, v° Référé, n° 48.
(2) *Monit du not.*, t. 9, n° 445, p. 351.

paix puissent modifier un cahier des charges arrêté par le tribunal, ou des clauses que le tribunal y a fait introduire. Sinon ils pourraient, à eux deux, complètement changer un cahier des charges soigneusement examiné par la justice. Puis, qu'on le remarque bien, ce cahier des charges approuvé par le tribunal, corrigé et complété par lui, fait désormais partie du jugement. Ce serait donc le jugement qui pourrait être revisé par le notaire et le juge de paix. Un pareil pouvoir ne leur est pas accordé par l'arrêté royal de 1822.

25 — Le juge de paix ne pourrait pas davantage, à notre avis, en cas de désaccord avec le notaire, poursuivre le redressement du cahier des charges arrêté par le tribunal, en s'adressant par la voie du référé au président du tribunal. Comment, en effet, ce magistrat pourrait-il avoir à décider entre la décision d'un tribunal, le sien même la plupart du temps, et le juge de paix?

26. — Ce n'est donc que lorsque le cahier des charges n'a pas été visé par le tribunal, dans le jugement autorisant la vente des immeubles dans lesquels sont intéressés les mineurs, que le juge de paix peut le modifier d'accord avec le notaire, ou le faire modifier par la voie du référé au président du tribunal, dans le cas où il ne serait pas d'accord avec cet officier public (article 5 de l'arrêté du 12 septembre 1822). Mais ils doivent avoir soin de ne pas y introduire des modifications, qui seraient en opposition avec les conditions auxquelles le tribunal a accordé l'autorisation de vendre les immeubles appartenant en tout ou en partie aux mineurs.

27. — Dira-t-on que le § 2 de l'article 5 de l'arrêté de 1822 ne distingue pas, qu'il impose d'une façon générale, aux juges de paix, l'obligation d'examiner le cahier des charges, et de veiller à ce qu'il soit modifié ou rectifié, s'il renfermait des clauses contraires à la loi, à l'arrêté de 1822, ou aux intérêts des ayants cause?

Mais nous l'avons vu, entendu comme le voudraient certains

interprètes, l'article 5 § 2 serait inexécutable, ou du moins il apporterait une perturbation complète dans l'autorité des jugements et dans la hiérarchie judiciaire.

Or, est-il possible d'admettre que les auteurs de l'arrêté de 1822 aient voulu introduire un pareil gâchis? Assurément non.

Mais, ajoutera-t-on, pourquoi l'arrêté de 1822 exigerait-il alors que le notaire communique, dans tous les cas, le cahier des charges aux juges de paix, dix jours au moins avant la première séance d'adjudication? La réponse est bien simple. La communication du cahier des charges, prescrite par l'article 5 de l'arrêté de 1822, n'a pas seulement pour but de mettre le juge de paix à même d'y faire introduire les modifications qu'il juge convenable, mais encore, et surtout, de l'informer exactement de l'état des choses et de tout ce que l'intérêt des mineurs exige qu'il sache (1).

28. — Des interprètes de l'arrêté de 1822, comprenant qu'il ne peut plus appartenir, ni au juge de paix, ni au président du tribunal, statuant par voie de référé, de réformer un cahier des charges approuvé par le tribunal, disent que le juge de paix devra, dans ce cas, recourir à la voie de l'appel. Mais la voie de l'appel comme de la tierce opposition, n'est ouverte qu'aux parties, et à ceux qui auraient dû être appelés dans la cause. Or, le juge de paix ne se trouve ni dans l'une ni dans l'autre de ces deux catégories de personnes (2).

29. — Faut-il conclure de ce que nous venons de dire, que si le cahier des charges, arrêté par le tribunal, contient une clause ou une condition nuisible aux intérêts des mineurs, ou contraire à la loi et à l'arrêté de 1822, le juge de paix se trouvera dépourvu de tout moyen d'en obtenir la réformation? Nous ne le pensons pas. Nous croyons que le juge de paix

(1) Dans la pratique un assez grand nombre de juges de paix n'exigent pas la communication préalable du cahier des charges, lorsque ce document a obtenu l'approbation du tribunal. Ils sont en faute en agissant ainsi.

(2) Voir un article dans *Cloes* et *Bonjean*, t. 11, p. 732.

puiserait, dans l'article 7 de la loi du 12 juin 1816, le pouvoir et le devoir de faire changer le cahier des charges et des conditions de la vente. S'il contenait une clause illégale, ou pouvant porter préjudice aux personnes dont la loi lui impose l'obligation stricte de sauvegarder les droits et les intérêts, il devrait faire surseoir à la vente, faire un rapport, et le transmettre au tribunal lui-même, qui statuerait en audience publique, d'après ce qui serait trouvé convenable (1).

Cette marche ne pourrait être suivie que lorsque les parties ont acquiescé au jugement du tribunal. Car, si les parties s'y étaient opposées, et avaient épuisé toutes les voies de recours, le juge de paix devrait s'incliner devant la chose jugée. Il ne pourrait plus être question de rapport au tribunal (2).

30. — Nous avons dit (n° 13) que le juge de paix, d'accord avec le notaire, peut ajouter au cahier des charges des clauses nouvelles. Mais il est à remarquer que les nouvelles clauses ne peuvent pas modifier le cahier des charges approuvé par le tribunal, ou les conditions auxquelles le tribunal a ordonné que la vente doit se faire.

31. — Nous savons que le juge de paix ne peut user de la voie du référé au président du tribunal de première instance, s'il ne parvient pas à s'entendre avec le notaire pour l'insertion d'une clause nouvelle (voir n° 13) (3).

Si ce magistrat constate, dans le cahier des charges visé ou non par le tribunal, l'absence d'une clause essentielle pour garantir les intérêts des mineurs, s'il s'aperçoit, par exemple, qu'aucune mesure n'a été prescrite pour le placement des fonds pupillaires à provenir de la vente, il devra adresser un rapport écrit au tribunal, en vertu de l'article 7 de la loi du 12 juin 1816.

---

(1) *Cloes* et *Bonjean*, t. 13, p. 304. Consultez DALLOZ, *Rép.*, v° Vente publique des immeubles, n° 2019, et cass. fr. 5 juillet 1853 (D. 53, 1, 218).

(2) *Cloes* et *Bonjean*, loc. cit.

(3) Req. 6 mars 1834 (DALLOZ, *Rép.*, v° Référé, n° 129). Contrà. Poitiers 18 janvier 1825 (DALLOZ, *Rép.*, v° Référé, n° 24).

32. — Un cahier des charges, sur le pied duquel une décision judiciaire a ordonné que se ferait la vente d'immeubles dans lesquels sont intéressés des mineurs, ne peut être modifié par les parties. Cela est évident, puisqu'il fait partie du jugement (1). Mais les parties pourraient se mettre d'accord pour y insérer une nouvelle stipulation ne modifiant en rien les clauses du cahier des charges approuvé par le tribunal. Elles pourraient y ajouter une clause nouvelle, même entre l'adjudication préparatoire et l'adjudication définitive, pourvu qu'elle ne causât aucun préjudice aux adjudicataires provisoires (2). Seulement, lors de l'adjudication définitive, le juge de paix aurait à examiner si elle n'est pas contraire aux intérêts des mineurs, et, dans l'affirmative, il devrait user du droit que lui confère l'article 7 de la loi du 12 juin 1816.

33. — Les parties peuvent stipuler dans le cahier des charges, et le tribunal peut l'admettre, la faculté de surenchérir dans un délai déterminé, et pour un tantième déterminé. C'est ce qui résulte implicitement de l'arrêt de la Cour de Liége du 11 mai 1838 (3).

On ne pourrait surenchérir, si cette faculté n'était pas inscrite dans le cahier des charges, puisqu'elle n'est pas admise dans les ventes ordinaires, (article 8 de la loi du 12 juin 1816). On ne pourrait soutenir le contraire en se fondant sur l'article 965 c. pr. c., car, depuis la loi du 12 juin 1816, cet article n'est plus applicable à la vente des immeubles des mineurs. Du reste, il était douteux avant cette loi, que l'adjudication de biens immeubles appartenant à des mineurs, fût de droit susceptible de surenchère. La Cour de Bruxelles, par arrêt du

---

(1) Si les parties étaient majeures et maîtresses de leurs droits, elles pourraient se mettre d'accord pour modifier le cahier des charges. — Ar. Bruxelles 15 mai 1855 (*Belg. jud.*, t. 13, p. 1441 et les observations sur cet arrêt).

(2) Cass. belg., 23 novembre 1836 (*Pas.*, 1836, 1, 399). Ar. Bruxelles 1er décembre 1849 (*Pas.*, 1852, 2, 188).

(3) *Pas.*, à sa date.

15 novembre 1815 (1), a admis l'affirmative, tandis que la Cour de Liége, par arrêt du 15 avril 1820 (2), a admis la négative.

34. — On peut dans le cahier des charges d'une vente d'immeubles, dans laquelle des mineurs sont intéressés, stipuler la revente sur folle enchère, c'est-à-dire, la résolution de la vente pour défaut de paiement du prix. Une pareille clause n'est pas nulle : car elle n'est pas prohibée par la loi du 12 juin 1816. Elle est même implicitement admise par l'article 8 de cette loi, qui dit: « que les ventes des biens des mineurs se feront « conformément à ce qui est usité à l'égard des ventes publi- « ques ordinaires d'immeubles ». Or, dans ces ventes, les licitants peuvent poursuivre la revente sur folle enchère (3) contre l'adjudicataire qui ne paie pas le prix.

D'ailleurs, par cette clause on épargne aux mineurs les lenteurs et les frais d'une instance judiciaire en résolution de la vente, et l'on agit conformément aux vues du législateur, puisque le préambule de la loi du 12 juin 1816 fait connaître que cette loi a été portée dans le but de prévenir, ou plutôt d'éviter des lenteurs et des frais inutiles (4).

35. — Il est à remarquer que l'autorisation de vendre, donnée par le conseil de famille ou par le tribunal, s'étend nécessairement à la revente sur folle enchère, la première adjudication n'étant, eu égard au résultat que l'un ou l'autre avait en vue, qu'une tentative infructueuse (5).

36. — La clause de revente sur folle enchère serait obligatoire, même à l'encontre du cohéritier mineur devenu adjudicataire (6).

(1) *Pas.*, à sa date.
(2) *Pas.*, à sa date.
(3) LAURENT, t. 10, p. 441, n° 421.
(4) Jug. Bruxelles 27 novembre 1872 (*Pas.*, 1872, 3, 326 ou *Belg. jud.*, t. 31, p. 347). Consultez arrêt Bruxelles 5 janvier 1822 (*Pas.*, à sa date).
(5) Jug. Bruxelles 27 novembre 1872 (*Pas.* 1872, 3, 326).
(6) Cass. fr. 3 août 1848 (*Monit. du not.*, p. 14, n° 107). Ar. Paris, Toulouse, Bordeaux des 31 août 1843, 12 février et 8 mai 1848. — LAURENT, t. 10, p. 441, n° 421.

37. — En cas de revente sur folle enchère, la vente doit se faire en présence du juge de paix et de son greffier, et par le ministère du notaire désigné par le tribunal. La loi du 12 juin 1816 est applicable. Cela est évident, car, par suite du non-paiement du prix, la vente est résolue. L'immeuble que l'on vend, est l'immeuble du mineur et de ses copropriétaires. Cela est tellement vrai que ce sont les colicitants qui le remettent en vente.

Dira-t-on que les intérêts des mineurs se trouvent garantis par l'obligation imposée au fol enchérisseur de payer la diffé- rence du prix? Nous répondrons à cette observation, que nous avons peu de confiance dans la garantie que peuvent trouver les mineurs dans la solvabilité plus que problématique du fol enchérisseur.

38. — Peut-on stipuler dans le cahier des charges que le notaire tranchera d'une façon définitive toutes les difficultés qui se présenteront pendant la vente ?

La négative ne peut être douteuse. Mais nous avons cru utile de poser la question parce que nous avons quelquefois trouvé une semblable clause dans les cahiers des charges de ventes d'immeubles intéressant des mineurs.

39. — De même, il ne pourrait être stipulé dans le cahier des charges d'une vente de biens immeubles, appartenant en tout ou en partie à des mineurs, qu'au cas où la vente donnerait lieu à des contestations, les parties s'obligent à les soumettre à un tribunal désigné, sans appel ou cassation. Une pareille clause est licite entre majeurs, et lie non-seulement les vendeurs, mais aussi les enchérisseurs étrangers comme les colicitants (1). Mais assurément elle ne peut lier les mineurs.

40. — Peut-on dans le cahier des charges stipuler des primes en boisson ?

Une circulaire du 21 novembre 1856 a invité, avec raison, les

(1) Ar. Bruxelles 27 février 1818 (*Pas.*, à sa date).

magistrats et les notaires, à ne pas laisser insérer dans les cahiers des charges des primes en boisson. Comme le dit cette circulaire « la prime en boisson constitue un fait très-grave, et elle est, en tout cas, contraire au caractère sérieux, qui convient à toute opération dans laquelle intervient un officier ministériel ». Et, en effet, au moyen de ces primes on paraît avoir l'intention de vouloir spéculer sur l'état d'ivresse des acquéreurs.

Il faut donc que les tribunaux et les juges de paix suppriment la clause de la prime en boisson, chaque fois qu'ils la trouvent insérée dans un cahier des charges. Elle est contraire à la dignité du notariat. Elle doit être proscrite d'une façon absolue.

Les primes en boisson sont en usage dans les campagnes depuis un temps immémorial. Elles sont nées de l'habitude qu'on y a contractée, de procéder aux ventes dans les estaminets (1).

41. — La vente des immeubles appartenant en tout ou en partie à des mineurs, peut-elle se faire avec bénéfice de paumées et d'enchères?

Par une circulaire du 21 novembre 1856, prise après une enquête qui a duré plusieurs années, le ministre de la justice a invité les tribunaux, les membres des parquets, les juges de paix et les notaires, à user de leurs pouvoirs, pour exiger dans les cahiers des charges des ventes des biens des mineurs, soumis à leur examen, la suppression de la clause du bénéfice de paumées et d'enchères.

42. — La paumée est une prime accordée à celui qui a paumé, c'est-à-dire, à celui qui, dans une vente publique avec criée en descendant, a parlé le premier. Elle est ordinairement de 10 ou de 15 francs par lot. Il était d'usage autrefois que le vendeur et l'acheteur se frappaient dans la main. De là est venu le nom de *paumée,* en flamand *palmslag* (2).

(1) Un arrêt de la Cour de Metz du 9 octobre 1844 a prononcé la suspension contre un notaire, qui avait fait distribuer du vin aux enchérisseurs.

(2) HUBERUS : sur le titre *de in diem addictione.*

Le bénéfice d'enchères est également une prime au profit de celui qui enchérit. *Præmium quod datur augenti pretium* (1). Il consiste dans la part aliquote de la valeur de chaque enchère. Ce mode de vente est très ancien, mais il n'est en usage que dans quelques parties de la Belgique, notamment dans l'arrondissement de Bruxelles et dans la province d'Anvers.

Lorsqu'on vend avec paumées et enchères, le paumeur a ordinairement le droit de mettre autant d'enchères qu'il veut, mais il n'a pas ce droit exclusivement, car tous ceux qui veulent surenchérir après lui, peuvent encore mettre des enchères, dont chacune est ordinairement de 3 ou de 4 francs, et dont les deux tiers ou les trois quarts sont au profit du vendeur, et un tiers ou un quart au profit de ceux qui les ont mises.

Voici comment M. Hubert, procureur du roi à Tournai, explique le bénéfice de paumées :

« Celui qui vend avec bénéfice de paumées, remet aux enchérisseurs une partie des enchères, pour exciter à en augmenter le nombre : il charge l'acquéreur de payer cette partie des enchères à son acquit. L'acquéreur ne paie pas moins cette partie des enchères, comme il paie la partie que retient le vendeur. Il paie chaque paumée en entier ; le prix, pour lui, se compose de la totalité des paumées et de la mise à prix : le vendeur perd la partie des enchères remise aux enchérisseurs, et il profite des $^2/_3$ ou des $^3/_4$ qu'il conserve, selon que la remise des paumées aux enchérisseurs est de $^1/_3$ ou de $^1/_4$.

« C'est une excitation à la hausse par les paumées, c'est un jeu que le vendeur ouvre pour exciter les convoitises : il accorde la remise d'une partie du sien, dans l'espoir d'avoir plus. C'est un profit pour lui, quand cette excitation à la hausse lui fait obtenir un prix supérieur. C'est une duperie, quand il n'obtient que le

---

(1) MATTHÆUS : *de auct.*, liv. 1er, chap. 1er, n° 6. — HUBERUS, loc. cit. — Consultez encore DEGHEWIET, part. 3, titre I, § 23, art. 25 ; CUYPERS, *Traité des procéd. réelles*, quest. 21, add., n°s 2 et 6 et quest. 86 add., n°s 1 à 5.

prix qu'il aurait eu par le concours normal des enchérisseurs, sans bénéfice de paumées (1) ».

43. On a soutenu et jugé (2) que, dans les localités où la vente des immeubles par paumées est usitée, la vente publique des biens des mineurs doit aussi se faire par paumées ; qu'alors la clause du bénéfice de paumées et d'enchères est obligatoire dans les cahiers des charges et des conditions de ces sortes de ventes. On justifie cette opinion, en se fondant sur l'article 8 de la loi du 12 juin 1816, qui veut que la vente des immeubles appartenant pour une quotité indivise à des mineurs, se fasse conformément à ce qui est usité pour les ventes publiques ordinaires d'immeubles.

Ce raisonnement est tout-à-fait faux, parce qu'il ne tient pas compte de l'article 7 de la même loi, qui charge les juges de paix de veiller, à ce que rien, dans les ventes de biens où sont intéressés des héritiers mineurs, ne se fasse à leur préjudice, pas plus qu'il ne tient compte de l'arrêté royal du 12 septembre 1822, qui ordonne aux tribunaux de faire supprimer, non-seulement les clauses qui sont contraires aux lois et aux règlements, mais aussi celles qui ne seraient que contraires *aux intérêts* des mineurs (article 7), et qui ordonne, en outre, aux juges de paix, de provoquer la suppression au cahier, non-seulement des charges et des conditions contraires à la loi et aux règlements, mais même de celles qui ne seraient que contraires aux *intérêts* des mineurs (article 5).

Il en résulte donc que, si la vente des biens des mineurs doit se faire conformément à ce qui est usité à l'égard des ventes publiques ordinaires d'immeubles, c'est à la condition que ce qui se pratique dans ces ventes ne soit pas contraire à leurs intérêts ; autrement il y aurait désaccord entre les articles 7 et 8 de la loi de 1816, ce qui est inadmissible. L'article 8 est subordonné dans sa portée à l'article 7.

(1) Réquisitoire reproduit dans le *Monit. du not.*, t. 13, p. 657, n° 640.
(2) Jug. Bruxelles du 10 octobre 1857 (*Belg. jud.*, t. 15, p. 1355, ou *Monit. du not.*, t. 11, n° 547, p. 332).

Des majeurs peuvent insérer, dans le cahier des charges de la vente de leurs biens, des clauses qui leur sont préjudiciables ; on ne peut admettre pour la vente des biens des mineurs des clauses contraires aux intérêts de ceux-ci. La loi ne le permet pas.

Toute la question revient donc à celle-ci : la vente par paumées est-elle utile ou contraire aux intérêts des mineurs ? Il ne s'agit donc pas de savoir si cette clause est légale. Non, tout se réduit ici à une question de fait laissée à l'appréciation des tribunaux.

Or, comme le démontre parfaitement M. Hubert, dans son réquisitoire prérappelé, la clause de vente par paumées cause plus de perte que de profit aux mineurs. Sa démonstration est péremptoire, c'est pourquoi nous la reproduisons ici (1) :

« Les amateurs de paumées, dit-il, ne veulent que le bénéfice des paumées et s'étudient à les obtenir, en évitant d'acheter.

« Les amateurs de biens, au contraire, veulent acheter.

« Ceux-ci, avant d'enchérir, ont formé leur opinion sur la valeur des biens et ont arrêté dans leur esprit, le maximum de leurs offres, qu'ils ne dépassent pas. C'est la conduite des amateurs sérieux, des amateurs sensés.

« Si on vend sans paumées, ils enchérissent les uns sur les autres jusqu'à ce maximum, et ne le dépassent pas.

« Et si on vend avec paumées, ils divisent ce maximum en deux parties, également sans l'excéder : la partie principale forme leurs offres pour la mise à prix, la partie secondaire compose leurs offres par paumées ; mais comme le dernier enchérisseur doit payer aux tiers le bénéfice des paumées, c'est-à-dire la quotité qui leur est allouée des paumées qu'ils ont mises, ils font aussi ces offres de manière à ne point excéder le taux, fixé dans leur esprit, du maximum de leurs offres.

« Et comme aujourd'hui les biens-fonds, surtout les biens ruraux, sont fortement recherchés par les véritables amateurs qui sont en grand nombre, il s'ensuit que par le cours naturel

(1) Voyez *Belg. jud.*, t. 17, p. 709.

et normal des enchères, les biens, en règle générale, sont portés à leur véritable valeur, sans le secours des paumées, et, par conséquent, que la remise d'une quotité de paumées aux enchérisseurs est, en général, une perte pour les vendeurs, puisque, en général, les acheteurs n'excèdent pas la valeur vénale des biens, et que les vendeurs perdent, par cette remise, une partie du prix, à savoir la partie du prix payée par l'acheteur aux tiers qui ont mis des paumées sans être acquéreurs.

« Cette remise du bénéfice des paumées est tellement une partie du prix, que l'enregistrement perçoit sur cette remise, le même droit de 4 % que sur la somme touchée par les vendeurs.

. . . .

. . . .

« On n'a pas besoin du secours des paumées pour donner aux biens leur pleine valeur. La concurrence des véritables amateurs suffit non-seulement pour atteindre cette valeur, mais même pour l'excéder, bien plus que par le secours des paumées, car ceux qui font métier de mettre des paumées, ne veulent point acheter; ils s'arrêtent dès que leur avidité a obtenu un certain nombre de paumées, et qu'ils pensent que le véritable amateur est arrivé à peu près au maximum de ses offres, et ils opèrent de manière à lui laisser certaine latitude entre leurs offres et la pleine valeur des biens, pour provoquer les dernières offres de l'amateur véritable.

« Il en résulte que la clause des paumées est une duperie pour les vendeurs.

« Nous disions qu'en règle générale les biens-fonds sont fortement recherchés dans les ventes publiques.

« Aussi ne voit-on plus de biens rester aux affiches: tout se vend, et bien, en règle générale; il n'y a plus de biens sans amateurs ou n'ayant qu'un seul amateur.

« Si cela arrive encore quelquefois, c'est l'exception : la règle générale, c'est le concours des amateurs désireux d'acheter, c'est la concurrence naturelle et sérieuse des véritables amateurs.

« Ceux qui font métier de mettre des paumées, épient et flairent en quelque sorte partout le besoin d'acheter pour rançonner, au moyen des paumées, les véritables amateurs.

« Cela est vrai, ce scandale existe dans les ventes par paumées.

« Mais ne nous trompons pas, et que les vendeurs ne soient pas dupes de cet agiotage ! Comme les metteurs de paumées ont peur d'être adjudicataires, en règle générale ils ne poussent point leurs offres au delà de la valeur vénale; mais, dès qu'ils ont satisfait jusqu'à un certain point leur convoitise, ils s'arrêtent avant même d'arriver à la pleine valeur vénale, et laissent alors les véritables amateurs faire les dernières offres, offres que ceux-ci auraient faites de même, par le concours des amateurs qui, dans les ventes par paumées n'osent se montrer qu'à la fin, tandis que, lorsqu'on vend sans paumées, ils se montrent tout de suite.

« Aussi voici ce que font les amateurs qui ont besoin d'acheter dans les ventes par paumées, en se servant de l'entremise d'un tiers :

« Ou ils mettent à prix à une somme assez élevée et ajoutent de suite un bon nombre de paumées dont la part revenant aux vendeurs, avec la mise à prix, forme la pleine valeur des biens, en laissant entre eux et les agioteurs de paumées la différence de la part des paumées revenant à celui qui les met, différence que l'amateur des biens ne doit pas payer et que les adversaires agioteurs seraient tenus de payer. Ceux-ci, en ce cas, battent en retraite le plus souvent, parce qu'ils ont peur d'être adjudicataires au-delà de la valeur des biens ; ou bien les véritables amateurs ne se montrent qu'à l'adjudication définitive et attendent que les agioteurs en paumée soient repus par la mise à prix et les premières paumées, ou les paumées successives.

« Alors à l'adjudication définitive, il n'y a que les vrais amateurs qui haussent les uns sur les autres.

« Ceux-ci auraient mis le même prix par le concours naturel qui se serait établi entre eux, sans la clause des paumées comme avec cette clause.

« Dans l'un de ces cas comme dans l'autre, le vendeur est

dupe, car il perd la part du prix qui se paie aux tiers sur les paumées.

« On objecte que sans les spéculations en paumées, on n'obtiendrait qu'un prix vil, dans le cas où il n'y aurait qu'un amateur pour chaque bien, ou certains biens.

« Ces cas, nous le répétons, sont rares et exceptionnels : de nos jours, les biens sont recherchés, et, en règle générale, il y a plusieurs amateurs, et le plus souvent, beaucoup d'amateurs pour les mêmes biens.

« D'ailleurs le juge de paix est là, et il peut, dans ces cas rares, ne pas accepter les offres et remettre la vente.

« Donc, en règle générale, le bénéfice des paumées est une perte pour les mineurs vendeurs, une véritable duperie ».

Ce n'est que par exception que les vendeurs peuvent obtenir un surcroît de prix à l'aide des paumées. Or, c'est, d'après ses résultats les plus fréquents et les plus nombreux, qu'il faut décider si la clause des paumées est plus nuisible que profitable aux intérêts des mineurs.

M. Hubert l'a démontré, croyons nous : cette clause, en général, cause plus de perte que de profit aux mineurs. Il faut donc l'interdire dans les cahiers des charges et des conditions de la vente de leurs biens (1).

D'ailleurs l'expérience l'a prouvé : on ne vend ni mieux ni plus chèrement, dans les ventes avec paumées que dans les ventes sans paumées (2).

(1) Conf. Jug. Tournai 5 décembre 1857 (*Monit. du not.*, t. 13, n° 640, p. 657). Article signé Hoffman, inséré dans la *Belg. jud.*, t. 15, p. 1505. Voyez aussi jug. Bruxelles 13 février 1856 (*Cloes et Bonj.*, t. 7, p. 378). Voyez aussi un article de l'avocat Becker de Paris inséré dans le *Monit. du not.*, t. 13, p. 689, n° 644. Rutgeerts, *Commentaire de la loi du 25 ventôse an XI*, p. 115, n° 130. — Contrà : dissertation en réponse à l'article d'Hoffman, insérée dans le *Monit. du not.*, t. 13, n° 642, p. 672. Même recueil, t. 10, p. 378, n° 501.

(2) Le tribunal d'Anvers, dans un jugement du 14 janvier 1875, déclare qu'il est constant que les ventes sans enchères ont produit, dans les localités où elles ont été tentées, des résultats favorables aux intérêts des mineurs (*Monit. du not.*, t. 29, p. 360, n° 1490 ou *Pas.*, 1876, 3, 69).

Les biens sont vendus à des prix tout aussi élevés, parce qu'ils sont recherchés, dans l'un et l'autre cas, par des amateurs sérieux tout aussi nombreux. La libre concurrence des amateurs fait monter les biens à leur pleine valeur. Il ne faut pas pour cela le secours des paumées. Mais il y a cette différence que, dans les ventes sans paumées, les vendeurs touchent le prix tout entier, tandis que dans les ventes avec paumées ils en perdent une partie notable.

44. — La circulaire ministérielle du 21 novembre 1856 résume parfaitement les inconvénients de la clause du bénéfice d'enchères et de paumées :

« Quant aux conditions de gains d'enchères en argent, est-il dit dans cette circulaire, il a été constaté qu'elles poussent à des spéculations hasardeuses (1); qu'elles donnent lieu à une espèce de jeu de bourse de la part de quelques individus qui ont en vue, non l'acquisition des biens mis en vente, mais la réalisation des bénéfices, parfois considérables, des enchères; qu'elles ont pour effet de faire passer une partie du prix d'achat en d'autres mains que celles du vendeur; que des personnes qui ne peuvent ou n'osent se livrer ouvertement à cette spéculation, ont recours à des personnes interposées. »

45. — Le législateur belge s'est montré hostile à la vente avec bénéfice de paumées et d'enchères. En effet, dans l'article 44 de la loi du 15 août 1854, il est dit que la vente, en cas d'expropriation forcée, se fera conformément à la loi du 12 juin 1816, suivant le mode établi par l'usage des lieux, mais sans bénéfice de mise à prix ou d'enchères.

46. — On décide que l'on peut stipuler, dans le cahier des charges, une prime d'un pour cent en faveur de celui qui se rend adjudicataire préparatoire.

---

(1) A ce titre, le tribunal d'Anvers considère la clause du bénéfice de paumées et d'enchères comme immorale, et décide qu'elle est proscrite par la loi du 12 juin 1816. Jug. du 14 janvier 1875 (*Monit du not.*, t. 29, p. 361, n° 1490).

A la rigueur pourtant, cette clause devrait être prohibée, puisqu'elle prive également les vendeurs d'une partie du prix, laquelle retourne aux premiers enchérisseurs.

Le ministre de la justice consulté, à la suite de sa circulaire du 21 novembre 1856, sur la question de savoir si l'on peut accorder une prime d'un pour cent à l'adjudicataire préparatoire, s'est, néanmoins, prononcé pour l'affirmative (1). L'opinion de ce haut fonctionnaire repose, sans doute, sur cette considération, qu'elle ne donne pas naissance à d'immorales spéculations.

47. — Pourrait-on insérer dans le cahier des charges d'une vente de biens indivis entre majeurs et mineurs, qui se fait en plusieurs lots, que la part du prix revenant aux mineurs sera prise sur certains lots déterminés?

La négative a été jugée, avec raison, par le tribunal de Liége le 17 juillet 1852 (2). Le jugement de ce tribunal se fonde sur ce que cette clause tendrait à restreindre l'hypothèque privilégiée des mineurs sur chacun des immeubles vendus.

Du reste, une pareille clause contient une renonciation à des droits réels immobiliers. Il faudrait donc, avant son insertion dans le cahier des charges, que le conseil de famille des mineurs eût donné son autorisation, et que celle-ci ait été homologuée par le tribunal.

48. — Il ne faut pas permettre de stipuler dans le cahier des charges que les immeubles, appartenant en tout ou en partie à des mineurs, seront adjugés par lots, et ensuite en masse, avec défense de mettre encore des enchères sur les lots séparément adjugés, dès qu'il y a un adjudicataire pour la masse.

Une pareille stipulation peut être nuisible aux vendeurs. Le *Moniteur du notariat* démontre, par un exemple frappant, qu'avec cette clause il arrivera fort souvent que les immeubles exposés en vente n'atteindront pas leur véritable valeur (3).

(1) Circulaire du ministre de la justice du 6 juillet 1857.

(2) *Cloes et Bonj.*, t. 2, p. 603.

(3) RUTGEERTS, *Commentaire sur la loi du 25 ventôse an XI*, t. 1er, p. 128, 2e édit.

Supposons, dit-il, le cas de vente publique d'un immeuble divisé en deux lots.

A est amateur du 1er lot et en donnerait au
besoin . . . . fr. 20,000
B donnerait au besoin du 2e lot 40,000

Ensemble. fr. 60,000

Mais ni A ni B ne peuvent, ou ne veulent acheter les deux lots. C est disposé à acheter les deux lots, et en donnerait au besoin 60,000 à 65,000 francs.

Lors de l'adjudication préparatoire, C, l'amateur de la masse, s'abstient de prendre part à l'enchère, comme son intérêt le lui commande.

A pousse la mise à prix du premier lot à . . fr. 15,000
B reste adjudicataire provisoire du 2e lot à. . 35,000

Ensemble. fr. 50,000

La concurrence s'étant arrêtée là, A et B, restés adjudicataires provisoires, jugent, avec raison, inutile de majorer leurs offres, quoiqu'elles n'atteignent pas leurs prix estimatifs de 20,000 et de 40,000 fr.

On arrive ainsi, sans nouvelles enchères, à l'adjudication définitive.

C se présente et enchérit la masse des deux lots pour une somme de 1,000 fr.

Ce qui porte la masse à 51,000 fr.

Cette offre sur la masse, aura pour effet d'empêcher de nouvelles offres sur les lots séparés.

A et B, quoique n'ayant pas dit leur dernier mot, se trouvent exclus de l'enchère, et les deux lots sont définitivement adjugés en bloc à C pour 51,000 fr., ce qui prive le vendeur d'un bénéfice de 9,000 fr.

En effet, A ayant estimé le premier lot à . . fr. 20,000
et B le 2e lot à 40,000

Total. fr. 60,000

et C amateur de la masse, voulant donner au besoin 65,000 fr.,
il est évident que le vendeur aurait au moins obtenu 60,000 fr,
si A et B eussent été admis à enchérir sur l'amateur de la masse
et concurremment avec lui, mais sur les lots séparés.

49. — Se fondant sur l'article 972 c. proc. c., l'administration
fiscale a décidé, que le notaire chargé de procéder à une vente
d'immeubles intéressant des mineurs, en vertu d'un cahier des
charges visé et signé *ne varietur* par le président du tribunal,
doit dresser un acte de dépôt pour ce cahier des charges, en
conformité de l'article 43 de la loi du 22 frimaire an VII (1).

Cette décision est erronée, car le cahier des charges n'est
pas remis au notaire à titre de dépôt : il ne lui est remis que
pour être annexé au procès-verbal d'adjudication (2).

50. Nous croyons que le cahier des charges doit être déposé
chez le notaire, comme cela a lieu pour les ventes ordinaires
d'immeubles. (Article 8 de la loi du 12 juin 1816.)

51. Le cahier des charges doit contenir l'indication des
droits et des qualités des parties, et la désignation sommaire de
l'immeuble à vendre. Il ne doit plus contenir, comme sous
l'empire du code de procédure civile, l'analyse sommaire du
jugement en vertu duquel l'adjudication a lieu (article 956, 1° c.
proc. civ.).

52. Pour les mentions que peut contenir le cahier des charges
relativement aux honoraires des notaires, voyez chapitre XXII,
livre 1er.

(1) Décision du 7 janvier 1845 (article 3452 du *Journal de l'enregistrement*). Voir décision du 24 décembre 1847.

(2) Namur 6 décembre 1845 (*Monit. du not.*, t. 1er, p. 299).

CHAPITRE XIV.

Règles qui doivent présider à l'adjudication des immeubles appartenant en tout ou en partie à des mineurs.

1. — Ce chapitre a pour objet l'examen des règles spéciales qui doivent être observées lors de la mise en adjudication des immeubles appartenant en tout ou en partie à des mineurs. Elles se trouvent inscrites dans l'article 2 § 4 et dans l'article 8 de la loi du 12 juin 1816.

Ces articles sont conçus comme suit :

Art. 2 § 4. « La vente publique se fera par le ministère du « notaire désigné, en présence des tuteurs et des subrogés tu- « teurs, et par devant le juge de paix du canton où la succession « est ouverte. »

Art. 8. « La vente des immeubles se fera conformément à ce « qui est usité à l'égard des ventes publiques ordinaires d'im- « meubles. »

Ces règles spéciales sont donc relatives :

1° à la publicité de la vente;

2° au fonctionnaire qui doit procéder à l'adjudication;

3° à la présence à la vente des tuteurs et des subrogés tuteurs;

4° à l'intervention du juge de paix;

5° au canton dans lequel la vente doit être faite;

6° aux formalités qui doivent être observées pour l'adjudi- cation.

§ 1er.

La vente des immeubles appartenant en tout ou en partie à des mineurs doit se faire publiquement.

La vente des immeubles appartenant en tout ou en partie à des mineurs doit se faire publiquement. La publicité était prescrite par le code civil (articles 459, 460 et 1687 c. c.). Elle a été maintenue par la loi du 12 juin 1816 qui se sert toujours de l'expression : *vente publique.*

§ 2.

Fonctionnaire qui doit procéder à l'adjudication des immeubles appartenant en tout ou en partie à des mineurs.

1. — Nous savons que le tribunal, en homologuant la délibération du conseil de famille autorisant la vente des immeubles appartenant, en tout ou en partie, à des mineurs, ou en autorisant directement cette vente, doit désigner le notaire par le ministère duquel elle sera faite.

2. — Sous l'empire du code de procédure civile, le notaire était le délégué de la justice. Depuis la loi du 12 juin 1816, il n'est plus nommé à titre de délégué de la justice, mais à titre d'officier instrumentaire (1).

3. — Personne autre que le notaire désigné ne peut s'occuper de la vente. Il est chargé aussi bien des opérations définitives que des opérations préparatoires. C'est lui seul qui doit soigner pour la publicité, les annonces et tout ce qui y est relatif ; recevoir les enchères et prononcer l'adjudication. En lui seul, en effet, le législateur a eu foi pour écarter les fraudes et empêcher que les biens ne fussent vendus en-dessous de leur valeur. (Combinez la loi du 12 juin 1816 avec l'arrêté royal du 12 septembre 1822.) (2)

4. — Serait passible de peines disciplinaires, le notaire qui, ayant été commis par la justice pour recevoir les enchères dans une vente d'immeubles où sont intéressés des mineurs, n'interviendrait à cet acte que pour le signer et ne recevrait pas les enchères (3).

---

(1) Jug. Bruxelles 28 décembre 1850 (*Belg. jud.*, t. 9, p. 337).

(2) Ar. Gand 3 juin 1857 (*Cloes* et *Bonj.*, t. 6, p. 477). Dalloz, *Rép.*, v° Vente publique d'immeubles, n° 2070.

(3) Ar. Bruxelles 30 juillet 1855 (*Pas.*, 1855, 2, 420).

5. — Si deux notaires avaient été nommés conjointement pour procéder à une vente par licitation, sans que le jugement les eût autorisés à agir séparément, ou l'un à défaut de l'autre, il ne pourrait être procédé à la vente par un seul des notaires, hors de la présence de son confrère. On ne peut étendre à ce cas la disposition de l'article 1857 du code civil, laquelle est spéciale aux associés (1).

6. — Si le notaire commis par le tribunal, pour faire la vente par licitation d'un immeuble appartenant en tout ou en partie à des mineurs, se trouvait dans l'impossibilité d'y procéder, par suite d'une maladie grave, par exemple, il ne pourrait se faire remplacer par un collègue. Tenant son mandat de la justice, il ne peut substituer un confrère dans une mission toute de confiance de la part du tribunal (2).

7. — Faut-il que le notaire nommé par le tribunal, pour procéder à la vente des immeubles d'un mineur, soit assisté d'un collègue ou de deux témoins ?

D'après l'article 9 de la loi du 25 ventôse an xi, pour qu'un notaire puisse conférer l'authenticité à un acte, il faut qu'il soit assisté d'un notaire en second ou de deux témoins. La disposition de l'article 9, étant générale, s'applique aussi bien à l'acte qui a pour objet la vente des immeubles appartenant à des mineurs, qu'à tout autre acte. C'est ce qui a été décidé, sous le code de procédure civile, par la Cour d'appel de Caen (3).

Le législateur de 1816 a-t-il voulu déroger à la loi du 25 ventôse an xi ? Il se borne, il est vrai, à exiger l'intervention d'un notaire ; mais a-t-il voulu lui permettre de procéder seul à la vente ? Nous ne le croyons pas. S'il avait voulu accorder aux notaires un pouvoir aussi exorbitant, surtout quand il y a des incapables parmi les intéressés, pouvoir qu'il ne leur accorde

(1) Douai 10 août 1850 (D. P. 1855, 2, 185). — DALLOZ, *Rép.*, v° Vente publique d'immeubles, n° 2071.

(2) *Monit. du not.*, t. 20, n° 976, p. 2.

(3) Ar. du 9 juillet 1849 (*Monit. du not.*, t. 3, p. 39, n° 162).

pas quand tous les intéressés sont majeurs, il eût justifié ou motivé la modification qu'il apportait à une loi générale. Or, il n'y a pas un mot dans les travaux préparatoires de la loi du 12 juin 1816, qui prouve que le législateur a voulu déroger à la loi du 25 ventôse an xi (1).

Le préambule de l'article 1er de la loi du 12 juin 1816 vient à l'appui de notre opinion. Il y est dit : « sont abolies par les « présentes, toutes les dispositions et formalités prescrites par les « lois encore existantes, à l'égard de l'aliénation publique des « biens des mineurs....... »

Il en résulte que le législateur de 1816 ne s'est occupé que des formalités spécialement prescrites pour la vente des immeubles des mineurs, mais qu'il n'a nullement songé à modifier les prescriptions portées par les lois générales, et par conséquent les prescriptions de l'article 9 de la loi du 25 ventôse an xi (2).

8. — C'est le notaire commis, et non le tribunal, qui doit choisir le second notaire ou les témoins, dont l'assistance est indispensable pour la validité de la vente (3).

§ 3.

Présence des tuteurs et des subrogés tuteurs à la vente des immeubles appartenant en tout ou en partie à des mineurs.

1. — La loi veut que *les tuteurs* et les *subrogés tuteurs* soient présents à la vente des immeubles de leurs pupilles. Elle exige leur présence *simultanée* (article 2 § 4 de la loi du 12 juin 1816). La non-présence de l'un d'eux à la vente serait une cause de nullité (4).

(1) Voir *Jurisprudence des tribunaux de première instance*, t. 6, p. 44.

(2) En France, d'après le nouveau code de procédure, le notaire commis pour faire la vente doit procéder seul, sans l'assistance d'un second notaire ou de témoins (art. 977).

(3) Ar. de la Cour d'appel de Caen du 9 juillet 1849, déjà cité.

(4) LAURENT, t. 5, p. 121, n° 112. CHAUVEAU sur CARRÉ, n° 3166.

2. — Si l'un des deux ne pouvait assister à la vente, soit à cause d'une opposition d'intérêts, soit pour tout autre motif, il faudrait le remplacer.

3. — En exigeant la présence des subrogés tuteurs aux ventes des immeubles qui intéressent des mineurs, la loi du 12 juin 1816 vise les tutelles ordinaires, et non les tutelles administratives. En effet, la tutelle des enfants admis dans les hospices a été organisée par la loi du 25 pluviôse an XIII, mais cette loi ne fait aucune mention des fonctions de subrogé tuteur. On peut donc dire, que lorsqu'il s'agit de la vente de biens intéressant des mineurs placés dans un établissement de bienfaisance publique, la présence d'un subrogé tuteur n'est pas requise. La loi du 12 juin 1816 statue pour le *plurumque fit* (1).

4. — Les curateurs ne doivent pas assister les mineurs émancipés, lors de la mise en adjudication des immeubles appartenant à ces derniers pour le tout ou pour partie. Le mineur émancipé peut passer seul les actes pour la validité desquels l'autorisation du conseil de famille homologuée par le tribunal, ou l'autorisation de la justice, est exigée (2). Il ne doit pas être assisté de son curateur. Cette assistance serait, en effet, sans objet, en présence de l'autorisation du conseil de famille ou du tribunal. Du reste, le tribunal, à la demande duquel l'al. 1er de l'article 484 a été inséré dans le code civil, avait proposé la rédaction suivante : « Tous autres actes, etc., qui ne seront pas de pure « administration, ne pourront être faits que *sous l'assistance du* « *curateur*, et suivant les formes prescrites à l'égard du mineur « non émancipé. » Or, les mots « *sous l'assistance du curateur* » ont été supprimés dans la rédaction définitive de cette disposition. Que prouve cette suppression, si ce n'est que le législateur n'a pas voulu, en pareil cas, exiger cette assistance ?

(1) Jug. Louvain 18 novembre 1867, rendu sur le rapport du juge Vandersypen. (*Belg. jud.*, t. 25, p. 1505 ou *Cloes et Bonj.*, t. 17, p. 1114.)

(2) Laurent, t. 5, p. 264, n° 230. — *Cours de droit civil*, par Aubry et Rau, t. 1er, p. 557.

5. — S'il s'agit de la vente d'immeubles appartenant à des mineurs ayant encore leurs père et mère, c'est le père administrateur qui doit être présent. Ainsi le veut, nous semble-t-il, l'esprit de la loi. Mais la présence du père suffit.

6. — S'il s'agit de la vente d'immeubles appartenant à un enfant à naître, c'est le curateur au ventre qui doit être présent.

7. — Lorsque les intérêts du mineur sont en opposition avec ceux du tuteur, faut-il nommer au mineur un tuteur spécial ou un subrogé tuteur spécial ?

En présence de l'article 420 c. c., il semblerait qu'une pareille question ne peut être posée. Cet article porte, en effet, que « les « fonctions du subrogé tuteur consistent à agir pour les intérêts « du mineur, lorsqu'ils sont en opposition avec ceux du tuteur ». Mais nous croyons que l'article 420 c. c. n'est applicable que lorsqu'il s'agit de remplacer le tuteur dans les actes où il peut agir seul, mais qu'il n'est plus applicable dans le cas où la loi exige l'intervention *simultanée* du tuteur et du subrogé tuteur. Or, en matière de vente d'immeubles appartenant pour le tout ou pour partie à des mineurs, la loi du 12 juin 1816 exige cette présence simultanée. Par conséquent, s'il y a opposition d'intérêts entre le mineur et le tuteur, celui-ci ne pouvant plus représenter son pupille, la tutelle devient incomplète. C'est elle qui devient vacante et non la subrogée tutelle (1). Il faut donc pourvoir au remplacement du tuteur par la nomination d'un tuteur spécial (2).

(1) *Cloes* et *Bonj.*, t. 1, p. 310. *Monit. du not.*, t. 3, n° 192, p. 273. Turnhout, 1er mai 1861. (*Cloes* et *Bonj.*, t. 11, p. 774). Mais voyez Laurent, t. 4, p. 538, n° 427. *Monit. du not.*, t. 6, n° 294, p. 417; t. 14, n° 714, p. 417; t. 17, n° 850, p. 249 et n° 859, p. 321; t. 26, n° 1310, p. 161. — Article de Jay, inséré dans le *Journal des avoués*, t. 5, p. 335.

(2) C'est au ministère public ou au subrogé tuteur à provoquer cette nomination, en adressant une requête au tribunal. Ar. Cologne 17 juin 1855 (*Belg. jud.*, t. 15, p. 401).

Généralement cette nomination est faite par le conseil de famille. Avec M. Laurent, t. 4, p. 532, n° 420, nous croyons que cette marche est contraire à la rigueur des principes. « On s'accorde à dire, écrit-il, que le conseil de famille n'a d'attribution que celle que la loi lui donne. Sa

8. — L'avantage important qui résulte pour le mineur de la nomination d'un tuteur spécial, c'est qu'à celui-ci on peut imposer des garanties hypothécaires, tandis que l'on ne pourrait ordonner une inscription hypothécaire sur les biens du subrogé tuteur qui remplirait les fonctions de tuteur.

9. — S'il y a opposition d'intérêts entre le mineur et le subrogé tuteur, il faudra remplacer provisoirement ce dernier par un subrogé tuteur spécial (1).

Les rédacteurs du *Moniteur du notariat* croient qu'il n'y a pas obligation de remplacer par un subrogé tuteur spécial, le subrogé tuteur dont les intérêts sont en opposition avec ceux de son pupille. Nous ne pouvons nous ranger à cette opinion. Les principes généraux veulent qu'il soit remplacé, parce que l'on doit craindre, qu'à raison de cette circonstance, il ne remplisse pas convenablement ses devoirs de surveillant (2).

10. — Il faudrait recomposer entièrement la tutelle si le tuteur et le subrogé tuteur avaient l'un et l'autre des intérêts opposés à ceux des mineurs (3).

11. — S'il y avait opposition d'intérêts entre le père administrateur et ses enfants, il faudrait nommer un tuteur *ad hoc*.

Quelques auteurs discutent sur le nom à donner dans ce cas, au représentant du mineur. Duranton (titre 3, n° 415, note 1) l'appelle : subrogé tuteur *ad hoc*. Magnin (titre 1er, nos 115 et 116)

compétence doit donc être interprétée d'une façon restrictive. La conséquence logique de ce principe est que le tuteur *ad hoc* ne peut être nommé par le conseil que lorsque la loi le dit. Hors ces cas, c'est aux tribunaux à suppléer au silence de la loi, car leur compétence est générale. » D'ailleurs, dans le cas analogue de l'article 2208 c. c., la loi dit que la nomination doit se faire par le tribunal (Ar. Cologne 17 juin 1855, déjà cité). — Contrà : arrêt Bruxelles 24 novembre 1851 (*Belg.*, *jud.*, t. 10, p. 1337). Voyez aussi jugement Turnhout, 1er mai 1861, déjà cité.

(1) Laurent, t. 4, p. 539, n° 427 ; ar. Liége 15 janvier 1856 (*Cloes* et *Bonj.*, t. 5, p. 919). *Cloes* et *Bonj.*, t. 1, p. 312. Contrà. *Monit. du not.*, t. 12, n° 595, p. 297 ; t. 15, n° 726, p. 89.

(2) T. 3, p, 274, n° 192.

(3) *Cloes* et *Bonj.*, t. 1, p. 312

l'appelle : curateur. Avec Demolombe, Aubry et Rau, nous préférons la dénomination de tuteur *ad hoc*, que l'article 318 c. c. emploie dans une situation analogue (1).

12. — Nous croyons que s'il y avait opposition d'intérêts entre le curateur au ventre et l'enfant à naître, il faudrait pour le même motif nommer un tuteur *ad hoc*. Les auteurs ne s'expliquent pas sur ce point. Du moins, nous n'avons rien trouvé à ce sujet.

13. — Il faut qu'il y ait *réellement* une opposition d'intérêts entre le mineur et le tuteur ou le subrogé tuteur, pour qu'on lui nomme un tuteur ou un subrogé tuteur *ad hoc*.

Il ne faudrait pas, remarquons-le, nommer un tuteur ou un subrogé tuteur spécial parce qu'il y a indivision entre eux. Dans ce cas ils ont des intérêts communs, mais qui ne sont pas nécessairement opposés. Le tuteur et le subrogé tuteur ont tout autant d'intérêt que le mineur à ce que l'immeuble se vende au prix le plus élevé (2).

14. — Nous faisons la même observation pour le cas où il y a indivision entre un mineur et son père administrateur, ou entre l'enfant à naître et le curateur au ventre.

15. — Aucun texte de loi n'oblige le poursuivant à sommer les tuteurs et les subrogés tuteurs d'être présents à la vente; cependant nous savons que la vente ne peut avoir lieu en leur absence (3). Il est vrai que généralement une sommation serait inutile, parce que, après le prononcé du jugement autorisant la licitation, toutes les parties se mettent d'accord. Mais, si le poursuivant pouvait prévoir, soit par la déclaration du tuteur et du subrogé tuteur ou de l'un d'eux, soit par toute autre circonstance, que ceux-ci n'assisteraient pas à la vente, il conviendrait de les

---

(1) Seligman. Article sur l'administration légale des biens des mineurs par les père et mère, pendant le mariage (*Revue critique,*, année 1875, p. 688).

(2) *Cloes et Bonj.*, t. 1er, p. 307. Paris 30 pluviôse an XIII (Gilbert, art. 420, n° 7). *Monit. du not.*, t. 12, p. 297, n° 595. Voir Carré, Q. 3190.

(3) Voir n° 1 de ce §.

sommer, quelques jours avant l'adjudication préparatoire, **d'y** être présents au lieu, au jour et à l'heure fixés.

16. — Il se peut que le tuteur et le subrogé tuteur, ou tous les deux, refusent d'assister à la vente par licitation ordonnée par le tribunal, conformément à la loi du 12 juin 1816. Quel moyen faudra-t-il employer pour les y forcer? Suffira-t-il que les autres parties les somment d'y assister?

Non, car la loi n'autorise nulle part à passer outre à la vente. La loi du 12 juin 1816 veut qu'elle ait lieu *en présence* des tuteurs et subrogés tuteurs sans ajouter « *ou eux dûment appelés* » (art. 2 § 4 de cette loi) (1). Il faudra, dans ce cas, assigner les récalcitrants devant le tribunal, qui commettra un notaire pour éventuellement les remplacer à la vente, ainsi que dans les actes de liquidation et autres (2). Il importerait peu que les tuteurs ou subrogés tuteurs offrissent ou non de concourir à la vente.

17. — Il faudrait agir de même si le père administrateur, ou le mineur émancipé, ou le curateur au ventre, ne veulent pas assister à la vente. Il faudrait également nommer un notaire pour les remplacer.

18. — Ce notaire représentera à la vente le tuteur ou le subrogé tuteur, ou tous les deux, ou le père administrateur, ou le mineur émancipé, ou le curateur au ventre, et signera, en leur lieu et place, tous actes et procès-verbaux qui seraient nécessaires, lesquels auront autant de force et de valeur que si les défaillants les avaient signés eux mêmes.

19. — Le moyen que nous indiquons, et que suivent générale-ment les tribunaux pour vaincre la résistance ou la mauvaise volonté des récalcitrants, n'est pas dicté, il est vrai, par la loi.

---

(1) En France, d'après l'article 982 c. pr. c., il peut être procédé à la vente tant en l'absence qu'en présence du subrogé tuteur.

(2) Cass. fr. 27 avril 1849 (*Pas.*, 1850, 1, 108). — Contrà. Nivelles, 1 juillet 1874 (*Pas.* 1875, 3, 353). — Consultez arrêt Cass. belg. 10 janvier 1850 (*Pas.*, 1851, 1, 95).

Mais il suffit qu'il ne lui soit pas contraire. Comme le disent les rédacteurs de la *jurisprudence des tribunaux de première instance*, « il rentre même dans l'esprit de l'ensemble de notre législation en cette matière, puisqu'elle autorise la nomination d'un notaire pour représenter des absents, ou des non-comparants, dans différentes opérations en matière de succession (1) ».

D'ailleurs, si l'on ne pouvait recourir à ce moyen, le jugement de licitation deviendrait inexécutable; il resterait une lettre morte. Ensuite, qu'on ne l'oublie pas, il faut cependant pouvoir sortir d'indivision, car nul n'est tenu d'y rester.

20. — Si l'on procédait à la vente, en l'absence du tuteur et du subrogé tuteur, ou en l'absence de l'un d'eux, en se bornant à leur faire une sommation d'avoir à y assister, les mineurs pourraient en demander la nullité, mais les majeurs ne pourraient s'en prévaloir (2).

21. — Le tuteur ou le subrogé tuteur, qui n'assisteraient pas à la vente, ne pourraient être représentés par un porte-fort. La loi exige formellement la présence du tuteur et du subrogé tuteur. S'ils ne veulent pas assister à la vente, il faut qu'ils soient représentés par une personne ayant pouvoir spécial à cette fin.

22. — En présence du texte de la loi du 12 juin 1816, qui exige, d'une façon si formelle, la présence du tuteur et du subrogé tuteur à la vente des immeubles des mineurs, nous sommes d'avis que le tribunal, en rendant un jugement autorisant la licitation de biens appartenant en tout ou en partie à des mineurs, ne pourrait ordonner que la vente aura lieu tant en l'absence qu'en présence des tuteurs et des subrogés tuteurs, après due sommation préalable ; tandis qu'il pourrait ordonner

____

(1) *Cloes* et *Bonj.*, t. 4, p. 836 où se trouve reproduit un jugement de Bruxelles du 26 février 1852.

(2) Rapport du conseiller-rapporteur Hardoin, reproduit dans le *Monit. du not.*, t. 3, n° 164, p. 61.

que la vente aura lieu, tant en l'absence qu'en présence des majeurs, moyennant due sommation préalable (1).

Il pourrait également nommer un notaire pour représenter la partie majeure récalcitrante (2), mais il ne le devrait pas, comme lorsqu'il s'agit des tuteurs et des subrogés tuteurs récalcitrants.

23. — S'il arrivait qu'un tribunal eût ordonné que la vente aurait lieu tant en l'absence qu'en présence des tuteurs et des subrogés tuteurs des mineurs, nous croyons que ceux-ci pourraient néanmoins demander la nullité de la vente faite en l'absence de leurs représentants (3).

24. — Les tuteurs et les subrogés tuteurs, qui, sans motif légitime, refusent d'être présents à la vente des immeubles, dans lesquels leurs pupilles sont intéressés, et qui occasionnent ainsi des frais, en mettant les autres parties dans la nécessité de recourir aux tribunaux pour les faire représenter aux opérations de la vente, peuvent, à notre avis, être personnellement condamnés aux dépens, aux termes de l'article 132 c. pr. c. (4).

25. — Nous savons qu'on peut vendre en Belgique des immeubles appartenant à des étrangers, et que cette vente doit se faire conformément à la loi du 12 juin 1816 (5). Il se pourrait que le mineur n'ait pas de tuteur, comme en Espagne, où la tutelle ne s'ouvre que lorsque les père et mère sont morts. Si l'un d'eux vit encore, il n'y a pas de tutelle. Il est évident que dans cette hypothèse, il faut mettre la loi de 1816 en rapport avec les lois du pays d'origine des mineurs, et que la vente se fera sans qu'on puisse exiger la présence d'un tuteur ou d'un subrogé tuteur (6).

(1) Consultez Namur 18 fév. 1863 (*Cloes* et *Bonj.*, t. 12, p. 120).

(2) Jug. Bruxelles 16 février 1861 (*Mon. du not.*, t. 15, p. 124, n° 730).

(3) Voyez cependant *Cloes* et *Bonj.*, t. 4, p. 836.

(4) *Cloes* et *Bonj.*, t. 4, p. 836.

(5) Voir chap. X, art. 1er, § 2, n° 18, liv. 1er.

(6) Conclusions de M. Mesdach de Ter Kiele, qui ont précédé l'arrêt de la Cour de Brux. du 29 juillet 1865 (*Belg. jud.*, t. 23, p. 1080, ou *Pas.*, 1866, 2, 57).

Nous croyons que l'esprit de la loi exige que le père ou la mère soit présent à la vente. Dans le cas où ils seraient récalcitrants, il faudrait, à notre avis, les faire remplacer par un notaire.

§ 4.

Présence du juge de paix à la vente des immeubles appartenant en tout ou en partie à des mineurs.

1. — L'article 2 § 4 de la loi du 12 juin 1816 dit que la vente des biens des mineurs doit se faire par devant le juge de paix du canton où la succession s'est ouverte.

2. — Le juge de paix préside aux opérations de la vente. Il est le président, le chef de l'assemblée. Cela résulte du texte hollandais qui emploie le mot énergique de « *ten overstaan* », qui rend bien l'idée de l'autorité exercée par le juge de paix. Ce mot ne veut pas dire que c'est en présence du juge de paix que se fait la vente, mais sous sa surveillance, sous sa présidence. Aussi a-t-on bien fait de traduire les mots « *ten overstaan* » par : *devant* et non par : *en présence*.

Ce qui prouve que la loi a considéré ce magistrat comme le président de l'assemblée, c'est qu'elle l'a chargé de veiller à ce que, dans les ventes des immeubles des mineurs, il ne se fasse rien à leur préjudice, et qu'elle lui donne le pouvoir de faire surseoir aux ventes dans lesquelles il s'apercevrait que les intérêts des mineurs pourraient être lésés (art. 7 de la loi du 12 juin 1816). La disposition de l'art. 5 de l'arrêté royal du 12 septembre 1822 est encore une preuve que le juge de paix est revêtu par la loi d'un caractère d'autorité dans les ventes des immeubles des mineurs. D'après cet article, en effet, le notaire commis doit soumettre au juge de paix, dix jours au moins avant celui fixé pour la vente, le cahier des charges et des conditions auxquelles il y sera procédé, et il doit se concerter avec ce magistrat sur l'époque à fixer pour la vente.

Nous concluons de là que le juge de paix a la direction principale des opérations de la vente, qu'il est le président de l'assemblée, et que, par conséquent, le notaire et tous ceux qui assistent à la vente sont soumis à son autorité. Il représente la justice (1).

3. — De ce que le juge de paix est le président de l'assemblée, il résulte que c'est à ce magistrat que les colicitants doivent demander jour par requête pour procéder à la vente. Il en fixe le jour après s'être concerté avec le notaire, (art. 5 de l'arrêté royal du 12 septembre 1822) (2).

4. — Pour le même motif c'est à lui qu'appartient le droit d'indiquer le lieu où se tiendra la vente (3).

5. — La loi, en exigeant l'intervention du juge de paix dans les ventes des immeubles des mineurs, a eu pour but de prévenir qu'il ne s'y passât rien de contraire à la loi ou aux intérêts des mineurs, qui y sont représentés par leurs tuteurs ; de sorte que le juge de paix intervient dans ces ventes comme délégué par la loi, à l'effet de veiller à ce que tout se fasse régulièrement (art. 7 de la loi du 12 juin 1816; art. 5 de l'arrêté royal du 12 septembre 1822 (4).

6. — Voyons maintenant quels sont les devoirs que la loi impose aux juges de paix qui interviennent dans les ventes des immeubles des mineurs.

(1) Laurent, t. 10, p. 340, n° 308. — Ar. Gand 9 décembre 1853 (*Pas.*, 1854, 2, 36).

(2) Ar. Gand 9 décembre 1853 (*Pas.*, 1854, 2, 36). Un notaire avait soutenu le contraire. Sa prétention a été repoussée par l'arrêt précité de la Cour de Gand. Ce même arrêt a décidé que si le notaire fixe le jour de la vente prétendant avoir à cet égard les mêmes pouvoirs que le juge de paix, il manque à la déférence et aux égards qu'il lui doit, et qu'il est par conséquent passible de peines disciplinaires.

(3) Dans une instruction du ministre de la justice, en date du 3 septembre 1816, envoyée au Procureur-général de Bruxelles, il est dit que dans les provinces septentrionales le jour et le lieu de la vente sont déterminés d'un commun accord par le juge de paix et le notaire (*Recueil des circulaires du ministère de la justice*).

(4) Ar. Bruxelles 22 juillet 1830 (*Pas.* à sa date).

Aux termes de l'article 7 de la loi du 12 juin 1816, ils doivent veiller à ce que, dans ces ventes, il ne se passe rien au préjudice des mineurs. S'ils découvrent quelque chose de ce genre, ils doivent faire surseoir à la vente.

Le juge de paix a le pouvoir de faire surseoir à la vente, non-seulement lorsqu'il s'aperçoit de quelque fraude ou collusion au préjudice des mineurs, mais encore, lorsqu'il a des raisons de croire que les offres des amateurs présents n'atteignent pas la valeur des biens exposés en vente.

Dans l'un comme dans l'autre cas, les intérêts des mineurs peuvent être lésés (1).

7. — Le juge de paix fait dresser par son greffier une note sommaire de ce qui se passe à la vente (2).

8. — Le juge de paix ne peut régler les droits des parties. C'est au tribunal à régler ces droits (3).

9. — Il est à remarquer que c'est seulement à l'adjudication que la présence du juge de paix est requise par la loi. L'adjudication ayant été faite en sa présence, son office, ainsi que le vœu de la loi, est rempli.

Il en résulte que la vente faite devant le juge de paix avec observation des formalités de la loi du 12 juin 1816, mais avec réserve de confirmation dans un délai déterminé, ne doit pas être confirmée en présence du juge de paix. La confirmation n'est que le complément de l'adjudication, et dépend absolument du fait des acquéreurs. Elle peut donc se faire en présence du notaire commis (4).

---

(1) Ar. Bruxelles 1er juin 1831 (*Pas.*, à sa date).

(2) Instruction du ministre de la justice, en date du 3 septembre 1816, envoyée au Procureur-général de Bruxelles (*Recueil des circulaires du ministère de la justice*).

(3) Consultez arrêt Liége 3 juin 1843 (*Pas.*, 1843, 2, 354).

(4) Jug. Liége 13 janvier 1844 (*Belg jud.*, t. 2, p. 358); arrêt Liége 4 juin 1845 (*Pas.*, 1847, 2, 134).

§ 5.

Canton dans lequel doit être faite la vente des immeubles appartenant en tout ou en partie à des mineurs.

1. — Il résulte de l'article 2 § 4 de la loi du 12 juin 1816, que la vente des immeubles des mineurs doit se faire dans le canton où la succession s'est ouverte. En effet, cet article disant que la vente aura lieu devant le juge de paix du canton où la succession s'est ouverte, il est évident qu'elle doit avoir lieu dans le canton de l'ouverture de la succession, puisque, hors de son canton, le juge de paix n'a pas plus d'autorité qu'un simple particulier.

2. — Que les immeubles y soient ou non situés, c'est dans le canton où la succession s'est ouverte que la vente doit avoir lieu, et par devant le juge de paix de ce canton.

3. — La loi de 1816 prévoit le cas le plus fréquent, celui où les immeubles sont échus aux mineurs par suite d'une succession. S'ils provenaient d'une donation, ou s'ils avaient été acquis des deniers des mineurs, ils devraient être vendus devant le juge de paix du canton où ils sont situés (1).

4. — La loi du 12 juin 1816 ne s'occupe pas spécialement du cas où il s'agirait de vendre des immeubles appartenant en tout ou en partie à des mineurs belges ou étrangers, domiciliés ou non en Belgique, lorsqu'ils dépendent d'une succession ouverte en Belgique, mais qu'ils sont situés en pays étranger, ou du cas où il s'agirait de vendre des immeubles appartenant en tout ou en partie à des mineurs belges ou étrangers, domiciliés ou non en Belgique, lorsqu'ils dépendent d'une succession ouverte à l'étranger, mais qu'ils sont situés en Belgique.

A notre avis, la règle que nous avons indiquée au n° 1 de ce § est générale et absolue. Il faut l'appliquer à tous les cas qui peuvent se présenter. Qu'il s'agisse donc de la vente d'un im-

(1) Voir plus loin n° 8, note 3.

meuble, situé ou non dans le pays où la succession est ouverte, c'est dans le pays de l'ouverture de la succession que la
vente doit en avoir lieu (1).

Supposons, par exemple, que les immeubles à vendre soient
situés en Hollande, et dépendent d'une succession ouverte en
Belgique : en vertu de la loi du 12 juin 1816, c'est en Belgique,
par devant le juge de paix du canton où la succession s'est
ouverte, que la vente devra en avoir lieu (2), en se conformant
aux prescriptions de la dite loi, (art. 3 c. c.) (3).

5. — Mais le conseil de famille ou le tribunal, prenant pour
guide l'intérêt des vendeurs, pourra ordonner, à la demande
des parties, que la vente se fera dans le pays où sont situés
les immeubles (art. 5 loi du 12 juin 1816) (4).

La vente s'y fera conformément aux formalités prescrites par
les lois de ce pays, pour la vente des immeubles des mineurs (5).

6. — Nous devons faire observer que les colicitants devront,
dans ce cas, s'adresser par requête au tribunal de la situation
des immeubles, pour demander l'exécution du jugement, lequel
tribunal déclarera le jugement exécutoire et ordonnera que la
vente se fera d'après les lois du pays (6).

7. — Les tribunaux n'admettent pas, d'une façon unanime, que
la vente publique des immeubles des mineurs peut se faire en
Belgique, lorsqu'ils sont situés à l'étranger. Il a été décidé que la
vente des immeubles situés à l'étranger, mais dépendant d'une
succession ouverte en Belgique, doit être autorisée en Belgique,

---

(1) Sarrebrück 1er mars 1842 (*Belg. jud.*, t. 2, p. 31).

(2) Ar. Liége 5 janv. 1867 (*Pas.*, 1868, 2, 29, ou *Belg. jud.*, t. 26, p. 1403).

(3) Ar. Liége 5 janvier 1867 (*Pas.*, 1868, 2, 29, ou *Cloes et Bonj.*, t. 15,
p. 654).

(4) Nous verrons plus loin que le tribunal doit l'ordonner, lorsque les
parties le demandent.

(5) Ar. Cologne 24 avril 1844 (*Belg. jud.*, t. 4, p. 1151).

(6) Sarrebrück 1er mars 1842; ar. Gand 26 mars 1847 (*Belg, jud.*, t. 2,
p. 31; t. 6, p. 1053); ar. Liége 22 novembre 1864 (*Cloes et Bonj.*, t. 13,
p. 531.

mais qu'elle doit se faire dans le pays où les immeubles sont situés (1).

Avec les rédacteurs du *Moniteur du notariat* (2), nous croyons qu'il vaudra toujours beaucoup mieux ordonner la vente au lieu de la situation des immeubles, parce que, dans ce cas, les amateurs peuvent acheter en toute sécurité. Il n'y a pas de doute possible sur la validité de la vente. Dans le cas contraire, des personnes pourraient avoir des craintes, d'autant mieux justifiées, que des arrêts, comme nous venons de le dire, ont décidé que la vente des biens des mineurs, situés à l'étranger, ne peut avoir lieu en Belgique.

8. — Si une succession, dont dépendent des immeubles situés en Belgique, s'était ouverte à l'étranger, au profit de mineurs belges ou étrangers, domiciliés ou non en Belgique, et si le tribunal étranger, qui a autorisé la vente, avait ordonné qu'elle se ferait en Belgique, les colicitants devraient présenter une requête au tribunal du lieu où se trouvent situés les biens (3) et conclure qu'il lui plaise, vu le jugement rendu en pays étranger, déclarer le dit jugement exécutoire, et ordonner que la vente se fera d'après les formalités de la loi du 12 juin 1816, puisque l'article 3 §2 c. c. dit que les immeubles, même ceux possédés par des étrangers, sont régis par la loi française (4).

9. — Nous avons dit plus haut (n⁰ˢ 1 et 2 de ce §), que la vente des immeubles, appartenant en tout ou en partie à des

---

(1) Ar. Liége 22 novembre 1864 (*Pas.*, 1865, 2, 68); Ar. Bruxelles 29 juillet 1865 (*Pas.* 1866, 2, 57). — Voyez aussi Sarrebrück (Provinces rhénanes) 1ᵉʳ mars 1842 (*Belg. jud.*, t. 2, p. 31).

(2) *Monit. du not.*, t. 21, n⁰ 1030, p. 18.

(3) Il se pourrait que des biens dépendant de la succession ouverte à l'étranger soient situés dans plusieurs arrondissements. Dans ce cas, les colicitants pourront s'adresser au tribunal où se trouve le chef-lieu d'exploitation, et à défaut de chef-lieu, au tribunal de l'arrondissement où se trouvent situés les immeubles qui ont le plus de valeur (CARRÉ, n⁰ 3221).

(4) *Cloes et Bonj.*, t. 13, p. 534; t. 9, p. 883. CARRÉ, n⁰ 3220.

mineurs, doit se faire dans le canton où la succession s'est ouverte, alors même que les immeubles n'y seraient pas situés.

Mais les intérêts des héritiers mineurs peuvent exiger, que les immeubles, ou une partie de ces immeubles, soient vendus dans un ou plusieurs cantons autres que celui où la succession s'est ouverte: particulièrement dans le ou les cantons où les immeubles sont situés. L'article 5 de la loi du 12 juin 1816 permet, dans ce cas, de modifier la règle générale. Seulement, dit cet article, il faudra en faire mention dans la délibération du conseil de famille et dans l'homologation du tribunal, ou dans le jugement du tribunal, d'après les distinctions faites dans les articles 2 §§ 1 et 2 et 2 § 3 de la loi de 1816.

10. — Il résulte d'un arrêt de la Cour d'appel de Bruxelles du 14 juin 1851 (1), que le tribunal est obligé d'accueillir la demande des parties ; qu'il ne pourrait, lorsque les parties reconnaissent qu'il est de leur intérêt d'obtenir la désignation d'un notaire, à l'effet de procéder à la vente des immeubles indivis entre majeurs et mineurs, dans un autre canton que celui du lieu de l'ouverture de la succession, désigner d'office un notaire pour faire cette vente dans le canton où la succession s'est ouverte.

11. — Il y aurait surtout intérêt à ne pas vendre dans le canton où la succession s'est ouverte, si les immeubles à liciter n'y sont pas situés. Il est beaucoup plus avantageux, principalement lorsque les immeubles sont de minime valeur, de les vendre dans le canton où ils sont situés, sinon il est à craindre qu'il ne se présentera pas un suffisant concours d'enchérisseurs.

12. — Aux termes de l'article 5 de la loi du 12 juin 1816, le tribunal doit déléguer, en même temps qu'il autorise la vente des immeubles dans un autre canton que celui où la succession est ouverte, le juge de paix en présence duquel elle aura lieu. La loi ne dit pas quel sera le juge de paix compétent à

____

(1) *Belg. jud.*, t. 9, p. 1672.

cet effet, et elle paraît laisser toute latitude au tribunal pour désigner, soit le juge de paix du canton dans lequel sont situés ces immeubles, soit tout autre juge de paix. Faut-il en tirer la conséquence, que le tribunal a la faculté de désigner un juge de paix, qui n'aurait pas le droit d'instrumenter dans le canton où il a autorisé de procéder à la vente ?

On a soutenu l'affirmative, disent les rédacteurs de la *Jurisprudence des tribunaux de première instance* (1), et l'on s'est fondé sur ce qu'il s'agit ici, non de l'exercice d'une juridiction contentieuse, mais d'une juridiction volontaire ou gracieuse, et sur ce que, dans ce cas, le juge peut faire les actes de cette juridiction, même hors de son territoire, à moins que la loi n'en ait autrement disposé. On base ce principe sur les lois romaines, et notamment sur la loi 2 dig. *de officio proconsulis*, lib. 1, titre 16.

Que l'aliénation des immeubles des mineurs soit un acte de la juridiction volontaire ou gracieuse, dès qu'il y a accord complet entre les parties, ou qu'aucune contestation ne les divise, nous ne le nions pas. Mais que le juge puisse faire les actes de cette juridiction, même hors de son territoire, à moins que la loi n'en ait autrement disposé, nous ne pouvons l'admettre.

Le pouvoir que l'on veut reconnaître aux magistrats, qui statuent en matière de juridiction gracieuse, tient à l'organisation judiciaire. Or, de l'ensemble des principes sur notre organisation judiciaire, il faut conclure que, hors de son ressort, le magistrat perd sa qualité (2). Que le juge de paix pose un acte de juridiction gracieuse ou contentieuse, il n'a pouvoir de le poser que comme juge de paix. Nous devons donc dire que le juge de paix, hors de son canton, perd sa qualité.

Nous avons dit que nos adversaires fondent leur opinion sur le droit romain. Mais il est à remarquer que le principe qu'ils puisent dans le droit romain n'est pas admis par tous les auteurs.

En effet, d'après la disposition formelle des lois 3 dig., liv. 1

(1) Tome 13, p. 311.

(2) Voyez articles 6 et 68 *de la loi du 25 ventôse an XI sur le notariat.*

tit. 18 *de officio prœsidis*, 3 dig., liv. 1, tit. 12, *de officio prœfecti urbi*, 20 dig., liv. 2, tit. 1, *de juridictione*, le juge, en dehors de son ressort, doit être considéré, non plus comme une personne publique, mais comme un simple particulier. Il est bien vrai que ce principe n'est pas consacré par la loi 2 dig., *de officio proconsulis* lib. 1, tit. 16. Mais qu'on ne perde pas de vue que ce texte est spécial aux proconsuls, et qu'il leur accordait le privilége de conserver le caractère de personne publique en dehors de Rome.

A notre avis, lorsque le tribunal, faisant application de l'article 5 de la loi de 1816, ordonne que la vente se fera dans un ou plusieurs cantons autres que celui où la succession s'est ouverte, il devra toujours déléguer le juge de paix du canton où il ordonne que la vente aura lieu; il ne pourrait pas déléguer le juge de paix d'un autre canton (1).

13. — Lorsque le tribunal autorise la vente des immeubles, appartenant en tout ou en partie à des mineurs, dans un canton autre que celui où s'est ouverte la succession dont ils dépendent, il doit, dans son jugement, déléguer expressément le juge de paix en présence duquel elle doit avoir lieu. Il ne pourrait se borner à nommer un notaire d'un autre canton que celui où la succession s'est ouverte. On soutiendrait vainement, que la nomination du notaire doit être considérée comme emportant délégation du juge de paix du canton où ce notaire a sa résidence, une pareille délégation ne pouvant résulter que d'une disposition expresse du jugement, motivée sur les exigences de l'intérêt des mineurs (2).

(1) *Cloes* et *Bonj.*, t. 13, p. 310. Consultez Chauveau sur Carré, Q. 988bis. Cour de Toulouse 2 janvier 1841 (S. 41, 2, 94).

(2) Ar. Gand 12 décembre 1851 (*Belg. jud.*, t. 12, p. 320 ou *Pas.*, 1853, 2, 342).

§ 6.

Formalités qui doivent être observées pour l'adjudication des immeubles appartenant en tout ou en partie à des mineurs.

1. — L'article 8 de la loi du 12 juin 1816 porte, que la vente des immeubles, appartenant en tout ou en partie à des mineurs, doit se faire conformément à ce qui est usité à l'égard des ventes publiques ordinaires d'immeubles. Il faut donc observer, pour l'adjudication de ces immeubles, les formalités en usage dans la localité où elle a lieu, pour les ventes ordinaires, à moins que le tribunal en ait autrement disposé.

Il en résulte :

a. Qu'il n'y a pas de règles spéciales pour la réception des enchères. Elle se fait comme dans les ventes des biens des majeurs. Seulement, comme nous l'avons vu, le juge de paix a le droit d'intervenir, lorsque les enchères ne portent pas l'immeuble à son véritable prix. Si ce magistrat a la conviction que l'immeuble va être adjugé en dessous de sa valeur, il a le droit de faire surseoir à la vente (1).

b. Que l'avoué n'intervient pas dans les ventes des immeubles des mineurs. Il n'intervient que pour demander l'autorisation de vendre. Une fois que celle-ci a été obtenue, c'est-à-dire, lorsqu'on cesse de procéder devant le tribunal, le rôle de cet officier ministériel vient à cesser. Son intervention n'est plus nécessaire ni même permise. La loi laisse au notaire désigné par la justice, le soin de procéder seul à toutes les formalités de l'adjudication (2).

c. Que dans les localités où il n'y a pas de séance préparatoire, le notaire ne pourrait en tenir, à moins d'une autorisation du tribunal.

(1) Voir chapitre XIV, § 4, n° 6, livre 1er.
(2) Ar. Gand 6 juin 1872 (*Pas.*, 1872, 2, 350).

Si le juge de paix estimait, d'accord ou non avec les parties, qu'il y a lieu, dans l'intérêt des mineurs, de fixer une seconde séance, il devrait s'adresser au tribunal, conformément à l'article 7 de la loi du 12 juin 1816.

d. Qu'il n'y a pas de règles spéciales pour la déclaration d'adjudication, ni pour les formalités postérieures à l'ordonnance ou déclaration d'adjudication, formalités qui ont pour objet: la déclaration de command, la rédaction de l'ordonnance ou du procès-verbal d'adjudication, la délivrance de la grosse de l'ordonnance ou du procès-verbal, la transcription de ces titres, etc.

2. Les parties comparaissent toutes à la vente; on procède à l'adjudication; mais, au moment de signer l'acte, l'un des colicitants, ou l'adjudicataire, se retire ou refuse d'y apposer sa signature: que doit faire le notaire?

S'il s'agissait d'une vente entre majeurs, le notaire ne pourrait adjuger la chose vendue. S'il le faisait, son procès-verbal serait nul, aux termes des articles 14 et 68 de la loi du 25 ventôse an XI (1) ainsi qu'il a été décidé par un arrêt de la Cour de Cassation de France du 24 janvier 1814.

Nous croyons que s'il s'agit de la vente d'immeubles dans lesquels des mineurs sont intéressés, le notaire ne pourrait pas non plus adjuger la chose vendue.

Il n'en était pas ainsi, sous l'empire du code de procédure civile, avant la loi du 12 juin 1816. En effet, en vertu des articles 707 et 965 c. pr. c., les enchérisseurs, dans les ventes d'immeubles auxquels des mineurs étaient intéressés, s'obligeaient et restaient obligés par le seul fait de leur enchère, et aussi longtemps que cette enchère n'était pas couverte par une autre. L'adjudication était donc parfaite, indépendamment de la signa-

---

(1) Les articles 1317 et 1318 c. c. ont maintenu ces dispositions. — Voir arrêt de la Cour de Bruxelles du 21 mai 1814 (*Pas.* à sa date). — Rutgeerts, *Commentaire sur la loi du 25 ventôse an XI*, t. 1, p. 439, n° 521 et t. 2, p. 955, n° 1310.

ture des parties, et le procès verbal dressé par le notaire faisait foi jusqu'à inscription de faux.

Mais, depuis la loi du 12 juin 1816, les dispositions exceptionnelles des articles 707 et 965 c. pr. c. ne sont plus applicables à la vente des immeubles des mineurs. En présence des articles 1 et 8 de la loi du 12 juin 1816, il faut appliquer à la vente de leurs immeubles, comme à la vente des immeubles des majeurs, les articles 14 et 68 de la loi du 25 ventôse an XI. Cela ne paraît pas pouvoir faire l'ombre d'un doute. En effet, l'article 1er abolit d'une façon générale, sans la moindre restriction, les dispositions prescrites pour la vente des biens des mineurs, et l'article 8 veut qu'on observe, pour la vente des biens des mineurs, ce qui est usité à l'égard des ventes publiques ordinaires d'immeubles. Elle doit donc se faire comme les ventes dans lesquelles sont seulement intéressés des majeurs maîtres de leurs droits. Il en résulte, que le notaire instrumentant doit, pour la passation de l'acte de vente de biens appartenant en tout ou en partie à des mineurs, observer les mêmes règles que pour la passation de l'acte de vente de biens dans lesquels des majeurs, maîtres de leurs droits, sont intéressés, et par conséquent se conformer au prescrit des articles 14 et 68 de la loi organique du 25 ventôse an XI, sur le notariat (1).

Si, sous l'empire du code de procédure civile, on pouvait admettre que l'adjudication, faite par un notaire commis par le tribunal, était valable, indépendamment de la signature des parties, c'est que la licitation était considérée comme judiciaire, que le notaire était le délégué de la justice, qu'il la représentait en quelque sorte, et que, pour ce motif, le procès-verbal d'adjudication faisait foi jusqu'à inscription de faux. Mais aujourd'hui le notaire n'est plus nommé à titre de délégué de la justice, mais à titre d'officier instrumentaire.

(1) Conf. jugement du tribunal de Bruges du 19 février 1851 (*Belg. jud.*, t. 12, p. 633 ou *Pas.*, 1854, 2, 267). Contrà. *Cloes* et *Bonj.*, t. 4, p. 840. — Décision de l'administration belge du 30 janvier 1854 (*Monit. du not.*, année 1854, p. 94).

Quant au juge de paix, il n'intervient que pour veiller à ce qu'il ne se fasse rien au préjudice des mineurs, et nullement pour imprimer aux actes de vente le caractère authentique que la licitation judiciaire leur donnait sous le code de procédure (1).

3. — La délibération du conseil de famille autorisant la vente des immeubles des mineurs, le jugement d'homologation de cette délibération, ou le jugement qui autorise la vente des immeubles indivis entre des majeurs et des mineurs, doivent-ils être soumis à la transcription avec l'acte authentique qui constate cette vente?

Aux termes de l'article 1er de la loi hypothécaire du 16 décembre 1851, tous actes onéreux, translatifs ou déclaratifs de droits réels immobiliers, autres que les priviléges et les hypothèques, pour pouvoir être opposés aux tiers qui ont contracté sans fraude, doivent être transcrits *en entier* sur un registre à ce destiné, au bureau de la conservation des hypothèques dans l'arrondissement duquel les biens sont situés. On s'est demandé si la loi, en exigeant la transcription *en entier* de l'acte de vente, exige par cela même la transcription de l'avis des parents et du jugement qui homologue la délibération du conseil de famille, ou du jugement qui autorise la vente par licitation des immeubles appartenant par indivis à des majeurs et à des mineurs?

Un conservateur des hypothèques a soutenu que, pour être complète, la transcription doit comprendre l'expédition de la délibération du conseil de famille autorisant la vente ainsi que du jugement d'homologation, ou l'expédition du jugement autorisant la vente. Comme l'a décidé le tribunal de Tournai, par jugement

(1) Jugement du tribunal de Bruxelles du 28 décembre 1850 (*Belg. jud.*, t. 9, p. 337). — Il est évidemment déplorable, que le premier venu puisse, en faisant une enchère qu'il refuse ensuite de signer, venir infirmer ou retarder l'exécution d'une décision judiciaire (*Monit. du not.*, t. 8, p. 258, n° 381).

en date du 12 décembre 1862 (1), nous croyons que ce fonctionnaire versait dans l'erreur, car il n'existe, dans la loi, aucune
disposition ordonnant de transcrire ces actes. Il se basait, il est
vrai, sur les mots *en entier*, employés par le législateur dans
l'article 1er de la loi précitée, mots qu'on ne trouve pas dans
l'article 26 de la loi du 11 brumaire an vii. Mais les travaux
préparatoires expliquent parfaitement le sens qu'il faut attacher
à ces mots. On se trouvait, en effet, en présence de deux sys-
tèmes de réalisation ou de publication des actes translatifs ou
déclaratifs de droits réels immobiliers : l'un qui proposait le
dépôt de la copie de ces actes au bureau de la conservation des
hypothèques, avec transcription sur les registres de simples
extraits ou annotations ; l'autre qui voulait la transcription de
tout l'acte et des conditions. Le législateur belge a adopté ce
dernier système. Voulant marquer sa volonté sur ce point, il a
inscrit dans l'article 1er les mots « *en entier* ». Mais rien dans les
travaux préparatoires ne prouve qu'il a voulu donner à cette
expression une portée plus grande. Du reste, elle se rencontrait
déjà dans l'article 2181 c. c., et jamais, sous l'empire de cet
article, on n'a décidé ni soutenu, qu'elle impliquait la nécessité
de faire transcrire, avec l'acte d'adjudication, le jugement qui
avait ordonné la vente.

On dit que le jugement qui autorise une vente, est le consentement donné à l'acte de mutation, au nom de l'incapable, par
la justice agissant à titre de gardienne de ses intérêts. C'est là
une erreur. Le jugement se borne à octroyer au tuteur la per-
mission, la faculté, de consentir à la vente. Mais il ne cesse pas
pour cela d'être l'agent qui consent, celui dont la volonté, d'accord avec celle du tiers acquéreur, opérera postérieurement la

---

(1) *Belg. jud.*, t. 21, p. 137 ou *Cloes et Bonj.*, t. 11, p. 803. Conf. Cass.
belg. 1er mai 1868 (*Pas.*, 1869, 1, 300 et *Monit. du not.*, t. 22, p. 153,
n° 1099). Contrà : Van Campenhout : de la transcription hypothécaire au
point de vue des actes et des écrits atteints par le principe de la publicité
et qui, comme tels, sont passibles de la formalité. — Consultez *Monit. du
not*, t. 22, n° 1100, p. 163.

transmission de la propriété. Il est si vrai, que le consentement du tuteur est le consentement vraiment essentiel au contrat, que rien n'est fait, si le tuteur, changeant d'avis, juge à propos de ne pas vendre (1).

La loi sur l'expropriation forcée du 15 août 1854, postérieure à la loi hypothécaire, fournit un argument en faveur de notre opinion. Dans cette matière, le tribunal rend aussi un jugement qui, approuvant ou modifiant le cahier des charges, ordonne la vente et nomme un notaire pour y procéder, à l'intervention du juge de paix (article 32). Or, ce jugement ne doit pas être transcrit. En effet, l'article 53 de la loi du 15 août 1854 prescrit la transcription au bureau des hypothèques du titre de l'acquéreur, et ce titre, aux termes de l'article 49 de la même loi, se compose seulement du cahier des charges et du procès-verbal de l'adjudication.

N'est ce pas là un cas d'application faite, par le législateur, de l'article 1er de la loi du 16 décembre 1851? Evidemment. Aussi pouvons-nous dire qu'il nous fait connaître l'esprit dans lequel cet article a été conçu.

D'ailleurs que dit l'article 1er de la loi hypothécaire?

Que *les actes entre vifs, à titre onéreux, translatifs de droits réels immobiliers, doivent être transcrits.*

C'est donc l'acte de vente qui doit être transcrit, puisque c'est cet acte qui est constitutif de la mutation. Quant à l'avis des parents, au jugement d'homologation, ou au jugement autorisant la vente, ce sont des actes tout autres, rendus pour accomplir les formalités préalables exigées par la loi du 12 juin 1816; ils n'opèrent pas la mutation, ils sont des actes essentiellement distincts de la vente même, des actes autorisant la vente, des actes en exécution desquels la vente a lieu, mais qui ne la constituent pas et ne se confondent aucunement avec elle.

Nous soutenons donc, que le texte de l'article 1er de la loi du 16 décembre 1851, qui exige la transcription *en entier* de l'acte

____

(1) *Monit. du not.*, t. 22, n° 1122, p. 340.

de vente, n'exige nullement, par cela même, la transcription de la délibération du conseil de famille autorisant la vente des biens des mineurs et du jugement d'homologation de cette délibération, ou la transcription du jugement autorisant la vente par licitation des biens indivis entre majeurs et mineurs.

4. — Les notaires ne peuvent insérer, dans l'acte d'adjudication d'immeubles appartenant en tout ou en partie à des mineurs, la quittance du prix de vente, que lorsque le prix en a été réellement payé.

Ce point a fait l'objet d'une circulaire du ministre de la justice, en date du 8 mai 1849. Elle est ainsi conçue :

« Il arrive fréquemment que les notaires insèrent dans l'acte d'adjudication des biens des mineurs, la quittance du prix de vente, alors qu'il ne s'est opéré qu'un paiement fictif par la remise de contre-lettres, bons de paiement, billets à terme ou autres titres qui n'emportent point libération réelle.

« Cet usage abusif, outre qu'il a pour résultat de priver le trésor d'un demi p. %, qui est exigible lorsque la quittance est donnée par acte séparé, est encore de nature à compromettre gravement les droits des mineurs; ceux-ci se trouvent ainsi privés du privilége que la loi leur accorde sur les biens vendus, et ils sont exposés, par suite, à perdre le prix de la vente, si l'acquéreur tombe en déconfiture ou s'il devient insolvable.

« La vente des biens des mineurs doit être autorisée par le tribunal; celui-ci peut exiger la communication du cahier des charges, et modifier au besoin les clauses, ou régler le mode de paiement de la manière la plus avantageuse aux intérêts des mineurs.

« Les officiers du ministère public, qui doivent toujours être entendus dans ces affaires, doivent fixer, le cas échéant, l'attention des tribunaux sur cet objet, (art. 59 c. proc. civ. et art. 2 § 3 de la loi du 12 juin 1816).

« De leur côté, les juges de paix, qui doivent veiller que dans ces sortes de ventes, il ne se passe rien au préjudice des mineurs, et qui peuvent se faire produire les cahiers des charges, dix jours avant la vente (art. 3 et 5 même loi), ne pourront, à l'avenir, laisser insérer aucune quittance dans les actes de vente, qu'après s'être assurés que le prix a été payé antérieurement, et qu'il l'a été d'après le mode déterminé par le cahier des charges.

« *Le Ministre de la Justice,*
(signé) DE HAUSSY ».

CHAPITRE XV.

Personnes qui ne peuvent se rendre adjudicataires dans les ventes d'immeubles appartenant en tout ou en partie à des mineurs.

1. — On sait qu'en principe général, toute personne peut se rendre adjudicataire dans une vente, à moins que la loi ne le lui interdise expressément. (Art. 1594 c. c.)

2. — Aux termes des articles 450 et 1596 c. c., le tuteur ne peut se rendre adjudicataire, ni par lui même, ni par personne interposée, des biens de ceux dont il a la tutelle. Cela se comprend, car une pleine liberté, à cet égard, l'eût placé, comme dit Marcadé sur l'article 1596 c. c., entre son intérêt et son devoir, puisqu'il doit faire vendre au plus haut prix possible.

« En déclarant les tuteurs incapables d'acquérir des biens
« de leurs pupilles, dit Dalloz, Rép., v° Minorité, n° 564., le
« législateur a voulu élever contre eux une barrière infranchis-
« sable, une impossibilité absolue de profiter de ces ventes. S'il
« leur était permis de se rendre adjudicataires par voie de jus-
« tice, la cupidité aurait bientôt trouvé les moyens d'éloigner les
« concurrents, de dissimuler les avantages, ou d'exagérer les
« vices des objets à vendre, et le texte de la loi serait certaine-
« ment violé. »
Ils pourraient écarter les amateurs, en leur donnant, de faux renseignements sur l'état, le produit et la valeur des biens de leurs pupilles.

3. — La disposition de l'article 1596 c. c. est fort générale. Elle ne distingue pas. Elle s'applique en conséquence à tous tuteurs : à l'ascendant tuteur comme au tuteur ordinaire (1), au tuteur des personnes frappées d'interdiction, soit judiciaire, soit légale, aussi bien qu'au tuteur des mineurs, au cotuteur (2), au protuteur et au tuteur spécial. Tous les auteurs sont d'accord sur ce point (3).

4. — L'interdiction faite au tuteur, d'acheter les biens de ses pupilles, s'étend-elle aux acquisitions sur adjudication publique?

Il est assez étrange de devoir poser la question, puisque toutes les ventes d'immeubles appartenant à des mineurs doivent être faites publiquement (4). Mais la Cour de Colmar, par arrêt du 16 février 1808, a décidé que le principe, d'après lequel le tuteur est incapable d'acquérir les biens de son pupille, reçoit exception dans le cas où la vente est faite en justice. Dans sa décision, la Cour de Colmar a suivi le droit romain et non le code civil, car si la prohibition ne s'étendait pas aux ventes faites en justice, à quoi servirait la prohibition, à l'adresse des tuteurs, renfermée dans les articles 450 et 1596 c. c.? Elle serait parfaitement inutile.

D'ailleurs, fût-il permis de vendre les biens des mineurs par acte sous seing privé, qu'encore on ne pourrait admettre la décision de la Cour de Colmar, puisque les articles 450 et 1596 défendent au tuteur, d'une façon absolue, d'acquérir les biens de ses pupilles. Ces articles ne distinguent pas si la vente en a lieu ou non publiquement (5).

5. — Le tuteur ne peut jamais acheter les biens de ses pupilles. Il ne le pourrait pas même dans l'intérêt du mineur, ce qui se présenterait, par exemple, s'il était le seul amateur voulant donner un haut prix. Le texte des articles 450 et 1596 c. c.

(1) Riom 14 juillet 1814.
(2) Paris 28 janvier 1826 cité par DALLOZ, *Rép.*, v° Minorité, n° 565.
(3) MARCADÉ, sur l'article 1596.
(4) Voyez chap. XIV, § 1er, liv. 1er.
(5) DALLOZ, *Rép.*, v° Minorité, n° 565.

est formel. Il défend au tuteur, d'une façon générale, de se rendre adjudicataire des biens de ses pupilles (1).

6. — Le tuteur ne pourrait pas davantage acheter les biens de ses pupilles, si la vente des biens appartenant à ces derniers était faite à la requête d'un tuteur spécial. Le texte des articles 450 et 1596 du code civil est général et ne distingue pas.

7. — Nous devons faire ici une remarque pour le cas où l'on adopterait l'opinon contraire, c'est que le tuteur ne pourrait pas faire nommer un tuteur spécial, en vue d'échapper à la prohibition portée par les articles 450 et 1596 c. c. La nomination d'un tuteur *ad hoc*, dans ce cas, serait tout-à-fait illégale, car, comme le disent les rédacteurs du *Moniteur du notariat* (2), pour qu'il y ait lieu de nommer un tuteur spécial, il faut un conflit d'intérêts actuel entre le tuteur et son pupille, et cette opposition d'intérêts ne peut résulter de la seule intention qu'aurait le tuteur de se rendre acquéreur. Sinon, on lui donnerait un moyen bien simple d'éluder la loi. On lui permettrait de faire indirectement, ce qu'il ne peut faire directement. Ainsi, un tuteur a envie d'acheter les biens de son pupille. Il commencerait par les déprécier; puis, quand, par toutes sortes de manœuvres, il serait parvenu à éloigner les amateurs, il lui suffirait de provoquer la nomination d'un tuteur spécial! Ce serait se jouer de la loi. On comprend que les tribunaux ne pourraient consacrer une pareille supercherie.

8. — La prohibition portée par les articles 450 et 1596 c. c. s'applique-t-elle au cas de vente par licitation de biens indivis entre le tuteur et son pupille?

Généralement les auteurs professent la négative. Ils se basent sur ce que, entre les colicitants, la licitation ne peut être considérée que comme un partage. Chaque cohéritier disent-ils, est censé avoir succédé seul et immédiatement à tous les effets à lui

(1) *Monit. du not.*, t. 22, n° 1122, p. 335; t. 23, p. 224, n° 1160.
(2) T. 14, p. 89, n° 673, *Cloes* et *Bonj.*, t. 9, p. 381.

échus sur licitation (art. 883 c. c.). Qu'ils lui soient attribués en partage ou adjugés sur licitation, il est censé en être propriétaire depuis le principe de l'indivision, et le droit du pupille se réduit à une créance contre son tuteur (1).

Nous croyons que cette opinion ne tient pas compte du texte de la loi. La disposition de l'article 1596 c. c. est absolue. Elle ne distingue pas, si les biens sont ou ne sont pas indivis entre le tuteur et ses pupilles. Le tuteur, dit cet article, ne peut acheter les biens de ceux dont il a la tutelle. S'il achète la part du mineur, ne peut-on pas dire qu'il contrevient à une disposition formelle de la loi? Du reste, pourquoi l'article 1596 c. c. défend-t-il au tuteur d'acquérir les biens de ses pupilles? Nous l'avons dit plus haut: c'est pour prévenir la lutte de l'intérêt personnel avec le devoir; on craint que le tuteur, qui aurait envie d'acheter les biens de ses pupilles, poussé par la cupidité, n'éloigne les acheteurs par de faux renseignements, ne recoure à des manœuvres déshonnêtes pour empêcher les concurrents de se présenter (2). Or, ce motif existe, tout aussi bien pour le cas où les biens sont indivis entre le tuteur et ses pupilles, que pour le cas où le tuteur n'en est pas le copropriétaire. Dans les deux cas, s'il a envie d'acheter, il cherchera à se les faire adjuger à vil prix, et les intérêts de ses pupilles seront menacés.

On objecte que la loi n'a prévu que le cas où les immeubles mis en vente appartiennent pour le tout aux mineurs; c'est là une pure allégation, puisque la loi ne distingue pas.

On dit encore que le tuteur ne doit pas sacrifier pour ses pupilles ses propres intérêts, que l'office d'un tuteur, qui est

(1) *Cloes* et *Bonj.*, t. 9, p. 879; *Monit. du not.*, t. 14, n° 686, p. 194; DUVERGIER sur TOULLIER, t. 1, n° 1231, litt. c.; DURANTON, t. 3, n° 599; VALETTE sur PROUDHON, t. 2, p. 397, n° A; DEMOLOMBE, t. 7, p. 528, n° 754; MASSÉ et VERGÉ (I, § 224); AUBRY et RAU (III, § 351); ar. Paris 12 avril 1856 (P. 56, 2, 406) qui décide que le tuteur, même seulement usufruitier partiel des biens de ses mineurs, peut s'en rendre adjudicataire. — Montpellier 10 juin 1862 (DALLOZ, 1863, 2, 30 et les notes). Voir table de la jurisprudence du XIX siècle, années 1861 à 1875, v° tutelle n° 45.

(2) TROPLONG, De la vente n° 186.

purement gratuit, semble ne pouvoir aller jusque là : *officium suum nemini debet esse damnosum*. Cet argument ne nous touche pas. Il s'adresse au législateur (1).

Nous croyons utile de faire remarquer que, dans le système que nous combattons, le tuteur devra être remplacé à la vente par un tuteur *ad hoc*, car il aurait alors un intérêt opposé à celui du mineur (2).

9. — Nous fondant sur ce que les articles 450 et 1596 c. c. ne distinguent pas, sont généraux et absolus, nous sommes d'avis qu'un tuteur, créancier hypothécaire de ses pupilles, ne pourrait se rendre adjudicataire d'un de leurs immeubles, dont il aurait poursuivi l'expropriation (3).

10. — Le tuteur ne pourrait se rendre adjudicataire des biens de ses pupilles, au moyen d'une interposition de personnes. L'article 1596 c. c. le dit, du reste, en termes formels.

11. — L'achat, que ferait le tuteur, des biens de ses pupilles, soit directement soit par personne interposée, serait nul (4).

L'adjudication n'est pas nulle de plein droit. La nullité doit être prononcée par les tribunaux (5). Elle ne peut être invoquée que par les mineurs (6).

12. — Le subrogé tuteur peut-il acquérir les biens de son pupille?

Nous sommes de l'avis de Marcadé sur l'article 1596 c. c. qui dit, que pour lui la question n'en est pas une. En effet, d'après le droit commun toute personne peut contracter si elle n'en est déclarée incapable par la loi (art. 1123 c. c.), et les incapables de contracter sont, aux termes de l'article 1124 c. c., notamment tous ceux, à qui la loi interdit certains contrats. Faisant ap-

(1) *Cloes* et *Bonj.*, t. 9. p. 879.

(2) Valette sur Proudhon, t. 2, p. 397, n° A ; Demolombe. t. 7, p. 528, n° 754 ; Dalloz, *Rép.*, v° Minorité, n° 566 ; *Cloes* et *Bonj.*, t. 9. p, 879.

(3) Contrà : Toulouse 4 février 1825 (Dalloz, *Rép.*, v° Minorité, n° 565.

(4) Dalloz, *Rép.*, v° Minorité, n° 567.

(5) Dalloz, *Rép.*, v° Vente, n° 468.

(6) Conf. Orléans 11 février 1841 (Dalloz, *Rép.*, v° Vente, n° 468).

plication de cette disposition à la vente, le législateur déclare,
dans l'article 1594 c. c., que tous ceux, auxquels la loi ne l'interdit pas, peuvent acheter, et il trace, dans les articles suivants, les restrictions qu'il apporte à ce principe.

Il déclare notamment que le tuteur ne peut acheter les biens
de son pupille, mais il ne parle pas du subrogé tuteur.

Or, on sait que les incapités sont de droit étroit, qu'elles doivent être prononcées expressément par la loi, et qu'elles ne peuvent être étendues d'un cas à un autre sous prétexte d'analogie.

Peut-être, eût-il été utile d'interdire au subrogé tuteur le droit
d'acheter les biens de son pupille, à cause de l'assistance qu'il
lui doit, car, dans l'espèce, l'assistance semble ne devoir être
qu'illusoire. Mais cela concerne le pouvoir législatif. Pour nous,
nous n'avons qu'à interprêter la loi. Or, l'article 1596 c. c.
renferme une exception, et les exceptions doivent être strictement
appliquées.

Objectera-t-on, qu'aux termes des articles 452 et 459 c. c. et
de l'article 1er § 4 de la loi du 12 juin 1816, la vente des biens
des mineurs doit se faire en présence du tuteur et du subrogé
tuteur? Mais, comme le dit un jugement du tribunal de Liége du
13 janvier 1844 (1), « ces dispositions ne changent en rien la
« position de ces derniers vis-à-vis du mineur ; c'est, en effet,
« le tuteur qui provoque la vente; le subrogé tuteur n'est con-
« sulté que sur son opportunité; il n'a pas, comme le tuteur,
« l'administration de la personne et des biens du mineur; il
« n'est que le surveillant du tuteur, et ne peut agir que quand
« les intérêts du mineur sont en opposition avec ceux du tuteur.
« Il suit de là que c'est le tuteur qui représente le mineur lors
« de la vente, et que le subrogé tuteur n'y remplit qu'un rôle
« purement passif (2). »

<hr>

(1) *Belg. jud.*, t. 2, p. 358. Conf. ar. Liége 4 juin 1845 (*Pas.*, 1847, 2, 134).

(2) Conf. Riom 4 avril 1829; Bordeaux 30 mai 1840 (SIREY, 38, 1, 114;
402, 2, 367); Cass. fr. 21 décembre 1842; Agen 13 juin 1853 (DALLOZ,
52, 1, 314; 53, 2, 183); Grenoble 4 janvier 1854 (DEV., 55, 2, 782). DURANTON, t. 9, n° 134; DUVERGIER, De la vente, n° 188; ZACHARIÆ (II, p. 496);

Nous sommes en conséquence d'avis que les subrogés tuteurs peuvent acquérir les biens de leurs pupilles.

13 — Il convient que les subrogés tuteurs qui désirent acquérir des biens appartenant à leurs pupilles, se fassent remplacer dans leurs fonctions par un subrogé tuteur *ad hoc*. Ils échapperont ainsi à des soupçons toujours pénibles sur leur impartialité et leur loyauté. C'est un conseil que leur donnent les rédacteurs du *Moniteur du notariat*, t. 23, p. 113, n° 1146.

14. — Ce que nous venons de dire du subrogé tuteur s'applique au curateur du mineur émancipé, au conseil judiciaire et au curateur au ventre. La loi ne leur défend pas de se rendre adjudicataires des biens de ceux qu'ils doivent assister (1) ou représenter.

15. — Pour le même motif, il faut décider, à notre avis, que le père administrateur peut acheter les biens de ses enfants mineurs (2).

16. — On sait que la loi défend d'une façon générale au notaire instrumentant (3), ainsi qu'aux parents et alliés du notaire instrumentant, en ligne directe à tous les degrés, et en

Pont, (*Revue critique*, t. 3, p. 352); Coin-Delisle (ibid. p. 360); Aubry et Rau (I, 117); Arntz, *Cours de droit civil*, t. 1, p. 372; *Monit. du not.*, t. 13, p. 505, n° 621. Contrà : Lyon 7 décembre 1821; Riom 25 février 1843; Toulouse 15 mai 1850 (Dev. 43, 2, 317; 50, 2, 504; J. Pal., 52, 2, 213); Magnin (II, 1185); Delvincourt (t. 7, p. 98); Troplong (I, 187); Demolombe (VII, n° 375); Massé et Vergé (I, 224); Fréminville, de la Minorité, n° 164; Dalloz, *Rép.*, v° Minorité, n° 568, et v° Vente, n°s 444 et ss.; *Monit. du not.*, t. 23, p. 113, n° 1146.

(1) Conf. Marcadé sur l'article 1596 c. c.; Duranton, t. 16 n° 135; Duvergier n° 188. Contrà : Troplong, n° 187; Dalloz, *Rép.*, v° Minorité, n° 570 et v° Vente, n 450. Riom 25 février 1843; Toulouse 17 mai 1850 (D. P. 1852, 2, 62).

(2) Seligman. De l'administration légale des biens des mineurs par les père et mère pendant le mariage (*Revue critique*, année 1875, p. 704).

(3) Soit en vertu de l'article 1596 c. c., si on le considère comme le mandataire des parties, soit en vertu de l'article 8 de la loi du 25 ventôse an XI. Conf. Colmar 10 février 1835 (Dalloz, *Rép.*, v° Vente, n° 453).

ligne collatérale, jusqu'au degré d'oncle ou de neveu inclusive-
ment, de se rendre adjudicataires (1).

Un auteur (Sellier) a cependant soutenu, dans une lettre insérée dans le *Moniteur du notariat* (2), que les parents du notaire,
au degré prohibé par la loi du 25 ventôse an XI, peuvent se
rendre adjudicataires dans les ventes judiciaires. Ce système a
été réfuté péremptoirement par MM. Marneff et Rutgeerts dans le
Moniteur du notariat, t. 8, n° 349, p. 3, et par les rédacteurs de
ce recueil, t. 8, n° 350, p. 9. Sellier distingue entre le cas où le
notaire est commis par la justice, et le cas où il instrumente en
vertu de sa seule qualité de notaire. D'après cet auteur, l'article 8
de la loi de ventôse n'est pas applicable au cas où le ministère
du notaire est forcé, c'est-à-dire au cas où il est nommé par la
justice. Il est d'avis qu'il peut alors recevoir les enchères de ses
parents au degré prohibé. Il suffit, pour renverser ce système,
de faire remarquer que l'article 8 de la loi sur le notariat est
générale et ne fait aucune distinction (3).

17. — Les notaires ne peuvent se rendre adjudicataires, par
personnes interposées, des biens qu'ils sont chargés de vendre.
En le faisant, ils deviendraient passibles des peines disciplinaires prévues par l'article 53 de la loi du 25 ventôse an XI. (4).

18. — Le juge de paix peut-il se rendre adjudicataire des
immeubles des mineurs dans les ventes faites sous sa présidence?

Ni le code civil, ni le code de procédure civile, ne le lui
défendent. La loi sur l'expropriation forcée du 15 août 1854
défend bien au notaire de recevoir comme enchérisseur le juge
de paix (article 48), mais cette défense est spéciale à cette matière
et ne peut être étendue par analogie. Cela est élémentaire (5).

(1) Article 8 de la loi du 25 ventôse an XI.
(2) T. 7, n° 346, p. 394; t. 8, n° 355, p. 49.
(3) RUTGEERTS. *Commentaire sur la loi du 25 ventôse an XI*, t. 1, p. 269,
n° 276.
(4) Circulaire ministérielle du 25 septembre 1847.
(5) Le ministre de la justice, dans une circulaire en date du 20 octobre

La solution de notre question doit être cherchée dans le code pénal. En effet, le juge de paix assiste à la vente des biens des mineurs, pour surveiller s'il ne s'y passe rien de contraire à leurs intérêts (1). Or, il existe dans ce code une disposition ainsi conçue :

« **Art. 245.** Tout fonctionnaire ou officier public, toute per-
« sonne chargée d'un service public, qui, soit directement, soit
« par interposition de personnes ou par actes simulés, aura pris
« ou reçu quelque intérêt que ce soit dans les actes, adjudica-
« tions, entreprises ou régies dont il avait, au temps de l'acte,
« en tout ou en partie, l'administration ou la surveillance, ou
« qui, ayant mission d'ordonnancer le paiement ou de faire la
« liquidation d'une affaire, y aura pris un intérêt quelconque,
« sera puni d'un emprisonnement de trois mois à deux ans, et
« d'une amende de cinquante francs à trois mille francs, et
« pourra, en outre, être condamné à l'interdiction du droit de
« remplir des fonctions, emplois ou offices publics, conformé-
« ment à l'art. 33.

« La disposition qui précède ne sera pas applicable à celui
« qui ne pouvait, en raison des circonstances, favoriser par sa
« position ses intérêts privés, et qui aura agi ouvertement. »

En vertu de cette disposition, il faut décider que le juge de paix ne peut se rendre acquéreur dans les ventes d'immeubles tenues sous sa présidence, puisqu'il est chargé de surveiller les intérêts des incapables; mais, remarquons-le, la défense n'est pas absolue; elle est seulement relative. Le juge de paix peut en effet, se rendre acquéreur des immeubles des mineurs si, à raison des circonstances, il ne peut favoriser ses intérêts privés, et s'il agit ouvertement.

Il convient toutefois que les juges de paix s'abstiennent, d'une

1822, a émis l'avis que, par analogie des articles 1596 c. c. et 713 c. pr. c., les juges de paix ne peuvent se rendre adjudicataires dans les ventes auxquelles ils assistent (*Recueil des circulaires du ministère de la justice*, n° 740).

(1) Chapitre XIV, § 4, n° 5, livre 1er.

façon absolue, d'acheter des biens dans les ventes auxquelles ils président. Des motifs de convenance, le soin de conserver intacte, leur réputation d'impartialité et de délicatesse, doivent les engager à suivre cette ligne de conduite.

19. — Si le juge de paix est punissable pour avoir acquis un immeuble d'un mineur, dans une vente à laquelle il assiste, il faut en conclure que la vente elle-même peut être l'objet d'une action en nullité. En effet, l'article 245 c. p. doit être considéré comme la sanction d'une prohibition portée par la loi.

La nullité ne pourrait toutefois être demandée, que dans le cas où le juge de paix serait passible d'une peine; si ce magistrat pouvait invoquer le bénéfice du § 2 de l'article 245 c. p., la nullité ne pourrait être prononcée.

20. — Les procureurs-généraux et autres officiers du ministère public peuvent-ils acquérir les immeubles des mineurs dans les ventes qui ont lieu dans leur ressort ou dans leur arrondissement?

L'article 6 de l'arrêté royal du 12 septembre 1822 charge ces magistrats d'un devoir de surveillance sur les ventes des biens des mineurs. Il en résulte que tout ce que nous avons dit plus haut, aux nᵒˢ 18 et 19, s'applique à la question, que nous venons de poser. (Voir article 48 de la loi du 15 août 1854.)

21. — Les membres des cours d'appel et des tribunaux d'arrondissement, ainsi que les greffiers de ces cours et tribunaux, peuvent-ils se rendre adjudicataires des biens des mineurs, vendus dans leur ressort ou dans leur arrondissement?

Evidemment oui. D'abord, il n'y a aucune prohibition inscrite dans les lois; ensuite, l'article 245 c. p. ne les concerne pas, puisqu'ils ne sont pas chargés de surveiller la vente des biens des mineurs.

Il importerait peu qu'ils soient intervenus au jugement rendu sur la demande en licitation.

La loi du 15 août 1854 défend aux notaires de recevoir

comme enchérisseurs les juges qui sont intervenus aux jugements rendus sur la poursuite en expropriation. Mais cette
défense est spéciale à cette matière.

22. — Les greffiers des justices de paix peuvent-ils acquérir
les biens des mineurs dans les ventes par licitation auxquelles
ils assistent?

Nous croyons que oui, car aucune disposition de loi ne leur
interdit de se porter adjudicataires dans les ventes de biens
immeubles appartenant en tout ou en partie à des mineurs.

Ils ne sont pas désignés dans l'article 1596 c. c., et l'article
48 de la loi du 15 août 1854 contient une disposition spéciale
qui n'est relative qu'aux ventes sur saisie immobilière et qui ne
peut être étendue par analogie (1). De plus, la loi du 12 juin
1816 est complètement muette sur la question (2). Il faut donc
appliquer à notre cas l'article 1594 c. c., qui porte que tous ceux
auxquels la loi ne le défend pas, peuvent acheter et vendre.
Quant à l'article 245 c. p., il ne concerne pas le greffier de la
justice de paix, puisque ce fonctionnaire n'est pas chargé d'un
devoir de surveillance, sa mission se bornant assister le juge
de paix.

Nous engageons toutefois les greffiers à s'abstenir en règle générale de se porter acheteurs dans les adjudications pour lesquelles leur ministère est requis.

23. — Il n'est pas douteux que les avoués, qui ont postulé la
licitation au nom des parties, peuvent se rendre adjudicataires.
Aucune loi ne le leur défend, et l'article 48 de la loi du 15 août
1854 ne leur est pas applicable. Les dispositions prohibitives
ne s'étendent pas par analogie. Du reste, il est à remarquer que
le ministère de l'avoué vient à cesser, dès que le tribunal a
prononcé le jugement ordonnant la vente ou la licitation.

(1) Le ministre de la justice, dans une circulaire du 23 octobre 1822, a
émis l'avis, par analogie des articles 1596 c. c. et 713 c. pr. c., que les
greffiers des justices de paix ne peuvent se rendre adjudicataires dans
les ventes auxquelles ils assistent (*Recueil des circulaires du ministère
de la justice*, n° 740).

(2) *Monit. du not.*, t. 7, n° 342, p. 361.

CHAPITRE XVI.

Du local dans lequel peut se faire la vente des immeubles appartenant pour le tout ou pour partie à des mineurs.

1. — Dans quel local doit se faire la vente des immeubles appartenant pour le tout ou pour partie à des mineurs?

La loi est muette sur la question. On pourrait soutenir, croyons-nous, qu'elle doit se faire dans le prétoire de la justice de paix. En effet, la loi du 12 juin 1816, en ordonnant que la vente des biens des mineurs se ferait désormais par devant le juge de paix compétent, n'a fait que substituer ce fonctionnaire au tribunal devant lequel, sous le code de procédure, elle devait avoir lieu. Or, c'était dans le local des séances du tribunal que l'on devait procéder aux opérations de la vente. Puisque le juge de paix est le délégué du tribunal, ne serait-ce pas dans la salle où ce magistrat tient ses audiences que la vente devrait se faire? Nous ne sommes pas éloignés de le croire (1).

2. — Si l'on n'admet pas cette opinion, il faut dire que les opérations de la vente peuvent avoir lieu dans n'importe quel endroit, soit dans l'étude du notaire, soit dans le prétoire de la justice de paix, soit dans la maison du juge de paix (article 8 c. pr. c.), soit dans toute autre maison, ou dans tout autre local situé, bien entendu, dans le canton où le juge de paix a le droit d'instrumenter.

3. — Presque toujours elles ont lieu, surtout à la campagne, dans des estaminets ou cabarets. Le choix de ces établissements, pour la tenue des ventes faites en présence d'un magistrat, par

(1) Consultez *Cloes et Bonj.*, t. 19, p. 237.

le ministère d'un notaire commis par le tribunal, est peu convenable; il est évidemment nuisible au prestige dont ces personnes doivent être entourées. Nous voudrions qu'une circulaire fût adressée aux juges de paix, pour leur rappeler qu'ils devraient choisir pour local de la vente, la salle de la justice de paix, ou, si la vente a lieu hors du chef-lieu du canton, la maison communale ou l'école communale.

4. — En France, les recommandations les plus sévères ont été faites aux notaires au sujet du choix du local. Le ministre de la justice leur a prescrit de tenir les ventes publiques dans les salles des mairies ou des écoles communales, et à cet effet, le département de l'intérieur a donné des instructions pour que ces locaux fussent mis à leur disposition (1).

5. — Au n° 2, § 4, chap. XIV, liv. 1er, nous avons établi, que c'est le juge de paix qui préside aux opérations de la vente. Nous devons en conclure que le droit de désigner le local où se fera la vente, appartient à ce magistrat et non au notaire (2).

6. — On a soutenu que le lieu de la vente doit être déterminé d'un commun accord par le juge de paix et le notaire. Dans ce système, le différend qui s'élève entre eux, sur le choix du local, peut être l'objet d'un référé devant le président du tribunal, conformément à l'article 5 § ult. de l'arrêté royal du 12 septembre 1822 (3).

(1) Dalloz, v° Vente publique, n° 2075.
(2) *Cloes* et *Bonj.*, t. 19, p. 237.
(3) *Cloes* et *Bonj.*, loc. cit. — Circulaire du ministère de la justice du 3 septembre 1816.

CHAPITRE XVII.

INCIDENTS.

Surséance à la vente.

1. — Divers incidents peuvent se présenter dans les ventes judiciaires, incidents qui doivent être vidés avant l'adjudication. Traitant seulement des règles spéciales à la vente des immeubles appartenant pour le tout ou pour partie à des mineurs, nous n'avons à examiner que l'incident qui a pour objet la surséance à la vente. (Article 7 de la loi du 12 juin 1816.) Nous avons vu, en effet, que le juge de paix doit faire surseoir à la vente, lorsqu'il découvre quelque chose qui pourrait porter préjudice aux intérêts des mineurs (1).

2. — Le juge de paix peut faire surseoir à la vente, soit d'office, soit à la demande des parties intéressées.

3. — Le juge de paix, avant de faire surseoir à la vente, doit entendre le tuteur et le subrogé tuteur du mineur. Il doit les entendre tous les deux (2). (Article 7 de la loi du 12 juin 1816.)

De même, et suivant les cas, il doit entendre, croyons-nous, le père administrateur, le mineur émancipé, le curateur au ventre.

4. — Le juge de paix ne doit pas déclarer expressément *qu'il est sursis à la vente*. Cette expression n'est pas sacramentelle.

Si, par exemple, le tuteur des mineurs demande qu'il soit

(1) Chapitre XIV, § 4, n° 6, livre 1er.

(2) Il est à remarquer que la traduction française de la loi du 12 juin 1816 porte par erreur que le juge de paix doit entendre le tuteur *ou* le subrogé tuteur. D'après le texte hollandais, qui est le texte officiel, il doit les entendre tous les deux. Il est dit, en effet, à l'article 7, que le juge de paix doit entendre « de voogden *en* toeziende voogden ».

sursis à la vente, en se fondant sur ce que le prix offert est inférieur à la valeur des biens exposés en vente, le juge de paix peut, à la suite du débat qui s'élève de ce chef entre les parties, se borner à les renvoyer devant le juge compétent. Ce renvoi équivaut au sursis (1).

5. — L'adjudication à laquelle il serait procédé par le notaire, après que le juge de paix a prononcé la surséance de la vente, ne pourrait être considérée que comme provisoire et serait subordonnée à la décision que rendrait le tribunal (2).

6. — Le juge de paix doit faire un rapport *par écrit* au tribunal, dans lequel il expose les faits de fraude ou de collusion qu'il a constatés, les faits qui peuvent porter préjudice aux mineurs, les motifs enfin pour lesquels il estime qu'il y a lieu d'ordonner une nouvelle séance pour la vente, etc.

7. — Puisque l'article 7 de la loi du 12 juin 1816 dit que c'est le tribunal qui doit statuer sur le rapport du juge de paix, la décision devra être rendue en audience publique aux termes de l'article 97 de la Constitution.

8. — Il est évident que le ministère public doit être entendu, puisque des mineurs sont en cause.

9. — Mais les parties ne doivent pas être appelées.

10. — Le tribunal, prenant pour guide l'intérêt des mineurs, peut décider, ou bien que l'adjudication sera prononcée sur les dernières enchères, ou bien que l'on devra ouvrir de nouvelles enchères. Dans ce cas, le tribunal doit fixer le jour de l'adjudication (3).

11. — Il peut aussi décider que la vente n'aura pas lieu, s'il pense que le défaut d'enchérissement tient à des causes exceptionnelles et accidentelles.

(1) Ar. Bruxelles 1er juin 1831 (*Pas.* à sa date).
(2) Même arrêt.
(3) Consultez l'arrêt précité de Bruxelles.

Cette décision ne serait pas une violation de l'article 815 c. c., puisque c'est dans la loi même que le tribunal puise le droit de laisser les parties dans l'indivision. D'ailleurs l'indivision n'est que momentanée (1).

12. — Les décisions rendues par les tribunaux, sur le sursis provisoire à la vente des biens des mineurs prononcé par le juge de paix, n'ont pas la nature de jugements, puisqu'elles sont mises sur la même ligne que les décisions des juges commissaires aux faillites. Il en résulte que la voie de l'appel n'est pas ouverte contre ces décisions (2).

13. — Le tribunal auquel le juge de paix doit envoyer son rapport est celui de l'arrondissement dans lequel se fait la vente (3).

(1) Dalloz, v° Vente publique d'immeubles, n° 2096.
(2) Ar. Bruxelles 7 février 1824 (*Pas.* à sa date).
(3) Chapitre XIII, n° 20, liv. 1er.

CHAPITRE XVIII.

De l'emploi des deniers provenant de la vente des immeubles appartenant pour le tout ou pour partie à des mineurs.

1. — La loi ne règle pas l'emploi qui doit être fait des deniers provenant de la vente des immeubles appartenant pour le tout ou pour partie à des mineurs. En autorisant la vente de ces immeubles, les conseils de famille et les tribunaux (1) devront donc toujours avoir soin de prescrire l'emploi qui devra être fait des deniers pupillaires, afin qu'ils ne soient pas dissipés par les tuteurs.

2. — Nous croyons que les conseils de famille et les tribunaux peuvent prescrire l'emploi des fonds provenant de la vente d'immeubles appartenant pour le tout ou pour partie à des mineurs *émancipés*. Les dispositions légales et les principes juridiques sur lesquels nous nous appuyons (2), pour établir que les conseils de famille et les tribunaux ont le droit d'ordonner le mode d'emploi des deniers pupillaires, s'appliquent tout aussi bien au cas où ces deniers proviennent de la vente d'un immeuble appartenant à un mineur *émancipé*, qu'au cas où ils proviennent de la vente d'un immeuble appartenant à un mineur *non émancipé*. Si l'on invoquait contre nous l'article 482 c. c., nous répondrions qu nous ne voyons pas en quoi il

(1) Nous prouverons aux n°s 6 et ss. de ce chapitre, que c'est aux conseils de famille et aux tribunaux qu'il appartient d'ordonner l'emploi, dans ce cas, des fonds revenant aux mineurs.

(2) Voir n°s 6 et ss.

s'oppose à ce que les conseils de famille et les tribunaux règlent l'emploi des fonds revenant aux mineurs *émancipés* dans la vente de leurs biens.

3. — Il est incontestable, croyons-nous, que les tribunaux peuvent ordonner l'emploi des deniers provenant de la vente d'immeubles appartenant à des enfants mineurs ayant encore leurs père et mère, et à des enfants à naître.

4. — Si un tribunal belge autorisait la vente d'un immeuble indivis entre des majeurs et un mineur étranger, il pourrait, en ordonnant que cette vente aura lieu d'après les formalités de la loi du 12 juin 1816, prescrire un emploi pour les fonds revenant à ce mineur, pourvu que cette mesure ne soit pas contraire à la loi de son pays (1).

5. — Il est à remarquer que les dispositions des articles 5, 6, 7 de la loi du 25 pluviôse an XIII ont garanti d'une façon spéciale la bonne gestion des biens appartenant aux enfants admis dans les hospices, et l'emploi régulier des capitaux qui leur échoient dans le cours de la tutelle.

Il n'y a donc pas lieu, pour les tribunaux, d'ordonner un emploi particulier des fonds à provenir de la licitation d'immeubles où sont intéressés des orphelins mineurs recueillis dans un hospice (2).

6. — A qui appartient-il d'ordonner l'emploi que devront recevoir les deniers provenant de la vente des immeubles des mineurs?

Il faut distinguer le cas où il s'agit de fonds provenant de la vente d'immeubles appartenant exclusivement à des mineurs, du cas où il s'agit de fonds provenant d'une vente d'immeubles appartenant par indivis à des majeurs et à des mineurs.

7. — PREMIER CAS. — *Deniers provenant d'une vente d'im-*

---

(1) Conclusions de M. Mesdach de Ter Kiele, précédant l'arrêt de la Cour de Bruxelles du 29 juillet 1865 (*Belg. jud.*, t. 23, p. 1073).

(2) Ar. Gand 12 mars 1872 (*Belg. jud.*, t. 31, p. 774).

meubles appartenant exclusivement à des mineurs. — On sait que le tuteur qui veut aliéner les immeubles appartenant exclusivement à ses pupilles doit se pourvoir de l'autorisation du conseil de famille.

Cette formalité est prescrite par l'article 457 c. c. et elle a été maintenue par l'article 2 § 1er de la loi du 12 juin 1816.

L'article 457 c. c. disant que le conseil de famille, en autorisant la vente, indiquera *toutes les conditions qu'il jugera utiles*, lui confère implicitement le droit d'ordonner le mode d'emploi qu'il juge le plus avantageux au mineur (1).

Du reste, le conseil de famille a les pouvoirs les plus étendus.

« Il peut, disent les rédacteurs de la *Jurisprudence des tribu-*
« *naux de première instance* (2), imposer au tuteur des condi-
« tions d'administration non prévues par la loi, lorsque l'intérêt
« des mineurs l'exige, vu la position de fortune du tuteur, sans
« que celui-ci puisse contester ces mesures sous prétexte
« qu'elles portent atteinte à l'indépendance ou à la dignité de
« son administration, surtout s'il y a acquiescé lui-même. »

Cette opinion a été consacrée par un arrêt de la Cour de Cassation de France du 20 juillet 1842 (3), et par un arrêt de la Cour de Limoges du 28 février 1846 (4).

L'arrêt de la Cour de Cassation fait remarquer avec raison, qu'on ne peut soutenir que les mesures ordonnées, relativement à l'emploi des fonds pupillaires, contreviennent aux lois d'ordre public, puisqu'elles ne font qu'ajouter une garantie nouvelle à celles exigées par la loi.

8. — On sait de plus qu'aux termes de l'article 458 c. c. et de l'article 2 § 2 de la loi du 12 juin 1816, les délibérations des conseils de famille, concernant la vente des immeubles appartenant exclusivement aux mineurs, doivent être homologuées par

(1) Ar. Bruxelles 2 août 1851.(*Monit. du not.*, t. 19, n° 932, p. 74).

(2) *Cloes* et *Bonj.*, t. 8, p. 810.

(3) S. 42, 1, 587.

(4) S. 46, 2, 355. Voyez encore arrêt Cass. fr. du 20 juin 1843 (S. 43, 1, 651).

le tribunal. Or, si le mode d'emploi prescrit par le conseil de famille est avantageux pour le mineur, le tribunal n'hésitera pas à homologuer toute la délibération. Mais comme le tribunal a un contrôle à exercer sur les délibérations des conseils de famille, et qu'il est, concurremment avec le conseil lui-même, le surveillant légal des intérêts des mineurs, il n'est pas douteux que si un placement nuisible aux mineurs avait été ordonné par le conseil de famille, le tribunal pourrait en prescrire un autre; et que, si la délibération était muette sur le mode d'emploi, il pourrait d'office (1) en prescrire un dans le jugement d'homologation de la délibération du conseil de famille.

9. — DEUXIÈME CAS. — *Deniers provenant d'une vente d'immeubles appartenant par indivis à des majeurs et à des mineurs.*

Dans le cas où les immeubles appartiennent par indivis à des majeurs et à des mineurs, la loi ne prescrit pas l'intervention du conseil de famille, à moins que la vente soit poursuivie par le tuteur. Les colicitants doivent s'adresser directement au tribunal.

Le tribunal pouvant imposer un mode d'emploi, lors de l'homologation de la délibération du conseil de famille, le peut aussi, estimons-nous, lorsque, comme dans le cas de l'article 460 c. c. ou de l'article 2 § 3 de la loi du 12 juin 1816, il est appelé à autoriser directement la vente d'immeubles appartenant en commun à des majeurs et à des mineurs.

C'est dans ce sens que s'est prononcée la Cour de Cassation de France, dans un cas où le tuteur légal était en même temps usufruitier légal des biens de ses enfants mineurs (2). La Cour décide en droit, que le conseil de famille, dans le cas de l'article 457 c. c., et le tribunal, dans le cas de l'article 460 c. c., ont le droit de déterminer les conditions de la vente; que le vœu de la loi est que le plus grand avantage des mineurs soit l'objet essen-

____

(1) Conf. arrêt Bruxelles 22 juillet 1830; LAURENT, t. 5, p. 100, n° 88. Contrà : ar. Gand 4 novembre 1833 (*Pas.* à sa date).

(2) Ar. du 20 juin 1843 (S. 43, 1, 651).

tiel et principal de ces conditions; qu'une des conditions les plus importantes est celle qui porte sur le prix, puisque l'effet immédiat d'une licitation est de convertir le patrimoine immobilier du mineur en créances mobilières, dont le conseil de famille et les tribunaux ont le devoir d'assurer la conservation par les mesures les plus efficaces.

Tels sont les principes puisés dans le code civil, principes qui n'ont pas été modifiés par la loi du 12 juin 1816 qui se borne à abolir les formalités dispendieuses prescrites pour les licitations, par le code de procédure civile (1).

D'ailleurs, la loi de 1816 semble même reconnaître le droit que nous accordons au tribunal. En effet, l'article 7 de cette loi impose aux juges de paix le devoir de veiller à ce que, dans les ventes d'immeubles, il ne se fasse rien au préjudice des mineurs. Ces magistrats doivent s'adresser aux tribunaux, lorsqu'ils s'aperçoivent que les intérêts de ces incapables peuvent être lésés. Or, il nous semble évident qu'en vertu de cet article, le juge de paix peut faire surseoir à la vente, dans le cas où il constaterait qu'aucune mesure n'aurait été prise pour garantir les fonds qui doivent revenir aux mineurs, et que le tribunal, saisi par le rapport du juge de paix, devra prescrire le mode suivant lequel ces fonds seront employés.

10. — Il résulte de ce que nous venons de dire que le tribunal peut prescrire un mode d'emploi des deniers formant la part des mineurs dans les fonds provenant de la vente :

1° lorsqu'il est appelé à homologuer une délibération du conseil de famille autorisant la vente des biens des mineurs (article 2, § 2, loi du 12 juin 1816);

2° lorsqu'il autorise la vente par licitation des biens appartenant par indivis à des majeurs et à des mineurs (article 2, § 3, même loi);

3° lorsque, en vertu de l'article 7 de la loi du 12 juin 1816, le juge de paix s'adresse à lui, après avoir fait surseoir à la

______
(1) *Cloes* et *Bonj.*, t. 8, p. 808.

vente, parce qu'il s'est aperçu qu'aucun emploi des deniers pupillaires n'avait été ordonné.

11. — Nous savons que le juge de paix ne peut, dans le cas de l'article 5 de l'arrêté royal du 12 septembre 1822, agir par voie d'autorité pour faire introduire dans le cahier des charges une clause dans l'intérêt des mineurs.

Dans le cas où, soit le conseil de famille, soit le tribunal, n'auraient pas ordonné un mode d'emploi des deniers pupillaires, si le juge de paix et le notaire se sont mis d'accord pour insérer dans le cahier des charges une disposition réglant l'emploi de ces deniers, elle sera obligatoire pour les parties. Mais si le notaire et le juge de paix n'ont pu se mettre d'accord, ce magistrat ne pourra pas s'adresser par référé au président du tribunal (1). Il devra, dans le cas d'absence d'une clause protectrice de l'avoir des mineurs, user de la faculté que lui accorde l'article 7 de la loi du 12 juin 1816.

12. — Le président du tribunal ne peut donc jamais être appelé à statuer sur le mode d'emploi des fonds revenant aux mineurs dans la vente de leurs biens.

13. — Il résulte à l'évidence de tout ce que nous venons de dire que le tribunal peut statuer d'office sur le mode d'emploi des fonds à revenir aux mineurs dans une vente d'immeubles où ils sont intéressés. C'est donc à tort que la Cour de Gand, dans son arrêt du 4 novembre 1833 (2), a décidé que le tribunal ne peut statuer que sur la demande qui lui en est faite (3).

14. — Le procureur du roi, en sa qualité de protecteur des mineurs, doit veiller au mode d'emploi des fonds provenant de la vente des biens des mineurs. Si le mode d'emploi prescrit par le conseil de famille, ou bien le mode d'emploi proposé par le tuteur ou les parties, sont contraires aux intérêts des

(1) Voir cependant *Cloes* et *Bonj.*, t. 6, p. 848.
(2) *Pas.* à sa date.
(3) *Cloes* et *Bonj.*, t. 1er, p. 688.

mineurs, il doit, par voie de conclusions, demander au tribunal de prescrire un autre mode d'emploi.

Il devra toujours avoir soin d'indiquer lui-même le mode qu'il désire voir ordonner par le tribunal.

Il est du devoir du ministère public de prendre des renseignements pour savoir s'il y a lieu de prescrire des mesures relativement à l'emploi des deniers pupillaires, et il doit faire connaître au tribunal celle qui est la plus avantageuse pour les mineurs (1).

15. — Les rédacteurs de la *Jurisprudence des tribunaux de première instance* (2) sont d'avis que, si le ministère public avait demandé au tribunal de prescrire un mode d'emploi des fonds devant revenir aux mineurs, il pourrait appeler du jugement qui n'aurait pas fait droit à son réquisitoire.

16. — La cour d'appel pourrait prescrire un mode d'emploi, même s'il n'en avait pas été demandé en première instance (3). Elle pourrait l'ordonner d'office.

17. — Supposons que, ni le conseil de famille, ni le tribunal, ni la cour d'appel, n'aient ordonné l'emploi des fonds à revenir aux mineurs dans une vente d'immeubles où ils sont intéressés; supposons, en outre, que le juge de paix n'ait pas agi, *avant* l'adjudication définitive, en vertu de l'article 7 de la loi du 12 juin 1816, pour faire prendre une mesure protectrice des intérêts des mineurs : on sait que, dans ce cas, le tuteur pourra toucher les deniers de ses pupilles sans être tenu d'en faire un emploi déterminé. Que faudra-t-il faire pour sauvegarder leurs intérêts?

Il se peut que la garantie hypothécaire fournie par le tuteur, en vertu de l'article 49 de la loi du 16 décembre 1851, soit suffisante pour assurer aux mineurs la restitution de leurs deniers. Dans ce cas, rien n'étant à craindre pour eux, il n'y a pas lieu de prendre immédiatement des mesures de précaution. Mais

(1) *Cloes* et *Bonj.*, t. 8, p. 812.
(2) T. 8, p. 808.
(3) Ar. Bruxelles 27 juillet 1827 (*Pas.* à sa date).

il se peut que le tuteur ait été dispensé de fournir une garantie hypothécaire, ou bien que la somme, pour laquelle une inscription hypothécaire a été ordonnée sur ses biens, soit insuffisante pour garantir la restitution des deniers pupillaires : dans ces deux hypothèses, le juge de paix aura, d'après nous, le droit et le devoir de convoquer d'office le conseil de famille pour lui demander de révoquer la dispense, et d'ordonner une inscription hypothécaire sur les biens du tuteur, ou d'augmenter la somme que devait garantir l'hypothèque, ou d'étendre l'hypothèque à d'autres immeubles (1). (Art. 58 de la loi hypothécaire.)

Si le tuteur ne peut fournir une garantie hypothécaire, faute d'immeubles par exemple, ou s'il ne peut fournir une hypothèque suffisante, le juge de paix devra demander au conseil de famille de prescrire l'emploi des deniers pupillaires.

18. — Quels sont les modes d'emploi qui peuvent être ordonnés?

C'est au conseil de famille et au tribunal à apprécier les garanties que réclame, dans tel ou tel cas, l'intérêt des incapables (2). Seulement, le conseil de famille et le tribunal ne pourraient, par la mesure qu'ils ordonnent, entraver l'administration d'un tuteur datif dans la gestion des biens des mineurs, ou léser les intérêts d'un tuteur légal qui aurait, sur les biens de ses enfants mineurs, l'usufruit que la loi lui attribue jusqu'à l'âge de 18 ans ou jusqu'à leur émancipation.

Le meilleur emploi qui peut être ordonné est le versement des deniers des mineurs à la caisse des dépôts et consignations. L'intérêt des fonds consignés au profit des mineurs est de $4\,^{0}/_{0}$ (3).

Un autre emploi qui peut être ordonné est l'achat d'obligations belges à $4\,^{1}/_{2}\,^{0}/_{0}$ à inscrire au nom du mineur au grand-

(1) *Cloes* et *Bonj.*, t. 8, p. 848.

(2) Conclusions de M. Van Berchem, reproduites dans la *Belg. jud.*, t. 30, p. 801. — Ar. Bruxelles 2 août 1851 (*Belg. jud.*, t. 9, p. 1183).

(3) Article 5 de l'arrêté royal du 24 novembre 1868. — Il conviendrait, croyons-nous, que le tribunal désigne le lieu dans lequel la consignation doit être faite.

livre de la dette publique. C'est un placement très sûr que le gouvernement recommande aux bureaux de bienfaisance et aux autres établissements charitables.

Les conseils de famille et les tribunaux peuvent encore ordonner l'acquisition d'immeubles dans la vente par licitation, ou le placement des deniers pupillaires sur bonne hypothèque.

Ils peuvent aussi ordonner que les fonds seront employés au paiement des dettes. Ils peuvent même les laisser entre les mains du tuteur.

19. — Les tribunaux ordonnent quelquefois, soit d'office, soit à la demande des parties, que les parts des deniers qui reviendront aux mineurs resteront, jusqu'à leur majorité respective, entre les mains des acquéreurs, à l'intérêt de $4\ ^1/_2\ ^0/_0$, et avec affectation hypothécaire sur les immeubles acquis.

Cette clause de l'hypothèque réservatoire ne peut que nuire aux intérêts des vendeurs, puisque les acquéreurs doivent conserver, soit en partie, soit en totalité, leur prix d'achat en payant un intérêt de $4\ ^1/_2\ ^0/_0$, tandis que, dans les circonstances normales, on n'achète des terres que moyennant un revenu correspondant à $2\ ^1/_2\ ^0/_0$ du prix d'achat.

Que d'inconvénients présente cette clause, s'il y a plusieurs mineurs !

Les acquéreurs se trouvent dans cette position désavantageuse, de ne pouvoir rembourser que par parties et successivement, à mesure que les mineurs atteindront leur majorité. De plus, ces remboursements, qui doivent être accompagnés de la radiation des inscriptions hypothécaires, donnent lieu à des frais, à des déplacements et à des embarras de toute nature.

Toutes ces circonstances, on le comprend, sont une cause de dépréciation de l'immeuble. Elles écartent beaucoup d'amateurs ou les amènent à n'offrir qu'un prix notablement inférieur au prix réel. Elles empêchent donc les biens d'atteindre leur valeur.

Tous les praticiens, les notaires surtout, sont unanimes pour reconnaître que cette clause exerce sur la vente par licitation

l'influence la plus désastreuse. Aussi comprenons-nous difficile-
ment qu'elle soit maintenue par certains tribunaux. Voilà bien la
routine! elle nous empêche souvent de renoncer aux usages,
même les plus abusifs.

L'intention de ces tribunaux est fort louable. Ils veulent assurer aux mineurs la conservation de leurs droits. C'est fort
bien: mais il ne faut pas exagérer la protection dont on veut
les entourer, car, à force de vouloir veiller à leurs intérêts,
on aboutit à des mesures qui leur sont plus nuisibles qu'utiles.

Les rédacteurs du *Moniteur du notariat* critiquent également
la clause de l'hypothèque réservatoire.

« Elle présente, disent-ils, des inconvénients graves et nom-
« breux. Ils pèsent sur les mineurs eux-mêmes tout aussi bien
« que sur les majeurs. Imposer sur la masse des biens à vendre
« une hypothèque au profit d'un incapable, c'est les déprécier le
« plus souvent, peut-être pour un intérêt bien mince, la part du
« mineur dans cette masse pouvant n'être que minime. La dépré-
« ciation se fait d'autant plus sentir que la quantité des biens à
« vendre est plus grande. L'hypothèque réservatoire, qui en
« grève la totalité, ne crée pas seulement des embarras et des diffi-
« cultés pour la division de la masse en différents lots, et pour la
« réunion de plusieurs de ces lots lors de la vente, mais elle
« entraîne encore avec elle une moins-value de chaque portion
« des biens qui est vendue séparément, car, celui qui devient
« acquéreur d'un lot seulement, n'en est pas moins tenu hypo-
« thécairement jusqu'à concurrence de la part entière du mi-
« neur, en raison de la nature de l'hypothèque et de son
« indivisibilité, et il calcule certainement son prix en consé-
« quence de cette charge. Le même calcul devant être fait par
« chaque acquéreur, on conçoit qu'il en résulte sur la masse
« entière une dépréciation considérable. Elle n'existerait d'ail-
« leurs pas moins, mais pour d'autres motifs, si l'on se déter-
« minait à vendre le tout en un seul bloc, en raison de la gêne
« occasionnée par l'hypothèque du mineur (1). »

(I) *Monit. du not.*, t. 4, p. 106. — Conf. ar. Gand 4 novembre 1833 (*Pas.*

20. — Les conseils de famille et les tribunaux doivent donner une attention particulière à l'emploi qui devra être fait des deniers revenant aux mineurs par suite de la vente de leurs immeubles. Ils doivent repousser notamment le placement de ces deniers dans des entreprises commerciales ou industrielles (1).

21. — Lorsque les conseils de famille ou les tribunaux prescrivent un mode d'emploi des fonds à revenir aux mineurs dans la vente des immeubles qui leur appartiennent exclusivement, ou leur appartiennent par indivis avec des majeurs, ils doivent avoir soin de dire que ce mode d'emploi est prescrit jusqu'à la *majorité ou l'émancipation du mineur, ou jusqu'à autre ordonnance du conseil de famille.* Ainsi, supposons que le tribunal ordonne la consignation des fonds à revenir aux mineurs, il devra dire : ordonnons que les fonds seront consignés *jusqu'à la majorité ou l'émancipation du mineur, ou jusqu'à autre ordonnance du conseil de famille.*

On en comprendra facilement le motif.

Supposons qu'il soit dit seulement dans le jugement que les fonds seront consignés jusqu'à la *majorité du mineur.* Ce mineur, pourra-t-il, dans le cas où il serait émancipé, être autorisé par le conseil de famille, à retirer, avant sa majorité, la somme consignée, même avec l'assistance de son curateur? Nous croyons que non. Le mineur émancipé n'est pas majeur même assisté de son curateur. Sa capacité n'est pas à beaucoup près complète. Le tribunal s'est servi d'une expression fort claire et à laquelle il n'est pas possible de donner deux interprétations. C'est jusqu'à la *majorité* du mineur que les fonds doivent être consignés. Que telle n'ait pas été l'intention du tribunal, qu'il n'ait eu en vue que les cas ordinaires, cela importe peu. L'expression employée par le tribunal ne

à sa date); ar. Gand 26 mars 1864 (*Pas.*, 1865, 2, 12); ar. Gand 21 février 1873 (*Pas.*, 1873, 2, 166); ar. Gand 6 novembre 1873 (*Pas.*, 1874, 2, 36). Consultez cependant *Cloes* et *Bonj.*, t. 1er, p. 688 et t. 8, p. 808 ; *Monit. du not.*, t. 19, n° 932, p. 74; ar. Bruxelles 22 juillet 1830 (*Pas.* à sa date).

(1) Voir décision française du 16 mars 1849.

renferme aucune ambiguité. Elle est nette et précise. Pour éviter toute difficulté, il faut que le tribunal dise dans son jugement que les fonds du mineur seront consignés *jusqu'à sa majorité ou jusqu'à son émancipation* (1).

Mais cela ne suffit pas encore. Supposons qu'il y ait intérêt pour le mineur à ce que ses deniers soient retirés de la caisse des dépôts et consignations avant sa majorité ou son émancipation, pour les employer à un achat d'immeubles, par exemple. Si le jugement porte seulement que les fonds seront consignés jusqu'à *la majorité ou l'émancipation du mineur*, il faudra s'adresser au tribunal pour demander l'autorisation de les retirer; car ce qui a été fait par un jugement ne peut être modifié que par un jugement (2). Ce seront de nouveaux frais à charge des mineurs. Le tribunal peut les prévenir en employant dans son jugement la formule suivante : *ordonnons que les fonds seront consignés jusqu'à la majorité ou l'émancipation du mineur, ou jusqu'à autre ordonnance du conseil de famille.*

22. — Ce que nous disons de la consignation des fonds pupillaires s'applique à tout autre mode d'emploi ordonné par les conseils de famille ou par les tribunaux (3). Ordonnent-ils un placement hypothécaire, ils devront dire: *ordonnons que les fonds seront placés sur hypothèque jusqu'à la majorité ou l'émancipation du mineur, ou jusqu'à autre ordonnance du conseil de famille.* Ordonnent-ils que la part du prix revenant aux mineurs restera affectée par privilége sur les biens vendus, ils devront faire suivre cette disposition de la même formule.

23. — Il y a même un cas où il est absolument nécessaire d'ajouter *ou jusqu'à autre ordonnance du conseil de famille ou de*

---

(1) *Monit. du not.*, t. 14, n° 706, p. 353; t. 15, p. 33 et 34, n° 719; t. 19, p. 106, n° 936.

(2) Cour de Cologne 19 juillet 1843 (*Belg. jud.*, t. 2, p. 541). Jug. Bruxelles 2 juin 1855 (*Cloes et Bonj.*, t. 4, p. 74); ar. Liége 26 février 1874 (*Pas.*, 1874, 2, 176).

(3) *Monit. du not.*, t. 9, p. 183, n° 424.

justice. C'est dans le cas où le jugement porte que les parts des deniers qui reviendront aux mineurs resteront jusqu'à leur majorité entre les mains des acquéreurs à l'intérêt de 4 $^{1}/_{2}$ $^{0}/_{0}$ et avec affectation hypothécaire sur les biens acquis. Car sans les mots : *ou jusqu'à autre ordonnance du conseil de famille*, les adjudicataires pourraient refuser de payer les deniers des mineurs avant leur majorité. Ils répondraient avec raison, au tuteur qui se présenterait à eux avec une délibération du conseil de famille : « nous ne sommes pas obligés de payer le prix ; nous avons acquis sous la condition qu'on ne pourrait exiger de nous le prix qu'à la majorité ou l'émancipation du mineur, et on ne peut nous priver du bénéfice du terme. ».

Mais afin de ne pas obliger le tuteur à s'adresser à la justice pour obtenir avant la majorité du mineur, le paiement des fonds laissés entre les mains des acquéreurs, le tribunal devrait dire dans son jugement que les adjudicataires seront obligés de payer si une délibération du conseil de famille autorise le tuteur, pour des motifs graves et justifiés, à percevoir le prix dont l'exigibilité est ainsi restée en suspens (1).

24. — D'ailleurs si le tribunal s'était borné à dire dans son jugement, que le prix resterait affecté sur les immeubles vendus jusqu'à la majorité du mineur, le conservateur des hypothèques ne pourrait rayer l'inscription prise d'office lors de la transcription de l'acte de vente des immeubles ayant appartenu au mineur, que sur la production d'un jugement autorisant le tuteur à recevoir les fonds pupillaires (2).

25. — Il se pourrait que le conseil de famille ou le tribunal eussent déterminé l'emploi qui doit être fait des deniers pupillaires sans avoir désigné la personne qui doit réaliser la mesure. Dans ce cas, le tuteur, à la diligence du subrogé tuteur, doit

(1) *Cloes* et *Bonj.*, t. 8, p. 808. — Consultez arrêt Liége 26 février 1874 (*Pas.*, 1874, 2, 176).

(2) *Monit. du not.* t. 19, p. 106, n° 936. — Jug. Liége 5 juillet 1873 (*Monit. du not.*, t. 28, n° 1399, p. 49).

effectuer l'emploi ordonné. Cela résulte de l'ensemble de la loi hypothécaire. Voyez surtout l'article 61 de cette loi (1).

26. Le juge étant souverain appréciateur des garanties que réclame l'intérêt des incapables, peut limiter la capacité ordinaire du tuteur, de recevoir les fonds revenant aux mineurs dans la vente des biens dans lesquels ils sont intéressés (2).

C'est ainsi que le jugement autorisant la vente d'immeubles dans lesquels des mineurs sont intéressés, peut ordonner que la part qui leur reviendra, sera placée par *l'acquéreur* suivant un mode déterminé : qu'elle sera versée, par exemple, à la caisse des dépôts et consignations, etc. (3).

27. — Il serait à désirer que les tribunaux ordonnassent toujours dans les jugements autorisant une vente par licitation, que les acquéreurs devront eux-mêmes opérer le placement des fonds pupillaires. Une pareille stipulation garantit complètement l'intérêt des mineurs, qui trop souvent sont victimes de la mauvaise foi ou de l'insolvabilité des tuteurs. On évitera ainsi la dilapidation de leur capital. Il faudrait tout au moins charger les acquéreurs du placement des fonds pupillaires dans le cas où la solvabilité du tuteur est douteuse (4).

28. — Le tribunal pourrait aussi charger du placement des fonds des mineurs, le notaire désigné pour procéder à la vente par licitation. Celui-ci demeurerait détenteur des fonds jusqu'à ce qu'il en aurait effectué le placement (5).

(1) Ar. Gand 12 avril 1871 (*Pas.*, 1871, 2, 326).

(2) Conf. ar. Gand 27 mars 1857 (*Pas.*, 1858, 2, 201). Contrà : ar. Bruxelles 2 août 1851 (*Belg. jud.*, t. 9, p. 1183) réformant un jugement du tribunal de Bruxelles du 19 mars 1851 (*Pas.*, 1852, 2, 8). Consultez aussi ar. Liége 9 février 1860 (*Pas.*, 1860, 2, 360).

(3) Ar. Gand 2 mars 1855 (*Pas.*, 1855, 2, 176). Jug. Gand 11 août 1869 et ar. Gand 12 avril 1871 (*Belg. jud.*, t. 29, p. 986 et 1058). Conclusions de M. Van Berchem (*Belg. jud.*, t. 30, p. 801).

(4) Consultez ar. Bruxelles 27 juillet 1827 (*Pas.* à sa date).

(5) *Monit. du not.*, t. 4, p. 106. — Contrà : ar. Bruxelles 2 août 1851 (*Pas.*, 1852, 2, 8).

29. — Le tribunal pourrait aussi ordonner que les fonds seront placés à la diligence du tuteur *et* du subrogé-tuteur (1).

30. — Si le tuteur a reçu les fonds, il est responsable de la non-exécution de l'emploi qu'il devait en faire.

31. — Le subrogé tuteur, qui, en négligeant de faire observer les prescriptions du jugement sur l'emploi des fonds revenant aux mineurs dans la vente de leurs biens, a été cause que le prix remis au tuteur n'a pu être récupéré à charge de celui-ci devenu insolvable, commet une faute lourde, et il est responsable du dommage qui en est résulté pour les mineurs (2). Ce n'est que dans le cas où il ignorerait que les fonds ont été remis au tuteur qu'il n'encourrait aucune responsabilité (3).

32. — Le notaire qui a fait la vente, ne peut, en règle générale, être déclaré responsable du défaut d'emploi des deniers pupillaires. Il pourrait l'être cependant dans le cas où il aurait remis les fonds au tuteur sans l'assistance du subrogé tuteur (4). Il le serait encore dans le cas où, chargé par le tribunal d'opérer le placement des fonds d'après un mode déterminé, il n'aurait pas exécuté la décision judiciaire.

33. — L'acquéreur n'a pas à s'occuper de l'emploi que doivent faire le tuteur, le subrogé tuteur ou le notaire, des fonds pupillaires. Il satisfait à toutes ses obligations en les remettant entre les mains du tuteur assisté du subrogé tuteur, ou entre les mains du notaire, lorsque celui-ci est chargé par le cahier des charges ou par le jugement d'en opérer le placement. La loi ne lui demande pas davantage. Par conséquent, quoique le remploi n'ait pas été exécuté par le tuteur ou par le notaire, il n'encourt aucune responsabilité (5).

(1) Ar. Gand 26 mars 1864 (*Belg. jud.*, t. 23, p. 831).
(2) Ar. Gand 12 avril 1871 (*Belg. jud.*, t. 29, p. 1058).
(3) Ar. Gand 12 avril 1871 (*Belg. jud.*, t. 29, p. 1058).
(4) Même arrêt.
(5) *Monit. du not.*, t. 9, n° 433, p. 256. — Charleroi 7 août 1841, confirmé par arrêt de Bruxelles 28 février 1844 (*Belg., jud.*, t. 2, p. 830). Jug.

34. — Martou (1) n'est pas de cet avis. D'après lui, la libération n'est consommée qu'au moyen du paiement par lequel le vendeur retrouve à sa majorité entre les mains soit de l'acquéreur lui-même, soit d'un emprunteur, soit de l'agent de la caisse des consignations, l'équivalent de ce qu'il a aliéné. L'acquéreur, d'après cet auteur, doit, s'il paie immédiatement, s'assurer diligemment de l'emploi ponctuel des fonds. S'il néglige de le faire, et si les fonds périssent dissipés par un tuteur devenu insolvable, il ne serait pas reçu à dire qu'ils ont péri pour le mineur. Il est exposé à devoir payer une seconde fois le prix ou à restituer l'immeuble.

La loi ni les principes du droit ne le soumettant à une semblable responsabilité, nous ne pouvons nous ranger à l'opinion de Martou. Il faudrait, pour que l'acquéreur encoure une responsabilité, que le jugement lui imposât expressément le devoir de veiller au placement des fonds. Dans ce cas, il ne serait libéré que par l'emploi qu'il en aurait fait, conformément au jugement (2).

35. — Si le jugement chargeait le notaire ou toute autre personne que le tuteur du placement des fonds, et si l'acquéreur les remettait au tuteur, l'acquéreur serait responsable vis-à-vis du mineur pour le cas où le tuteur les aurait dissipés.

36. — La Cour d'appel de Bruxelles (3) a décidé avec raison, qui le paiement d'un prix de vente, fait entre les mains du notaire vendeur, ne libère pas l'acquéreur, s'il était stipulé dans le cahier des charges que ce prix serait payé en l'étude du notaire sous la quittance des vendeurs.

Gand 11 août 1869; ar. Gand 12 avril 1871 (*Belg. jud.*, t. 29, p. 986 et 1058). — Conclusions de M. Van Berchem et arrêt de Bruxelles du 6 juin 1872. (*Monit. du not.*, t. 26, p. 233, n° 1318). — Contrà : MARTOU, (*Monit. du not.*, t. 9, n° 431, p. 239).

(1) T. 3, n° 1193. — Voyez dissertation insérée dans le *Monit. du not.*, n° 932, p. 75 et n° 433, p. 256.

(2) Ar. Gand 2 mars 1855 (*Belg. jud.*, t. 13, p. 1201). Voyez *Monit. du not.*, t. 19, n° 932, p. 74.

(3) Ar. du 13 avril 1872 (*Belg. jud.*, t. 30, p. 609),

CHAPITRE XIX.

Des devoirs imposés au ministère public par la loi du 12 juin 1816.

1. — Dans le cours de notre travail, nous avons indiqué certains devoirs imposés aux membres du ministère public relativement à la vente des immeubles des mineurs (1). Nous croyons utile de rappeler ici les principes généraux sur la matière.

2. — Les membres des parquets doivent, aux termes de l'article 6 de l'arrêté royal du 12 septembre 1822, tenir la main à la stricte exécution de la loi du 12 juin 1816 (2), et des dispositions du dit arrêté. Ils doivent veiller en outre, à ce que les juges de paix s'acquittent avec la plus grande exactitude, des soins qui leur sont confiés. Ils doivent particulièrement veiller à ce qu'il soit de suite sursis aux ventes ou partages de successions à l'égard desquels il y aurait déviation des dispositions de la loi de 1816 ou de l'arrêté de 1822, et qu'il en soit fait rapport au tribunal compétent pour y être statué ainsi qu'il appartiendra.

3. — L'article 7 de l'arrêté du 12 septembre 1822 prescrit de plus aux membres des parquets de poursuivre les notaires qui font des ventes de biens immeubles dans lesquels des mineurs sont intéressés, sans observer la loi du 12 juin 1816 et l'arrêté de 1822.

(1) Voyez pages 17, n° 3; 53; 71, n° 3; 104, n° 6; 106, n° 14; 176, n° 14.

(2) Déjà une circulaire du ministre de la justice, en date du 22 juin 1816, avait prescrit au ministère public de veiller à l'observation scrupuleuse de la loi du 12 juin 1816. (*Recueil des circulaires du ministère de la justice*, n° 389).

Le gouvernement, voulant faciliter au ministère public son devoir de contrôle, a enjoint aux fonctionnaires de l'administration des finances de signaler aux parquets les notaires qui auraient reçu des actes de vente d'immeubles, sans avoir fait observer par les intéressés, ou sans avoir rempli eux-mêmes, les formalités prescrites par la loi du 12 juin 1816 et par l'arrêté royal du 12 septembre 1822 (1).

4. — Le ministère public peut-il interjeter appel des jugements autorisant la vente de biens immeubles dans lesquels sont intéressés des mineurs ?

Nous croyons que le ministère public a qualité pour appeler d'un jugement qu'il croirait préjudiciable aux intérêts des mineurs. En effet, il est, en vertu de la loi, le défenseur légal des mineurs, et il est chargé spécialement de la conservation de leurs intérêts dans les ventes de leurs biens immeubles. Il ne faut pas distinguer entre le cas où ces biens ne leur appartiennent qu'en partie et celui où ils leur appartiennent en entier (2).

Un arrêté du Roi Guillaume du 21 janvier 1827, non légalement publié à la vérité et par conséquent sans force, autorise le ministère public près des tribunaux de première instance à interjeter appel d'office de tous jugements rendus en matière de vente des biens des mineurs dans les cas où, dans leur opinion, ces jugements seraient en opposition avec les intérêts des mineurs ou contraires aux lois existantes (3).

---

(1) Circulaires du ministre des finances du 4 septembre 1829, et du 18 avril 1836. (*Recueil des circulaires du ministère de la justice*, 3ᵐᵉ série, t. 2, p. 35).

(2) Conf. ar. Bruxelles 27 juillet 1827 (*Pas.* à sa date). Voyez encore ar. Bruxelles 26 juin 1832 ; ar. Liége 25 juin 1832 (*Pas.* à leur date). ar. Bruxelles 19 juin 1861 (*Pas.* 1862, 2, 250 et la note). — Nous ne faisons qu'indiquer la solution qui, à notre avis, doit être donnée à cette question. Il ne rentre pas dans notre sujet d'en faire l'objet d'un examen spécial. — Consultez ALGLAVE : *Action du ministère public et théorie des droits d'ordre public en matière civile.*

(3) Voyez cet arrêté dans le *Recueil des circulaires du ministère de la justice* à sa date. — Voyez plus haut, p. 177, n° 15.

CHAPITRE XX.

De l'inscription d'office que doit prendre le conservateur des hypothèques, au moment de la transcription, des créances résultant de l'acte translatif de propriété, et de sa radiation.

1. — Aux termes de l'article 35 de la loi du 16 décembre 1851, le conservateur des hypothèques est tenu de faire d'*office* sur son registre, au moment de la transcription, l'inscription des créances résultant de l'acte translatif de propriété. Si donc le prix de vente n'a pas été payé par les acheteurs, le conservateur doit prendre une inscription d'office au bénéfice du vendeur. La loi lui en fait un devoir. Mais il peut en être *formellement* dispensé par le vendeur. (Article 36 de la loi hypothécaire.)

2. — Le tuteur pourrait-il, de son autorité privée, renoncer à une garantie si importante, et compromettre ainsi les droits immobiliers, la fortune même des mineurs, puisque, par cette renonciation, ils seraient déchus de leur privilége et même de l'action résolutoire inhérente à la vente, et qu'il ne leur resterait plus qu'une simple créance pouvant être garantie par une inscription hypothécaire n'ayant rang qu'à sa date?

Evidemment non, puisque le tuteur n'est qu'un simple administrateur. La dispense d'hypothèque constitue un acte de propriétaire; elle est une renonciation à un droit immobilier. Pour que le tuteur puisse dispenser le conservateur des hypothèques de prendre l'inscription d'office au profit de ses pupilles, il doit y être autorisé dans les formes voulues par la loi, c'est-à-dire qu'il doit produire une autorisation du conseil de famille homologuée par le tribunal (article 464 c. c.). On doit suivre ici les mêmes principes qu'en matière de radiation d'une inscription hypothécaire. Or les auteurs enseignent que le tuteur, pour pouvoir consentir à la radiation d'une inscription prise pour sûreté d'une créance de son pupille, dont il ne recevrait pas en même temps le remboursement, doit avoir obtenu l'autorisation du conseil de famille (1).

3. — Il en résulte que le tuteur ne pourrait se prévaloir de l'avis conforme du juge de paix pour dispenser valablement le conservateur des hypothèques de prendre l'inscription d'office au profit de ses pupilles (2).

4. — Si les capitaux ont été remboursés au tuteur, celui-ci a capacité pour autoriser, sans devoir recourir à aucune formalité, la radiation de l'inscription qui garantissait la créance(3). Toutefois avant de rayer l'inscription d'office prise au profit des mineurs lors de la transcription de l'acte de vente, le conservateur peut et doit même, dans l'intérêt de sa responsabilité, exiger la production du jugement dans lequel le tuteur prétend puiser le droit de vendre, de recevoir le prix, et par suite de consentir à cette radiation (4).

5. — Lorsque dans un jugement qui autorise la vente de biens appartenant à des mineurs, se trouve indiqué le mode d'emploi que doit faire le tuteur, des deniers pupillaires, (placement sur bonne hypothèque, versement à la caisse des consignations, etc.), le conservateur des hypothèques ne peut refuser la radiation de l'inscription d'office prise par lui sur les immeubles vendus, par le motif qu'il ne lui est pas justifié de l'emploi du prix conformément aux prescriptions du jugement. En effet, du moment que les acquéreurs ont versé le prix d'achat

(1) TROPLONG, t. 3, n° 378ᵇⁱˢ, p. 284.

(2) Turnhout 23 février 1859 (*Cloes* et *Bonj.*, t. 8, p. 305. *Monit. du not.*, t. 13, p. 643, n° 638 et les observations).

(3) *Cloes* et *Bonj.*, t. 12, p. 1233.

(4) Arrêt de la Cour de Cassation de Belgique du 19 décembre 1840 (*Pas.*, 1841, 1, 34 où se trouvent reproduites les conclusions du ministère public).

entre les mains du tuteur en présence du subrogé tuteur, ils sont valablement libérés. Les vendeurs mineurs n'ont plus aucun droit à faire valoir contre eux. Par conséquent, quoique le remploi des fonds payés au tuteur n'ait pas été exécuté par celui-ci, l'acquéreur est en droit de réclamer du conservateur des hypothèques la radiation de l'inscription prise d'office pour la conservation des droits des mineurs (1).

6. — C'est d'après ce principe que l'administration belge a décidé que lorsque le membre de la commission des hospices, investi, aux termes de la loi du 15 pluviôse an XIII, de la tutelle d'enfants admis dans un de leurs établissements, a fait vendre des immeubles appartenant à ses pupilles, le conservateur des hypothèques ne peut refuser de rayer l'inscription prise d'office contre l'acquéreur, par la raison qu'il ne serait pas justifié du dépôt de la partie disponible du prix, soit au mont de piété du lieu, soit à la caisse des consignations, conformément à l'article 6 de la dite loi (2).

7. — A notre avis, le conservateur des hypothèques pourrait exiger la preuve du paiement fait par l'acquéreur (3).

8. — Mais, dans le cas où le jugement imposerait aux acquéreurs l'obligation de veiller, soit directement, soit indirectement, au remploi du prix, le conservateur des hypothèques pourrait refuser la radiation de l'inscription prise d'office sur

(1) Conf. jugement du tribunal de Gand du 11 août 1869 (*Belg. jud.*, t. 29, p. 986); ar. de la Cour de Gand du 12 avril 1871 (*Pas.*, 1871, 2, 326); ar. de la Cour de Bruxelles du 6 juin 1872 (*Pas.*, 1872, 2, 230 ou *Belg. jud.*, t. 30, p. 801 où se trouvent reproduites les conclusions du ministère public (M. Van Berchem) ou *Monit. du not.*, t. 19, n° 932, p. 74). Contrà : Jugements du tribunal de Bruxelles du 26 juillet 1850 (*Monit. du not.*, t. 3, p. 146, n° 176); du 19 mars 1851 (*Pas.*, 1852, 2, 8) et du 30 janvier 1872 (*Pas.*, 1872, 3, 124 ou *Monit. du not.*, t. 26, p. 48, n° 1295).

(2) Décision du 27 mars 1855 (*Monit. du not.*, t. 9, p. 111, n° 415).

(3) Conf. article de l'avocat Buisson reproduit dans le *Moniteur du notariat*, t. 5, n° 234, p. 332. Voir encore *Monit. du not.*, t. 22, n° 1095, p. 120. Contrà : Arrêt de la Cour de la Haye du 11 mars 1829 (*Pas.* à sa date) et *Dictionnaire de l'Enregistrement*, v° Hypothèques, art. Radiation, n° 20.

les immeubles vendus, s'il ne lui est pas justifié de l'emploi
du prix conformément aux prescriptions du jugement (1).

9. — Dans le cas où le tribunal a accordé l'autorisation
de liciter des immeubles appartenant en tout ou en partie à
des mineurs, sous la condition que leurs parts dans le prix
resteraient, jusqu'à leur majorité, affectées par privilége sur les
immeubles vendus, le tuteur n'a pas capacité d'en recevoir le
paiement, sans autorisation de justice, car il n'est qu'un mandataire dont les pouvoirs sont circonscrits dans les limites qui
lui sont tracées par la loi ou par la justice. Il en résulte que,
dans ce cas, le tuteur ne peut consentir valablement, à la main-
levée de l'inscription d'office et que, s'il y a consenti, le conservateur des hypothèques doit refuser d'opérer la radiation
sous peine d'engager sa responsabilité envers le mineur (2).

10. — Lorsque le jugement autorisant la vente porte que
la part du prix revenant aux mineurs restera affectée par privilége entre les mains des adjudicataires ou jusqu'à autre disposition de justice, le conservateur des hypothèques doit prendre
l'inscription d'office prescrite par l'article 35 de la loi hypothécaire, sur tous les immeubles vendus, et il ne pourrait rayer
l'inscription prise sur tous les biens pour ne la laisser subsister
que sur un immeuble déterminé dont la valeur suffit, et au
delà, pour garantir le paiement de la part du mineur. Il
ne pourrait le faire qu'en vertu d'une autre disposition de
justice (3).

(1) Voyez conclusions de M. Van Berchem dans la *Belg. jud.*, t. 30,
p. 801. *Monit. du not.*, t. 19, n° 932, p. 74.

(2) Charleroi 25 mars 1851 (*Belg. jud.*, t. 15, p. 69 et la note ou *Cloes
et Bonj.*, t. 3, p. 480).

(3) Ar. Liége 26 février 1874 (*Monit. du not.*, t. 28, p. 106, n° 1406).

CHAPITRE XXI.

Action en nullité accordée aux mineurs pour non-observation, dans la vente de leurs immeubles, des formalités prescrites par la loi.

1. — Les ventes faites par le tuteur, au nom de son pupille, avec observation de toutes les formalités prescrites par la loi, sont pleinement valables. Il ne peut être question d'en demander la nullité. On n'annule pas les actes conformes à la loi.

2. — La vente faite par le tuteur, au nom de son pupille, dans la limite de ses pouvoirs, et avec observation de toutes les formalités que la loi prescrit, peut néanmoins causer un préjudice au pupille : celui-ci pourra-t-il agir en rescission pour cause de lésion ?

Nous nous rangeons à l'opinion de M. Laurent qui établit à toute évidence qu'il ne le peut pas (1). Elle est inattaquable, sauf au mineur à réclamer des dommages-intérêts si le tuteur n'a point agi avec les soins d'un bon père de famille.

3. — La vente des immeubles dans lesquels sont intéressés des mineurs, et qui se ferait sans l'observation des formalités ou de l'une des formalités prescrites par la loi du 12 juin 1816 et par l'article 457 c. c., est radicalement nulle, et non seulement rescindable. Elle donne lieu à une action en nullité, et non en rescission pour lésion (2).

---

(1) T. 16, p. 27, nᵒˢ 24 et suiv. Contrà : TOULLIER, MERLIN, TROPLONG, DEMANTE. — Nous ne faisons qu'indiquer la question. Elle ne rentre pas dans la matière que nous nous sommes proposé de traiter.

(2) LAURENT, t. 16, nᵒ 35, p. 46. DALLOZ, *Rép.*, vᵒ Minorité, nᵒ 549 et vᵒ Obligation, nᵒˢ 363 et 364. Cass. fr. 26 août 1807; Toulouse 8 mars 1808; Rouen 1ᵉʳ juillet 1813; Rennes 17 novembre 1836; Cass. fr. 16 janvier

4. — Cette vente est nulle sans qu'il y ait à distinguer si c'est le tuteur seul, ou le mineur seul, ou tous les deux, qui ont fait la vente (1).

5. — Il importe peu qu'il y ait lésion ou non (2).

6. — Cette vente n'est pas nulle de plein droit et d'une manière absolue, en ce sens qu'il faut la considérer comme n'ayant pas d'existence légale (3) : elle est seulement annulable (4).

7. — Du moment que le mineur ou le tuteur en demande la nullité, le juge doit la prononcer.

8. — Une vente faite sans les formalités prescrites par la loi du 12 juin 1816, n'est pas susceptible de ratification par le tuteur avec l'assentiment du conseil de famille. Il faudrait procéder à une nouvelle vente en observant les formes légales (5).

9. — La nullité de la vente ne peut être invoquée que par les mineurs ou par le tuteur, car c'est dans l'intérêt des mineurs que ces formalités ont été introduites (6).

10. — Un tuteur qui a vendu un immeuble appartenant à un

1837; Paris 18 mars 1839; Dijon 8 janvier 1845; (arrêts cités dans Dalloz, v° Obligation, n°⁸ 363, 364 et 368); Ar. Bruxelles 10 décembre 1860 (*Belg. jud.*, t. 19, p. 545); Cass. fr. 25 mars 1861 (*Journ. du pal.*, 1861, 1, 673).

(1) Dalloz, *Rép.*, v° Obligation, n°⁸ 363, 364 et 2892.

(2) Laurent, t. 16, n° 40, p. 53; Cass. fr. 16 janvier 1837, déjà cité; Cass. fr. 25 mars 1861 (*Monit. du not.*, t. 15, p. 214, n° 741). — Contra : Paris 6 février 1827 (Dalloz, *Rép.*, v° Minorité, n° 550).

(3) Ar. Bruxelles 2 avril 1831 (*Pas.*, à sa date).

(4) Laurent, t. 16, n° 36, p. 47. Dalloz, *Rép.*, v° Obligation, n° 369. Termonde 2 janvier 1863 (*Monit. du not.*, t. 17, p. 90, n° 830). — Consultez arrêt Liége 8 décembre 1836 (*Pas.* à sa date); ar. Bruxelles 21 nov. 1840 (*Pas.*, 1841, 2, 94).

(5) Contra : ar. Bruxelles 21 novembre 1840 (*Pas.*, 1841, 2, 94).

(6) Ar. Bruxelles 21 mai 1814 (*Pas.* à sa date); ar. Bruxelles 21 novembre 1840 (*Pas.*, 1841, 2, 94); ar. Gand 28 juillet 1855 (*Pas.*, 1858, 2. 108); Cass. belg. 25 mars 1861 (*Monit du not.* t. 15, p. 214); Audenarde 11 août 1869 (*Belg. jud.*, t. 27, p. 1294); Termonde 12 août 1869 (*Belg. jud.*, t. 28, p. 201 ou *Cloes* et *Bonj.*, t. 19. p. 358 où se trouvent reproduites mes conclusions).

mineur sans observer les formalités prescrites par la loi, peut provoquer lui-même la nullité de cette vente durant la minorité, bien qu'il ait promis de la faire ratifierpar le mineur devenu majeur (1).

11. — Les mineurs pourraient demander la nullité de la vente faite sans l'accomplissement des formalités, ou d'une des formalités prescrites par la loi, alors même que leur auteur leur aurait défendu de quéreller les acquéreurs sous aucun prétexte (2).

12. — Les colicitants majeurs ne pourraient pas demander la nullité de la vente faite sans l'accomplissement des formalités ou d'une des formalités prescrites par la loi. Cela résulte de l'article 1125 c. c, d'après lequel les personnes capables de s'engager ne peuvent opposer l'incapacité de celles avec lesquelles elles ont contracté. Ces dernières seules sont appelées à jouir de la protection de la loi (3).

13. — Mais les colicitants majeurs peuvent s'opposer à ce qu'il soit procédé d'une façon irrégulière. Du moment qu'ils s'aperçoivent que les formalités prescrites par les lois n'ont pas été observées, ils peuvent s'opposer à ce que la vente soit continuée, parce qu'ils ont un intérêt évident à ne pas voir les opérations de la vente exposées à une action en nullité (4).

14. — Les adjudicataires ne pourraient pas non plus se prévaloir de la nullité résultant de l'inobservation de l'une ou de l'autre formalité. Ils n'ont qu'à examiner, avant d'acquérir, si tout est en règle. S'ils n'ont pas fait cet examen, ou s'ils l'ont mal fait, ou si, après avoir reconnu des irrégularités, ils ont passé outre, rien ne peut les soustraire aux conséquences de

(1) Ar. Cass. fr. 21 décembre 1836.

(2) Toulouse 15 avril 1806 (DALLOZ, *Rép.*, v° Minorité, n° 540).

(3) DALLOZ, *Rép.*, v° Obligation, n°ˢ 370 et 2898, et v° Vente publique d'immeubles, n° 2021; Termonde 12 août 1869 (*Cloes et Bonj.*, t. 19, p. 358 ou *Belg. jud.*, t. 28, p. 201).

(4) Conclusions de l'avocat général Dumont, insérées dans la *Belg. jud.*, t. 32, p. 10 et ar. Gand 6 juin 1872 (*Pas.*, 1872, 2, 350).

leur témérité (1). C'est ce qui a été décidé par les Cours d'appel de Paris et d'Orléans le 25 mars 1831 et le 7 février 1871, alors qu'il s'agissait de la non-présence du subrogé tuteur à la vente (2).

15. — L'action en nullité d'une vente d'immeubles ayant appartenu à un mineur, faite sans les formalités de la loi du 12 juin 1816, est prescriptible par le laps de 10 ans à compter du jour de la majorité du mineur. C'est ce qui résulte de l'article 1304 c. c. (3).

16. — Cette action en nullité est prescriptible par le laps de 10 ans à compter du jour de la majorité du mineur, soit que le tuteur ait vendu le bien du mineur sans observer les formalités, soit que le mineur en ait lui-même fait la vente.

D'après l'adage : *factum tutoris, factum pupilli*, le cas où le tuteur agit en cette qualité, doit être assimilé à celui où le mineur lui-même serait intervenu à l'acte. Dans l'un et l'autre cas l'action se prescrit par 10 ans (4).

Dira-t-on que l'article 1304 § 3 parlant des actes faits par les mineurs n'est pas applicable aux actes faits par le tuteur; que, si par conséquent la vente a été faite par le mineur, l'action est prescriptible par 10 ans, mais que si la vente irrégulière a été faite par le tuteur, il faut appliquer le délai ordinaire de la prescription, c'est-à-dire 30 ans? Le texte de l'article 1304 § 3 semble donner raison à ceux qui font cette distinction, mais on est unanime aujourd'hui à considérer cet article comme démonstratif et non comme limitatif.

(1) Rapport du conseiller rapporteur Hardoin, inséré dans le *Monit. du not.*, t. 3, n° 164, p. 61.

(2) Voyez encore arrêt Paris 28 avril 1849 (*Monit. du not.*, t. 3, p. 61, n° 165). DALLOZ, v° Vente publique d'immeubles, n° 2021. CARRÉ, annoté par Chauveau, n° 3167, 2°. Contrà : Agen 10 janvier 1810.

(3) Ar. Bordeaux 27 juillet 1871 (DALLOZ, 1872, 2, 125).

(4) Ar. Liége 18 mai 1843 (*Belg. jud.*, t. 2, p. 104).

CHAPITRE XXII.

Les ventes des immeubles dans lesquels sont intéressés des mineurs ne peuvent être rescindées pour lésion de plus des sept douzièmes.

1. — L'article 1674 c. c. autorise le vendeur qui a été lésé de plus des sept douzièmes dans le prix d'un immeuble, de demander la rescission de la vente.

La rescission pour lésion de plus des sept douzièmes ne peut être demandée par les mineurs. La vente de leurs immeubles devant être faite en justice, il faut appliquer l'article 1684 c. c., qui affranchit de l'action en rescission « toutes ventes qui, d'après la loi, ne peuvent être faites que d'autorité de justice ».

La loi présume que dans ces ventes l'acheteur n'a pas pu abuser de la position des vendeurs, que ceux-ci ont été suffisamment protégés.

CHAPITRE XXIII.

Des honoraires auxquels ont droit les notaires pour les opérations de la vente des immeubles appartenant en tout ou en partie à des mineurs.

1. — Les honoraires dus aux notaires, pour les opérations de la vente des immeubles appartenant en tout ou en partie à des mineurs, sont réglés par l'article 172 du tarif du 16 février 1807, qui prévoit le cas où les tribunaux renvoient des ventes d'immeubles par devant notaires (1).

En vertu de cet article, les notaires peuvent réclamer les mêmes remises que celles que l'article 113 du tarif accorde aux avoués, en matière d'adjudication sur saisie immobilière, sauf une modification, à savoir, que sur le prix des biens adjugés en dessous de deux mille francs, les avoués ne peuvent réclamer aucune remise, tandis que les notaires peuvent demander 1 %.

Voici en effet ce que portent les articles 113 et 172 du tarif :

Article 113. « Indépendamment des émoluments ci-dessus fixés (pour vacations aux adjudications préparatoire et définitive), il sera alloué à l'avoué poursuivant, sur le prix des biens dont

<hr>

(1) Le décret de 1807 a force de loi. Ayant été inséré au bulletin officiel, on ne peut pas aujourd'hui soulever la question de savoir s'il est inconstitutionnel, sous prétexte que l'empereur d'alors, n'ayant pas le pouvoir législatif, n'a pu déroger à une loi existante, ni l'étendre. Il est généralement admis que ces décrets, émanés du chef de l'État, ont force de loi, dès qu'ils n'ont pas été attaqués du chef d'inconstitutionnalité devant le Sénat conservateur. (DALLOZ, v° Notaire, n° 489.)

l'adjudication sera faite au dessus de deux mille francs, savoir : depuis deux mille francs jusqu'à dix mille francs, un
pour cent ; sur la somme excédant dix mille francs jusqu'à
cinquante mille francs, un demi pour cent ; sur la somme excédant cinquante mille francs jusqu'à cent mille francs, un quart
pour cent ; et sur l'excédant de cent mille francs indéfiniment,
un huitième pour cent ».

Article 172. « Les remises accordées aux avoués sur les prix
des ventes d'immeubles, seront allouées aux notaires, dans le
cas où les tribunaux renverront des ventes d'immeubles par
devant eux, mais sans distinction de celles dont le prix n'excé-
dera pas deux mille francs ».

2. — Les remises ne sont pas les mêmes pour tous les
notaires. En effet, si l'on combine l'article 113 du tarif du
16 février 1807 pour la Cour d'appel de Paris et les tribunaux
de son ressort (premier décret), avec le troisième décret du
16 février 1807, on trouve que les notaires de Bruxelles doivent
recevoir la remise au taux fixé par l'article 113 § 1 (1) ; que
cette remise doit décroître d'un dixième pour les notaires
de Gand et de Liége (siége d'une cour d'appel), et pour les
notaires des villes dont la population excède 30,000 âmes (2) ;
et qu'elle doit décroître d'un quart pour tous autres notaires (3).

----

(1) Article 1 § 1 et 2 § 1 du troisième décret de 1807 combiné avec
les articles 113 et 172 du tarif.

(2) Article 2 § 2 du troisième décret de 1807 combiné avec les articles
113 et 172 du tarif.

(3) Article 2 § 3 du troisième décret de 1807 combiné avec les articles
172 et 113 § ult. du tarif ainsi conçu : Il ne sera passé que trois quarts
de la remise aux avoués des tribunaux de département.

3. — Voici un tableau indiquant les remises que peuvent exiger les différentes classes de notaires (1).

MONTANT DU PRIX DE LA VENTE.	REMISES. NOTAIRES DE BRUXELLES.	REMISES. NOTAIRES DE GAND ET DE LIÉGE ET DES VILLES AYANT PLUS DE 30.000 HABITANTS.	REMISES. TOUS AUTRES NOTAIRES.
fr. 100	fr. 1.00	fr. 0.90	fr. 0.75
500	5.00	4.50	3.75
1000	10.00	9.00	7.50
1100	11.00	9.90	8.25
1200	12.00	10.80	9.00
1300	13.00	11.70	9.75
1400	14.00	12.00	10.50
1500	15.00	13.50	11.25
2000	20.00	18.00	15.00
10.000	100.00	90.00	75.00
11.000	105.00	94.54	78.25
12.000	110.00	99.00	82.50
13.000	115.00	103.50	86.25
14.000	120.00	108.00	90.00
15.000	125.00	112.50	93.75
50.000	300.00	270.00	225.00
51.000	302.50	272.25	226.97 ¹/₂
100.000	425.00	382.50	312.75
101.000	426.25	383.62	319.73 ³/₄.

4. — En cas d'adjudication par lots des biens compris dans la même poursuite, la totalité du prix des lots est réunie pour fixer le montant de la remise (article 113 du tarif). Peu importe qu'ils aient été adjugés en différentes séances (2).

5. — S'il se trouve des fractions de cent francs, on les

(1) RUTGEERTS, *Commentaire sur la loi du 25 ventôse an XI*, t. 2, p. 846, n° 1125.

(2) ROLLAND DE VILLARGUES. *Dict. du not.*, v° Vente judiciaire, n° 157. Conf. Cass. fr., 10 mai 1858 (DALLOZ, 1858, 1, 402).

compte pour cent francs (1). La loi ne distinguant pas, n'exige pas non plus qu'on distingue.

6. — On calcule les remises en ajoutant au prix de la vente les charges qu'on doit considérer comme faisant partie du prix, par conséquent les charges pécuniaires et notamment celles de payer les frais (2).

7. — Quand les notaires doivent se transporter hors de leur résidence, leurs frais de voyage sont réglés par l'article 170 du tarif.

8. — Moyennant les remises indiquées plus haut, les notaires ne peuvent rien exiger, dit l'article 172 du tarif, « pour les minutes de leurs procès-verbaux de publication et d'adjudication. »

9. — Ils pourraient demander des honoraires pour l'expédition d'une seconde grosse ou d'une grosse par ampliation (3).

10. — Le législateur, en portant la loi du 12 juin 1816, avait voulu épargner aux mineurs les frais considérables qu'entraînaient avec elles les formalités prescrites par le code de procédure civile. Mais des notaires cherchèrent à éluder cette loi, et réclamèrent des honoraires que le législateur ne leur accorde pas. Des plaintes nombreuses furent adressées au Chef de l'État, qui chercha à remédier aux abus existants par son arrêté du 12 septembre 1822.

11. — Ainsi que la loi du 12 juin 1816, l'arrêté royal du 12 septembre 1822 est d'ordre public et d'intérêt général, et de même que les notaires ne peuvent enfreindre l'une sous le rapport des formalités qu'elle prescrit, ils ne peuvent enfreindre l'autre sous le rapport des honoraires qu'il détermine.

---

(1) Même auteur, loc. cit., n° 158.

(2) Même auteur, loc. cit., n° 159; RUTGEERTS, *Commentaire sur la loi du 25 ventôse an XI*, t. 1, p. 847, n° 1125.

(3) ROLLAND DE VILLARGUES, *Dict. du not.*, v° Vacation, n° 11.

12. — Par l'article 1 de son arrêté du 12 septembre 1822, le Roi Guillaume exige que les notaires se conforment exactement au tarif du 16 février 1807 dans la perception de leurs honoraires pour les ventes des immeubles appartenant aux mineurs. Ils ne peuvent déclarer, dit l'article, aucuns honoraires autres ou plus forts que ceux fixés au dit tarif (1).

Pour qu'il ne puisse y avoir aucun doute, l'article 2 ajoute qu'il n'est permis aux notaires, ni de porter au cahier des charges des ventes d'immeubles des mineurs aucunes clauses relatives à leurs honoraires qui seraient contraires au tarif de 1807 (2), ou de faire à ce sujet aucuns arrangements avec leurs tuteurs, ni de déclarer aucune rétribution ou retenue, soit du chef du recouvrement des sommes, soit du chef de toutes opérations ou diligences auxquelles il ne serait alloué aucune rétribution par ce même tarif. Ce que veut donc le législateur de 1822, c'est l'observation la plus sévère du tarif de 1807.

13. — Le ministre de la justice, ayant appris que le tarif de février 1807 n'était pas rigoureusement observé, a envoyé, le 25 janvier 1871, aux procureurs-généraux près les cours d'appel et aux procureurs du roi près les tribunaux de première instance la circulaire suivante :

« On me signale, dans les cahiers des charges relatifs aux
« ventes publiques de biens appartenant à des incapables,
« l'insertion au profit des notaires de stipulations d'honoraires
« ou de frais qui excèdent le taux du tarif du 16 février 1807.

« Pour éviter le renouvellement de ces faits, je crois utile de
« rappeler, que l'arrêté du 12 septembre 1822 enjoint aux
« notaires, de se conformer exactement à ce tarif de 1807,
« dans la perception de leurs honoraires, et notamment pour
« ce qui concerne les ventes des biens meubles et immeubles
« dépendant de successions auxquelles sont appelés des héri-
« tiers mineurs, interdits, bénéficiaires ou absents, etc., (arti-

(1) Voir article 151 du tarif.
(2) Voir article 129 du tarif.

« cle 1ᵉʳ). Les cahiers des charges des ventes d'immeubles dont
« il s'agit ne peuvent dès lors contenir aucune clause relative
« aux honoraires des notaires qui ne soit conforme au tarif
« susmentionné (article 2).

« Je vous prie de tenir la main à l'exécution de ces dispo-
« sitions. Veuillez aussi donner communication de la présente
« à MM. les notaires de votre ressort. »

« *Le Ministre de la Justice*,
(Signé) PROSPER CORNESSE » .

14. — Puisque les notaires doivent se conformer exactement au tarif du 16 février 1807, il en résulte qu'ils ne peuvent
stipuler, soit dans le cahier des charges et des conditions
de la vente, soit verbalement et lors de l'adjudication, que les
acheteurs paieront, pour tous frais et honoraires, un taux fixe
sur le produit de la vente : 10 %, 12 % par exemple (1).

15. — Pourrait-on stipuler dans les cahiers des charges et
des conditions d'une vente de biens indivis entre des mineurs
et des majeurs, que les frais de la vente seront, pour ce qui
concerne la part des mineurs, payés sur le pied du tarif de 1807,
tandis qu'ils s'élèveront à 8, 10 ou 12 % sur la part revenant
aux majeurs?

Nous croyons que non. Les tribunaux devraient, à notre
avis, rayer une pareille stipulation. Les articles 1 et 2 de l'arrêté
de 1822 sont généraux. Ils imposent d'une part l'obligation
de se conformer exactement au tarif, et défendent d'autre part
de porter dans le cahier des charges des clauses relatives aux
honoraires des notaires qui seraient contraires au tarif de 1807.
D'ailleurs, l'élévation des honoraires, relatifs à la quote-part
des majeurs, rejaillit sur le résultat total de la vente et se
trouve par conséquent également supportée par les incapables.
Qu'importe la différence qu'il y aura dans le taux des frais sti-
pulés pour les parts afférentes aux majeurs et aux mineurs : les

(1) Jug. Liége 17 juillet 1852 (*Cloes* et *Bonj.*, t. 2, p. 603).

acquéreurs ne poussant habituellement les enchères que jusqu'à concurrence du chiffre de l'évaluation du bien, diminué des frais accessoires, il est certain qu'une pareille clause doit faire éprouver un préjudice aux mineurs (1).

16. — Mais serait valable la clause d'un acte de vente publique d'immeubles portant, qu'indépendamment du prix d'adjudication, les adjudicataires paieront un tantième (10 % par exemple) du montant intégral de leur prix pour couvrir les frais de vente, l'excédant, s'il y en a, après taxation faite par le président du tribunal, revenant aux vendeurs.

Beaucoup de personnes désirent connaître d'avance à quel taux s'élèveront les frais de vente et n'enchériraient pas si le notaire ne faisait pas connaître le chiffre maximum auquel ils pourront s'élever.

Cette stipulation est donc faite dans l'intérêt des mineurs, et comme elle n'attribue pas aux notaires une somme supérieure à celle qui leur est due d'après le tarif pour leurs débours et honoraires, elle ne saurait être prohibée.

C'est à tort qu'on soutiendrait qu'elle est introduite pour éluder la loi, puisqu'elle définit clairement les droits du vendeur sur le surplus des 10 % non absorbés par les frais et honoraires, après qu'ils auront été taxés. Elle ne servirait à éluder la loi que si le notaire ne renseignait pas aux vendeurs les sommes perçues au delà des déboursés et des honoraires légalement dus; ce qu'il est toujours au pouvoir des vendeurs d'empêcher (2).

Cette doctrine n'est pas admise par la Cour de Cassation de France (3). L'adjudicataire n'a aucun intérêt à provoquer la taxe, dit-elle, et il se trouve ainsi payer pour les frais une somme plus considérable que celle à laquelle ceux-ci auraient dû régulièrement s'élever; cependant, en prévision de cette surélé-

(1) *Monit. du not.*, t. 14, p. 84, n° 672.

(2) Conf. jug. du tribunal de Luxembourg du 7 juillet 1858, confirmé par arrêt de la Cour supérieure de Luxembourg du 6 mai 1859 (*Monit. du not,*, t. 13, p 596, n° 632).

(3) Ar. Cass. fr. 7 avril 1875 (*Monit. du not.*, t. 29, p. 140, n° 1462).

vation de frais qui doit retomber sur lui, il peut être amené à restreindre le chiffre de son enchère.

Ce raisonnement serait décisif s'il n'y avait que l'adjudicataire qui pût réclamer la taxe; mais le vendeur peut aussi la demander. C'est même dans son intérêt qu'elle a été établie. De plus, les notaires peuvent être contraints par la justice à faire taxer leur état de frais.

17. — Les auteurs des *Annales du notariat*, t. 10, p. 140 et t. 12, p. 438 (1) enseignent, que lorsque le prix d'une adjudication est tellement modique (4 à 500 francs par exemple) que la remise ne s'élèverait presque à rien, le notaire peut renoncer à cette remise, pour s'en tenir à des vacations, en annonçant cette circonstance dans le cahier des charges.

Il est certain, en présence de l'arrêté royal de 1822 qui exige que les notaires se conforment exactement au tarif, qu'en Belgique cette opinion ne peut être admise.

18. — Les notaires peuvent-ils réclamer, dans les ventes par ordonnance de justice, un salaire pour les diligences, devoirs ou vacations qu'ils prétendraient avoir faits à l'occasion de ces ventes, mais antérieurement aux procès-verbaux d'adjudication; tels, par exemple, que les conférences qu'ils auraient eues avec les parties intéressées, l'examen qu'ils auraient fait des lieux et des titres de propriété, etc.?

La négative ne nous paraît pas douteuse.

En effet, quand la vente des biens des mineurs se faisait devant le tribunal, les avoués ne pouvaient réclamer d'autres honoraires que ceux qui leur étaient alloués par le tarif. C'est ce qui résulte des articles 129 et 151 du tarif, ainsi conçus :

Article 129. « Dans tous les cahiers des charges, il est expressément défendu d'y stipuler d'autres et plus grands droits au profit des avoués, que ceux énoncés au présent tarif; et s'il y est inséré quelque clause pour les exhausser, elle sera réputée non écrite. »

(1) Conf. Remy, p. 72.

Article 151. « Les avoués ne pourront exiger de plus forts droits que ceux énoncés au présent tarif, à peine de restitution, de dommages-intérêts et d'interdiction, s'il y a lieu. »

Or, les notaires ayant été substitués aux avoués par la loi du 12 juin 1816, il est évident que, quoique l'article 172 du tarif ne répète pas la prohibition des articles 129 et 151, ces dispositions sont applicables aux notaires.

De plus les articles 1 et 2 de l'arrêté royal de 1822 veulent non-seulement que les notaires se conforment pour les honoraires de leurs actes au tarif de 1807, mais ils défendent encore d'exiger une rétribution quelconque pour toute opération ou diligence non salariée par le tarif. Ainsi donc les notaires ne peuvent réclamer que les remises accordées par le tarif qui, dans la fixation des honoraires, a dû prendre en considération les peines que le notaire a dû se donner pour organiser la vente (1).

19. — On a cependant soutenu que les notaires peuvent réclamer, outre les remises, un salaire pour diligences, devoirs ou vacations qu'ils prétendraient avoir faits à l'occasion des ventes. L'article 3 de l'arrêté du 12 septembre 1822, dit-on, renvoie à l'article 173 du tarif, et ordonne que les déclarations formées par les notaires pour le prix des actes de leur ministère dans les cas ci-dessus énoncés, seront taxés par le président du tribunal, conformément au dit article 173; et on en conclut que l'article 173 est applicable à tous les actes du ministère des notaires, non spécialement tarifés, dans les ventes d'immeubles où sont intéressés des mineurs.

Mais il est à remarquer, que les articles 172 et 173 du tarif sont relatifs à des actes bien différents. L'article 172 du tarif s'occupe spécialement des honoraires dus aux notaires pour les adjudications qui se font par suite d'une ordonnance de justice, tandis que l'article 173 ne règle que les contrats volontaires.

____

(8) *Cloes et Bonj.*, t. 2, p. 593. Conf. Rutgeerts, *Commentaire sur la loi du 25 ventôse an XI*, t. 2, p. 848, n° 1132.

Tous les autres actes du ministère des notaires dit l'article 173, c'est-à-dire tous les actes autres que ceux dont le législateur venait de régler le salaire dans l'article 172, et il cite, comme exemples, les partages et les ventes volontaires. Pourquoi donc le législateur s'occuperait-il encore, dans l'article 173, des ventes ou partages qui sont faits par suite d'une ordonnance de justice, puisque le salaire de ces actes est réglé par les art. 171 et 172?

Comme le disent les rédacteurs de la *Jurisprudence des tribunaux de première instance*, t. 2, p. 593, pour qu'on puisse invoquer l'article 173, il faudrait que les mots : *tous autres actes....*, dont il se sert, fussent l'équivalent de vacations, opérations ou diligences; mais ici le mot *acte* doit être pris *pro subjecta materia*, c'est-à-dire pour l'*instrumentum* ou l'acte rédigé par le notaire, acte constatant les conventions des parties et devant être soumis au président lorsqu'il procède à la taxe (1).

Il est vrai, ajoutent-ils, que l'article 3 de l'arrêté de 1822 renvoie à l'article 173 du tarif, mais en induisant de ce renvoi que le législateur a voulu, qu'outre la remise, on accordât d'autres salaires aux notaires, on donne à cette disposition une portée qu'elle n'a pas.

En le lisant attentivement, on reste convaincu que l'auteur de l'arrêté n'a voulu qu'ajouter la nécessité de cette taxe à ce qui était exigé par le tarif. L'article 3 a étendu aux frais d'adjudication le droit de les taxer, droit qu'il a attribué au président, et que l'article 173 du tarif n'accordait à ce magistrat que pour *tous autres actes* et non pour ceux de l'article 172. Aussi l'art. 3 de l'arrêté de 1822 ne parle que des frais d'adjudication.

Voici la disposition finale de cet article : « Et il sera stipulé au cahier des charges et conditions de vente que, pour autant que les frais d'adjudication sont à la charge de l'acquéreur, ils seront acquittés au taux qui sera réglé de la manière sus-indiquée ».

(9) *Pas. belge*, 1855, 1, 92.

Ces dernières expressions ne veulent rien dire d'autre, si ce n'est que les frais d'adjudication seront payés suivant la taxe qui en sera faite par le président, d'après le § 1er du dit article, et, dans sa taxe, ce magistrat devra prendre pour règle la disposition de l'article 2 du dit arrêté.

Enfin comprendrait-on, que lorsque l'article 172 du tarif ajoute *in fine*, que les notaires ne peuvent rien exiger pour les procès-verbaux de publication et d'adjudication, ils pourraient déclarer d'autres diligences? Il découle évidemment de la rédaction de cet article, que le législateur a voulu limiter les honoraires des notaires aux remises accordées aux avoués sur les prix des ventes d'immeubles.

Mais, objecte-on, à quoi bon soumettre à la taxe des honoraires qui sont spécialement déterminés par la loi? La réponse est bien simple. Le législateur a voulu empêcher, qu'à côté de la remise accordée par la loi, on ne fît figurer dans l'état soumis à la taxe, d'autres honoraires auxquels le notaire n'a aucun droit. Les déboursés doivent même être soumis à la taxe (1).

20. — Le notaire a-t-il le droit, de réclamer des honoraires pour la rédaction du cahier des charges concernant la vente d'immeubles appartenant en tout ou en partie à des mineurs?

Cette question ne peut se présenter que lorsque le cahier des charges n'a pas été joint à la demande en autorisation de vendre. Car, s'il y a été joint, c'est l'avoué qui a présenté la requête qui le rédige habituellement ou qui est du moins censé le rédiger (2). C'est lui par conséquent qui a droit aux émoluments (articles 128 et 129 du tarif).

(1) *Cloes* et *Bonj.*, t. 2, p. 593. Louvain 13 novembre 1853. (*Belg. jud.*, t. 12, p. 94.) Jugement du tribunal de Louvain du 24 nov. 1853, confirmé par arrêt de la Cour de cassation du 25 janvier 1855 (*Monit. du not.*, t. 8, p. 34, n° 353 et t. 9, p. 57, n° 408 ou *Pas.*, 1855, 1, 92).

Le jugement du tribunal de Louvain du 24 novembre 1853 a été l'objet d'une critique dans un rapport fait par M. le notaire Broustin au nom de la chambre des notaires de Bruxelles (*Belg. jud.*, t. 12, p. 209).

(2) Voir plus haut page 105, n° 11.

21. — Mais il se peut que le cahier des charges n'ait pas été joint à la demande en autorisation de vendre, et que sa production n'ait pas été ordonnée par le tribunal.

Dans ce cas, il est dressé par le notaire ou par les parties (1).

Le notaire peut-il, pour avoir rédigé ce cahier des charges, réclamer des honoraires ?

La question est douteuse. Nous croyons cependant qu'il y a lieu d'adopter l'affirmative.

Sous l'empire du code de procédure, le cahier des charges était toujours rédigé par l'avoué poursuivant la licitation, et ce dernier était salarié pour cet acte (articles 128 et 129 du tarif). Aujourd'hui, en vertu de la loi de 1816 et de l'arrêté royal de 1822, il est quelquefois rédigé par le notaire commis par le tribunal pour la vente des immeubles des mineurs. Or, toute peine méritant salaire, il semble que le notaire, qui a été substitué à l'avoué, a droit, comme ce dernier, à des honoraires.

On objecte que l'article 172 du tarif du 16 février 1807 n'accorde aux notaires qu'une remise sur le prix de vente, et qu'il leur défend d'exiger un salaire pour les minutes de leurs procès-verbaux de publication et d'adjudication. Il faut en inférer, dit-on, qu'il ne leur est rien dû pour la rédaction du cahier des charges. Mais, puisque le notaire était, à l'époque où a été fait le tarif, complètement étranger à cette rédaction, l'article 172 ne pouvait s'occuper de ce point, et le législateur de 1807 ne pouvait exprimer ses intentions sur la rémunération qui lui serait due de ce chef. On peut même affirmer, croyons nous, que puisqu'il accordait un salaire aux avoués pour cette rédaction, il eût accordé un salaire aux notaires s'il la leur avait imposée.

On peut, nous semble-t-il, invoquer en faveur des notaires le silence gardé sur ce point par le législateur de 1816. Puisqu'il met à la charge de ceux-ci une charge imposée auparavant aux avoués, il est tout naturel qu'ils puissent réclamer les émoluments qui y étaient attachés. *Ubi onus, ibi emolumentum.* S'il

(1) Voyez plus haut, chap. XIII, n° 11.

14

avait voulu refuser ce salaire aux notaires qu'il a substitués aux avoués, il aurait dû le dire. Or, c'est ce qu'il n'a pas fait.

Nous devons cependant l'avouer, la question est douteuse, surtout en présence des termes de l'article 2 de l'arrêté royal de 1822. Mais nous dirons avec les rédacteurs de la *Jurisprudence des tribunaux de première instance :*

« Dans le doute il faut même, en interprétant les lois d'ordre
« public, se prononcer pour le parti le plus équitable. D'ailleurs,
« si l'on voulait rigoureusement interpréter le tarif, il s'en
« suivrait que le notaire ne pourrait même réclamer ses dé-
« boursés, puisqu'on dirait qu'il en est remboursé par la remise
« que la loi lui accorde sur le prix de l'adjudication, ce qui
« serait consacrer une injustice (1). »

22. — Pour les mêmes motifs, nous estimons que les notaires peuvent réclamer des honoraires pour les affiches et les insertions dans les journaux : le tarif de 1807 accordant des émoluments de ce chef aux avoués (article 128) (2).

23. — L'accomplissement des formalités d'affiches et d'insertions dans les journaux doit être mentionné sur la minute de l'adjudication. De ce chef, il n'est rien dû au notaire. Il en serait de même s'il dressait un procès-verbal séparé, pour constater le fait des affiches et des insertions dans les journaux, puisque ce procès-verbal ferait partie de la minute de l'adjudication (3).

24. — Le notaire pourrait-il, outre les frais et honoraires, stipuler en sa faveur un tantième de recette sur le prix de vente des biens appartenant en tout ou en partie à des mineurs?

Non : l'article 2 de l'arrêté royal du 12 septembre 1822 est

---

(1) *Cloes* et *Bonj.*, t. 1, p. 103 et t. 2, p. 596. En France la loi du 2 juin 1841 a révisé le titre relatif à la vente des biens appartenant en tout ou en partie à des mineurs. Une ordonnance du 10 octobre 1841, portée en exécution de la loi précitée, et tarifant tous les actes relatifs à ces ventes, accorde un honoraire au notaire qui rédige le cahier des charges (article 14), et en outre une remise sur le prix de l'adjudication.

(2) *Cloes* et *Bonj.*, t. 2, p. 597. — Voir plus haut chap. XII, n° 2.

(3) *Cloes* et *Bonj.*, t. 2, p. 597.

formel. Il défend d'une façon absolue la perception d'un droit de recette (1).

25. — Pourrait-il au moins percevoir ce tantième sur la portion du prix revenant aux majeurs?

La Cour de Liége a décidé l'affirmative (2), en se fondant sur ce que ce tantième (5 % par exemple) lui est alloué pour l'accomplissement d'un mandat qui n'est pas un acte du ministère du notaire, et sur ce qu'il n'y a pas lieu par conséquent dans ce cas d'invoquer le tarif du 16 février 1807 ainsi que l'arrêté du 12 septembre 1822.

Nous ne pouvons nous rallier à l'opinion de la Cour de Liége, car, comme le disent les rédacteurs de la *Belgique judiciaire* (3), ce tantième est pris en considération par l'acquéreur pour établir son offre, et constitue vis-à-vis de lui un élément du prix qu'il paie. Or, l'adjudicataire, sans cette clause, offrira évidemment plus que si aucun denier de recette n'était stipulé, et le mineur supporte la différence dans la mesure de sa copropriété. D'ailleurs, la prohibition portée par l'article 2 de l'arrêté de 1822 est absolue. Les tribunaux doivent donc rayer du cahier des charges de la vente, la clause qui permettrait au notaire de percevoir un tantième sur la portion du prix revenant aux majeurs (4).

26. — L'article 3 de l'arrêté royal de 1822 veut que les notaires fassent taxer par le président du tribunal les déclarations formées par eux pour le prix des actes de leur ministère, en cas de vente de biens appartenant en tout ou en partie à des mineurs. C'est une mesure destinée à assurer l'exécution du tarif de 1807, à prévenir les abus, ainsi qu'à sauvegarder les droits de ceux qui sont intéressés à la vente.

(1) Ar. Bruxelles 11 janvier 1847 (*Pas.*, 1848, 2, 343).

(2) Ar. du 2 juillet 1859 (*Pas.*, 1860, 2, 417 ou *Cloes* et *Bonj.*, t. 8, p. 1039, t. 9, p. 987 ou *Belg. jud.*, t. 18 p. 165).

(3) T. 18, p. 168. Conf. RUTGEERTS, *Commentaire sur la loi du 25 ventôse, an XI*, t. 2, p. 848, n° 1131.

(4) Namur 15 décembre 1859 (*Monit. du not.*, t. 14, p. 139, n° 679). Voir encore *Monit. du not.*, t. 14, p. 82, n° 872.

27. — Dans le but, sans doute, d'empêcher cette disposition d'être perdue de vue, le même article prescrit l'obligation de stipuler dans le cahier des charges et conditions des ventes que « pour autant que les frais de l'adjudication sont à la « charge de l'acquéreur, ils seront acquittés par lui au taux « réglé par le président du tribunal conformément au tarif du « 16 février 1807 ».

28. — La taxe est obligatoire; le notaire ne peut s'y sous-traire. Quand il a procédé à une vente de biens immeubles appartenant en tout ou en partie à des mineurs, la loi lui impose le devoir de faire *toujours* taxer son état. Ce serait une erreur de soutenir que l'état du notaire ne doit être soumis à la taxe qu'en cas de contestation. « L'arrêté royal du 12 septembre 1822 ne fait pas de distinction, dit M. Mesdach de Ter Kiele; la taxe est obligatoire dans tous les cas. Commis à la vente par l'autorité de la justice, le notaire devient un vrai comptable soumis, pour la reddition de ses comptes, à la juridiction du juge qui l'a nommé (art. 527, c. proc. c.) (1) ».

29. — Un acheteur qui aurait volontairement et sans protes-tation payé ce qui lui était réclamé par le notaire, peut toujours postérieurement demander la taxe du compte du notaire instru-mentant.

30. — Les vendeurs ont également le droit de réclamer la taxe après que les acheteurs ont payé.

31. — Ce sont les vendeurs qui ont droit aux sommes indû-ment payées, à la différence entre le taux des frais fixés dans le cahier des charges et le taux des frais taxés par le président, car les acheteurs ont pris en considération, pour fixer leur prix, le total des frais qui pouvaient être réclamés. Les amateurs auraient offert une somme plus forte, si les frais n'avaient pas été si élevés. Il est donc tout juste que les vendeurs aient droit à la

(1) Circulaire de M. Mesdach de Ter Kiele en date du 9 février 1871. A cette époque ce magistrat était procureur-général à Bruxelles. (Appen-dice n° V). Circulaire du ministre de la justice du 28 décembre 1833.

différence entre le taux des frais fixés dans le cahier des charges et le taux des frais taxés par le président. Cette différence doit se confondre avec le prix de la vente (1).

32. — C'est le président du tribunal de l'arrondissement dans lequel réside le notaire qui est compétent pour procéder à la taxe : cela résulte de l'article 173 du tarif.

L'article 51 de la loi du 25 ventôse an **XI** attribuait également le droit de taxer au président du tribunal civil de la résidence du notaire.

33. — Le président du tribunal a le droit de réduire les honoraires réclamés par le notaire, quand ils excèdent le taux fixé par le tarif.

34. — Le tribunal de Furnes a décidé (2) qu'un tribunal, en autorisant une vente d'immeubles appartenant par indivis à des majeurs et à des mineurs, dans un autre arrondissement judiciaire que celui de l'ouverture de la succession (article 5 de la loi du 12 juin 1816), peut statuer que les frais de la vente seront taxés par le président du tribunal qui a rendu le jugement.

Nous ne pouvons partager l'opinion du tribunal de Furnes, car tout ce qui concerne la compétence est d'ordre public.

Pour que les tribunaux puissent désigner à l'effet de procéder à la taxe, un autre magistrat que celui dont la compétence est fixée par la loi, il faudrait évidemment qu'une disposition légale leur accorde ce droit. Or, cette disposition n'existe pas (3).

---

(1) Conf. Dinant 6 mai 1857 (*Monit. du not.*, t. 14, n° 672, p. 82); Namur 7 et 19 mars 1859 ; Nivelles 29 décembre 1859 (*Cloes et Bonj.*, t. 8, p. 879, 1022 et 1024); arrêt Paris 30 janvier 1870, 1re et 2e chambres réunies (*Monit. du not.*, t. 14, p. 60, n° 689); ar. Orléans 10 juin 1864 (*Monit. du not.*, t. 19, p. 75, n° 932). Contrà, Bruxelles 27 avril 1859 (*Cloes et Bonj.*, t. 8, p. 135). Consultez *Monit. du not.*, t. 11, p. 198, n° 530.

(2) Jug. du 14 décembre 1867 (*Belg. jud.*, t. 26, p. 1311).

(3) Dans l'espèce soumise au tribunal de Furnes, le notaire instrumentant, malgré le jugement qui prescrivait que les frais de la vente seraient taxés par le président du tribunal qui avait rendu le jugement, avait soumis son état à la taxe du président du tribunal de l'arrondissement dans lequel il avait sa résidence. Ce magistrat l'avait taxé, et les vendeurs

35. — Les procureurs-généraux et les procureurs du roi ont pour devoir de veiller à ce que les notaires se conforment exactement au tarif de 1807 pour la perception de leurs honoraires, et soumettent leur état à la taxe du président (article 6 de l'arrêté de 1822) (1). Ils doivent requérir contre eux des peines disciplinaires, leur suspension ou leur destitution même, s'ils demandent des honoraires plus forts que ceux alloués par le tarif de 1807 ou s'ils ne soumettent pas leur état à la taxe (art. 7 de l'arrêté de 1822) (2).

36. — La Cour d'appel de Bruxelles a décidé qu'il y a infraction aux premiers devoirs du notaire, lorsque celui-ci, outre les frais et honoraires, stipule en sa faveur un vingtième, pour tantième de recettes, sur le prix de vente d'immeubles appartenant en tout ou en partie à des mineurs.

Il importerait peu qu'il allègue pour justifier semblable exigence, qu'il n'aurait fait frapper ce droit que sur la part des biens appartenant aux majeurs, parce que la prohibition inscrite dans l'article 2 de l'arrêté du 12 septembre 1822 est absolue, et qu'il est incontestable que l'augmentation des frais exerce son influence sur tout le prix de vente, et affecte ainsi en réalité la part des mineurs (3).

37. — On trouvera encore dans les décisions judiciaires suivantes, des exemples de peines disciplinaires prononcées

en avaient admis la taxe. Le tribunal de Furnes a décidé que, bien que la taxe fût irrégulière, l'état des frais, tel qu'il avait été fixé, devait rester debout et ne pouvait être réduit par le tribunal qui avait ordonné la vente.

(1) Nous renvoyons à l'appendice n° V de notre traité, où l'on trouvera dans la circulaire de M. Mesdach de Ter Kiele une excellente mesure prescrite par ce magistrat dans les parquets du ressort de la Cour d'appel de Bruxelles, aux fins de permettre au ministère public de s'acquitter d'une façon efficace de ce devoir de contrôle. Nous voudrions la voir adopter dans tous les parquets du pays.

(2) Voir plus loin n° 39.

(3) Ar. Bruxelles 11 janvier 1847 (*Pas.*, 1848, 2, 243). Consultez encore ar. Bruxelles 13 juin 1871 (*Belg. jud.*, t. 29, p. 1315). Voir plus haut n° 25 de ce chapitre.

par les tribunaux contre des notaires qui avaient perçu, pour des ventes d'immeubles appartenant en tout ou en partie à des mineurs, des honoraires supérieurs au taux fixé par le tarif du 16 février 1807 : jug. Louvain 13 novembre 1851 ; Cass. belge 25 janvier 1855 (1); ar. Bruxelles 2 janvier 1856 (2); jug. Namur 18 mars 1857 (3).

38. — Il suffit qu'un notaire ait réclamé des honoraires plus élevés que ceux alloués par le tarif, pour qu'il puisse encourir une peine disciplinaire (4).

39. — Nous estimons que le notaire qui exige, ou reçoit au delà de ce qui lui est dû pour ses honoraires, peut être poursuivi comme concussionnaire aux termes de l'article 243 du code pénal.

Cet article est général, et ne distingue pas. « *Tous fonctionnaires ou officiers publics*, dit-il ». Il n'y a donc pas de motif de ne pas y comprendre les notaires. Il punit tous les fonctionnaires ou officiers publics qui touchent un salaire excédant celui qui leur est dû (5).

---

(1) *Cloes* et *Bonj.*, t. 2, p. 586, t. 3, p. 978 ou *Pas.*, 1855, 1, 92.

(2) *Pas.*, 1856, 2, 401.

(3) *Cloes* et *Bonj.*, t. 6, p. 473.

(4) Cass. belge 25 janvier 1855 (*Cloes* et *Bonj.*, t. 3. p. 978). Charleroi 27 novembre 1855 (*Belg, jud.*, t. 14, p. 204 ou *Monit. du not.*, t. 10, p. 10, n° 455).

(5) Conf. Cass. fr. 15 mars 1821 ; DALLOZ, v° Forfaiture, n° 67. — Contrà CHAUVEAU et HÉLIE, n°ˢ 1793-1795.

CHAPITRE XXIV.

Émoluments des juges de paix et de leurs greffiers pour leur intervention dans les ventes'd'immeubles appartenant en tout ou en partie à des mineurs.

1. — L'article 6 de la loi du 12 juin 1816 règle les émoluments des juges de paix et de leurs greffiers pour leur assistance à la vente d'immeubles appartenant en tout ou en partie à des mineurs. « Il leur est dû, dit cet article, pour chaque lot mis en vente, une vacation *sans plus*, d'après le tarif établi pour l'apposition et la levée des scellés (article 1er du tarif du 16 février 1807). Mais cependant s'il est mis en vente plus de cinq lots provenant de la *même succession*, ils ne prendront qu'une demi-vacation pour chaque lot excédant le nombre de cinq.

2. — L'article 1er du décret du 16 février 1807 dispose comme suit : « Il est accordé aux juges de paix, pour chaque vacation d'apposition, reconnaissance, et levée des scellés, qui sera de trois heures au moins :

A Paris. . . . . fr. 5-00
Dans les villes où il n'y a qu'un tribunal de première instance . . . . » 3-75
Dans les autres villes et cantons ruraux . . . . » 2-50

3. — De la combinaison de l'article 1er du tarif pour la Cour d'appel de Paris et les tribunaux de son ressort (premier décret du 16 février 1807), avec le troisième décret de 1807, il résulte que les juges de paix de Bruxelles ont droit pour une vacation à la somme la plus élevée fixée par l'article 1er du tarif (1), que les juges de paix de Gand et de Liége et des villes dont la population excède 30,000 habitants n'ont droit pour une vacation qu'aux neuf dixièmes de cette somme (2), que les juges de paix des villes où il y a des tribunaux de première instance (à l'exception de ceux de Gand et de Liége et de ceux des villes où il y a une population de plus de 30,000 âmes) n'ont droit pour une vacation qu'aux trois quarts de cette somme (3), et que tous autres juges de paix n'ont droit pour une vacation qu'à la moitié de cette somme (4).

De là suit que, pour *une vacation* :

1° les juges de paix de Bruxelles ont droit à . . fr. 5-00

2° les juges de paix de Gand, de Liége et des villes d'une population excédant 30,000 âmes ont droit à . . . . » 4-50

3° les juges de paix des villes où il y a un tribunal de première instance ont droit à . . . . » 3-75

4° tous autres juges de paix ont droit à . . . » 2-50

4. — Si donc cinq lots provenant de la même succession sont mis en vente, les juges de paix ont droit à 5×5, ou $4,50 \times 5$, ou $3,75 \times 5$, ou $2\text{-}50 \times 5$, c'est-à-dire à fr. 25 ou fr. 22-50 ou fr. 18-75 ou fr. 12,50 d'après les distinctions faites plus haut.

5. — Si dix lots provenant de la même succession sont mis en vente, les juges de paix ont droit d'abord (5) à cinq vacations soit fr. 25 ou fr. 22,52 ou fr. 18,75 ou fr. 12-50 d'après les distinctions faites plus haut, et ensuite à cinq demi-vacations, soit à 5 fois $\frac{5}{2}$ ou $\frac{4\text{-}50}{2}$ ou $\frac{3\text{-}75}{2}$ ou $\frac{2\text{-}50}{2}$ d'après les mêmes distinctions, c'est-à-dire fr. 12-50 ou fr. 11-25 ou fr. 9-37 ou fr. 6-25.

(1) Article 2 § 1 du troisième décret du 16 février 1807 combiné avec article 1er du premier décret du 16 février 1807.

(2) Article 2 § 2 du troisième décret du 16 février 1807 combiné avec article 1er du premier décret de la même date.

(3) Article 3 du troisième décret du 16 février 1807, combiné avec article 1er du premier décret de la même date.

(4) Idem que note 3.

(5) Voir article 6 de la loi du 12 juin 1816.

Pour les dix lots, les juges de paix ont donc droit à fr. 37-50 ou fr. 33-75 ou fr. 28-62 ou fr. 18-75 d'après les distinctions faites au n° 3 de ce chapitre.

6. — Il faut faire attention à la phrase employée dans l'article 6 de la loi du 12 juin 1816. « S'il est mis en vente, dit cet article, plus de cinq lots *provenant de la même succession*, les juges de paix ne prendront qu'une demi-vacation pour chaque lot excédant le nombre de cinq. »

Si donc dix lots sont mis en vente, et que cinq lots proviennent d'une succession, et que les cinq autres lots proviennent d'une autre succession, les juges de paix peuvent compter dix vacations entières. Ce n'est que dans le cas où il y a plus de cinq lots provenant de la même succession, que l'article 6 de la loi du 12 juin 1816 ne leur permet de prendre qu'une demi-vacation pour chaque lot excédant le nombre de cinq.

7. — Les greffiers ont droit aux deux tiers des vacations que peuvent réclamer leurs juges de paix (article 16 du tarif du 16 février 1807).

8. — Le juge de paix et son greffier ont droit à une indemnité de transport, lorsque la vente ne se fait pas au chef-lieu du canton (article 3 du décret du 16 février 1807) (1).

9. — Les émoluments du juge de paix et de son greffier demeurent les mêmes quelque soit le nombre de séances auxquelles ils ont assisté. Il y aurait eu trois séances que ces magistrats ne pourraient compter qu'une seule vacation. Ainsi le veut la loi qui dit qu'il leur est alloué pour chaque lot mis en vente une vacation *sans plus*. Cette interprétation du texte de l'article 6 de la loi du 12 juin 1816 est conforme à la pensée du législateur : il a voulu limiter les frais qu'engendrait la vente des immeubles des mineurs.

En 1816, comme aujourd'hui, dans une notable partie des Pays-Bas, les ventes publiques comprenaient deux séances,

(1) Voyez circulaire déjà citée de M. Mesdach de Ter Kiele (appendice n° V). Contrà : FONS, *Les tarifs en matière civile*, p. 12.

l'une préparatoire, l'autre définitive. et certes, si le législateur avait entendu que ces magistrats eussent autant de vacations par lots qu'il y a eu de séances consacrées à la vente, il n'aurait pas négligé de le dire.

C'est donc un abus que de porter en compte autant de vacations qu'il y a eu de lots exposés en vente, en multipliant ce nombre par celui des séances (1).

Dans le *Moniteur du notariat*, t. 12, p. 121, n° 573, un juge de paix combat ce système. Les arguments invoqués par ce magistrat s'adressent au législateur : ils pourraient être pris en considération s'il s'agissait d'apporter des modifications à la loi, mais ils ne sont pas de nature à modifier notre opinion quant à l'interprétation de celle-ci.

Les juges de paix qui comptent plus d'une vacation par lot, violent non-seulement le texte de la loi de 1816, mais aussi son esprit, car, comme nous venons de le dire, elle a eu pour but de limiter les frais qui peuvent résulter de la vente des immeubles des mineurs.

Nous pouvons invoquer à l'appui de notre opinion la circulaire de M. Mesdach de Ter Kiele en date du 9 février 1871 (2).

10. — D'après ce savant magistrat (3), le juge de paix ne doit pas assister à l'adjudication préparatoire. Nous hésitons à partager cet avis, car il n'y a rien dans la loi qui prouve qu'il peut s'en abstenir. Il convient, croyons-nous, dans l'intérêt des mineurs, que le juge de paix assiste à la séance provisoire. Nous craignons, en effet, que bien des personnes, pour ne pas être exposées éventuellement à une action en nullité, n'oseront pas acquérir les immeubles des mineurs si ce magistrat n'est pas présent à l'adjudication préparatoire.

---

(1) *Cloes* et *Bonj.*, t. 14, p. 1046. *Monit. du not.*, t. 12, **p.** 89, n° 569. Jug. du président du tribunal de Bruxelles rendu en son audience des référés (*Belg. jud.*, t. 1, p. 1285).

(2) Voyez cette circulaire, appendice n° V.

(3) Même circulaire.

11. — Il importe peu que l'assistance du juge de paix et du greffier, à la vente des immeubles des mineurs, ait été de courte ou de longue durée. Les émoluments sont toujours les mêmes.

Le législateur a adopté une base simple et invariable. Il n'a pas voulu de compte. De cette façon l'acheteur sait d'avance ce qu'il aura à payer pour les frais.

12. — Si des immeubles avaient été compris par erreur dans une adjudication de biens appartenant à des mineurs, et qu'ils en soient distraits ultérieurement par jugement ou autrement, les émoluments que le juge de paix et le greffier ont perçu pour les lots erronément compris dans l'adjudication, ne sont pas sujets à restitution, car tout droit régulièrement perçu n'est pas restituable (1).

13. — Une vacation est-elle due au juge de paix pour l'examen du cahier des charges dressé pour la vente des immeubles des mineurs, examen qui lui est imposé par l'article 5 de l'arrêté royal de 1822?

Cloes soutient que non, et nous sommes d'avis qu'il a raison : aucun article, soit du tarif de 1807, soit de la loi du 12 juin 1816, soit de l'arrêté de 1822, n'accordant, de ce chef, un salaire au juge de paix, et en principe un fonctionnaire public ne pouvant réclamer de salaires que dans les cas déterminés par les lois et par les règlements. Ce qu'un fonctionnaire fait en exécution de ses devoirs est rétribué par les appointements qu'il reçoit du gouvernement; par exception seulement, la loi lui accorde un salaire pour certains actes. Il en résulte que, pour réclamer le bénéfice d'une pareille exception, il faut que le juge de paix puisse invoquer une disposition expresse de la loi. Or, dans notre espèce, la loi impose à ce magistrat l'obligation de prendre connaissance du cahier des charges (art. 5 de l'arrêté royal du 12 septembre 1822); elle lui fait un devoir d'examiner s'il ne contient aucune clause contraire à la loi. Mais c'est en sa qualité

(1) Comparez ar. Cass. fr. du 6 novembre 1860 qui le décide ainsi pour le droit de vente perçu sur la portion du prix restitué.

de fonctionnaire public qu'il doit faire cet examen, car, aucun salaire ne lui est alloué de ce chef par le législateur : celui-ci a estimé sans doute qu'il était suffisamment rétribué dans le sens de la loi, des peines que cet examen lui occasionne, par les vacations auxquelles il a droit pour sa présence à la vente (1).

On avait objecté à Cloes que le traitement dont les juges de paix jouissent, leur est accordé exclusivement pour les soins que nécessite leur juridiction contentieuse, et non pour ceux qui leur incombent à raison de leur juridiction gracieuse. Voici comment le savant magistrat, que la mort vient tout récemment d'enlever à la science, repousse cette objection :

« S'il en était ainsi, dit-il, aucun salaire ne devrait leur être « attribué lorsqu'ils exercent leur juridiction contentieuse. Ce- « pendant le tarif leur en accorde en cette matière, notamment « lorsque ces fonctionnaires sont obligés de se déplacer, soit à « l'effet de visiter les lieux contentieux, soit à l'effet d'entendre « des témoins (article 8). Cet argument pèche donc par sa base. « La loi a eu soin de rétribuer en outre, non-seulement les actes « qui tiennent à la juridiction gracieuse ou contentieuse, mais « encore d'autres actes qui ne tombent ni sous l'une ni sous « l'autre juridiction, mais qui tiennent à des attributions spécia- « les qui sont conférées par la loi aux juges de paix, comme les « actes de notoriété, les conseils de famille, ce qui nous con- « firme dans l'opinion que, hors les cas salariés par la loi, ils « ne peuvent réclamer aucun salaire. »

Il est vrai : nous avons émis l'avis que les notaires ont droit à un salaire pour la rédaction du cahier des charges de la vente des immeubles des mineurs. Mais comme Cloes le dit fort justement : « la position des notaires est différente de celle des « juges de paix en ce qu'ils ne sont pas des fonctionnaires du « gouvernement, salariés par lui à raison de l'exercice de leurs

______

(1) Voyez circulaire déjà citée de M. Mesdach de Ter Kiele (appendice n° V).

« fonctions, et en ce qu'il y a d'ailleurs d'autres motifs légaux
« pour accorder aux notaires un salaire en ce cas, lesquels ne
« sont pas applicables aux juges de paix (1) ».

14. — Il serait dû au juge de paix une vacation pour le cas
où, conformément à l'article 5 de l'arrêté royal de 1822, le dissentiment entre le juge de paix et le notaire donnerait lieu à un
référé devant le président du tribunal. Cette vacation serait due
aux termes de l'article 2 du tarif de 1807.

15. — Les émoluments dus aux juges de paix et à leurs
greffiers pour leur assistance à une vente d'immeubles à laquelle
des mineurs étaient intéressés, DOIVENT être taxés. Il est, en effet,
de principe général, que tous les actes de vacation des juges de
paix et de leurs greffiers, doivent être taxés. C'est ce qui résulte
du tarif du 16 février 1807, dont le chapitre premier, livre premier, est intitulé comme suit : *Taxe des actes et vacations des
juges de paix*, et dont le chapitre deuxième, livre premier, est
intitulé comme suit : *Taxe des greffiers des juges de paix.*

L'article 3 de l'arrêté royal de 12 septembre 1822 contient
une mention qui est une application de ce principe général. Il
dit : « et il sera stipulé au cahier des charges et conditions des
ventes que, pour autant que *les frais de l'adjudication* sont à la
charge de l'acquéreur, ils seront acquittés par lui au taux qui
sera réglé de la manière sus-indiquée. » Or, parmi les frais d'adjudication qui doivent être réglés de la manière sus-indiquée,
c'est-à-dire *taxés* (2), se trouvent évidemment compris les émoluments des juges de paix et de leurs greffiers.

16. — C'est au président du tribunal qu'appartiennent le

(1) Cloes estime qu'on ferait bien d'accorder aux juges de paix une
vacation pour l'examen du cahier des charges, parce que cela pourrait
les rendre plus attentifs à l'exécution de cette mesure, prescrite dans
l'intérêt des mineurs par l'arrêté royal du 12 septembre 1822 (*Cloes et
Bonj*. t. 6, p. 48.)

(2) C'est ainsi en effet, qu'il faut entendre la phrase : « Ils seront acquittés au taux qui sera réglé de la manière sus-indiquée », puisque
l'article 3 dit quelques lignes plus haut, que les déclarations formées par
les notaires seront *taxées* par le président.

droit et le devoir de taxer les émoluments dus aux juges de paix.

En effet, ces émoluments, aux termes de l'article 6 de la loi du 12 juin 1816, doivent être payés de la même manière que leurs vacations à l'apposition et à la levée des scellés.

Or, d'après l'article 1er du tarif du 16 février 1807, c'est le président du tribunal de première instance qui, seul, a le droit de procéder à la taxe du compte du juge de paix et du greffier, du chef de ces dernières vacations.

Le tribunal civil serait donc incompétent pour connaître de la taxation des émoluments dus au juge de paix et à son greffier pour assistance aux ventes par licitation réglées par la loi du 12 juin 1816.

17. — On a cependant soutenu que la taxation de ces émoluments était soumise à la juridiction du juge du référé. On se basait sur l'article 5 § 3 de l'arrêté royal du 12 septembre 1822 qui porte « qu'en cas de dissentiment entre les notaires et les juges de paix, l'affaire sera soumise par voie de référé à la décision du président du tribunal de première instance. » Mais il résulte, tant des termes que de toute l'économie de cet arrêté, que le législateur n'a voulu et n'a entendu parler que des dissentiments relatifs à la rédaction du cahier des charges et conditions de la vente, dont ouverture et communication doivent être données au juge de paix, au moins dix jours avant celui fixé pour la première séance d'adjudication, et ce, afin qu'il puisse examiner si les pièces ne renferment pas des clauses contraires à la loi, à l'arrêté du 12 septembre 1822, ou aux intérêts des ayants-cause.

Il s'agit, dans l'article 5 de l'arrêté royal de 1822, de dissentiments s'élevant entre le juge de paix avant que les biens aient été mis en adjudication, tandis que notre question a pour objet le règlement d'intérêts entre le juge de paix et les vendeurs ou les acheteurs, après que l'adjudication a été définitivement faite (1).

(1) Jug. Bruxelles 1er juillet 1843 (*Belg. jud.*, t. 1, p. 1285).

18. — Le président compétent pour taxer les émoluments du juge de paix et du greffier est le président du tribunal de l'arrondissement dans lequel résident ces magistrats.

19. — Le président peut réduire l'état des émoluments du juge de paix, lorsque cet état n'est pas conforme au tarif.

20. — Les émoluments dus au juge de paix et au greffier pour leur assistance à la vente sont à la charge des parties intéressées; aucune loi n'en rend responsable le notaire qui a prêté son ministère à la vente (1).

21. — Nous estimons que le juge de paix ou le greffier qui exige ou reçoit au delà de ce qui lui est dû pour ses émoluments, peut être poursuivi comme concussionnaire, aux termes de l'article 243 du code pénal (2).

22. — Le Roi Guillaume a fait un devoir au ministère public, de veiller, avec un soin scrupuleux, aux émoluments réclamés par les juges de paix et leurs greffiers, et de poursuivre rigoureusement ceux qui commettent des abus (3).

(1) Jug. Bruxelles 28 mai 1864 (*Monit. du not.*, t. 16, p. 1, n° 767).
(2) Voyez n° 39, chapitre XXIII.
(3) Arrêté royal du 20 novembre 1821 (appendice n° III).

CHAPITRE XXV.

Des émoluments et des déboursés des avoués.

1. — Il n'entre pas dans le cadre que nous nous sommes tracé, d'indiquer les émoluments que peuvent réclamer les avoués, du chef des diligences qu'ils ont faites en vue d'obtenir du tribunal l'autorisation de vendre des immeubles appartenant pour le tout ou pour partie à des mineurs. Ces émoluments ne forment pas l'objet de dispositions spéciales.

2. — Toutefois nous devons rappeler ici la disposition de l'article 2 de l'arrêté royal du 20 novembre 1825 ainsi conçue :

« En cas de saisie et de *vente par autorité de justice* de biens
« *immeubles*..., l'avoué poursuivant devra présenter au greffe du
« tribunal, douze jours au moins avant le terme fixé pour l'ad-
« judication judiciaire, une note des frais à charge de l'acqué-
« reur, rédigée avec exactitude et conformément au tarif des
« frais de justice.

« Cette note des frais sera immédiatement taxée par le juge
« et le montant..... sera inséré au cahier des charges : quant
« aux frais de la partie poursuivante, on se conformera à la
« disposition de l'article suivant (1) ».

3. — Les membres des parquets doivent veiller à l'exécution de cette disposition et à l'observation, par les avoués, des dispositions du tarif de 1807. En cas de contravention, ils doivent requérir contre eux l'application de mesures disciplinaires (2).

---

(1) Voir cet arrêté royal, appendice, n° IV.

(2) Voir article 4 de l'arrêté royal précité du 20 novembre 1825 (appendice, n° IV).

CHAPITRE XXVI.

Qui supporte les frais de la vente des immeubles dans lesquels sont intéressés des mineurs ?

1. — En règle générale, les frais de la vente des immeubles appartenant en tout ou en partie à des mineurs, doivent être supportés par la masse comme en matière de partage (1). Mais il est de règle de stipuler dans le cahier des charges qu'ils seront payés par les acquéreurs éventuels en sus de leur prix d'achat.

2. — Ces frais ne comprennent pas les frais préliminaires à la vente, tels que ceux résultant de la convocation du conseil de famille pour la nomination d'un tuteur ou l'acceptation de la succession sous bénéfice d'inventaire (2). Ces frais sont faits dans l'intérêt exclusif du mineur, et ne concernent à aucun point de vue ses ayants-droit. Les frais qui incombent à la masse sont ceux qu'entraînent les formalités exceptionnelles exigées par la loi du 12 juin 1816. Ce sont là des frais nécessités par la vente elle-même et faits dans l'intérêt de tous (3).

(1) Voyez chapitre XVII, livre deuxième.

(2) Dans les cahiers des charges, on les fait généralement supporter par les acquéreurs éventuels.

(3) *Moniteur du notariat*, t. 12, p. 337, n° 600.

FIN DU LIVRE PREMIER.

LIVRE DEUXIÈME.

—

DU PARTAGE DES BIENS

DANS LESQUELS

SONT INTÉRESSÉS DES MINEURS.

—

CHAPITRE I.

Objet de ce livre.

1. — Ce livre a pour objet le commentaire de l'article 9 de la loi du 12 juin 1816, réglant les formalités à suivre pour le partage des biens des mineurs et des interdits. Plusieurs questions se rattachant à cette matière ont été traitées dans le livre précédent, relatif à la vente des immeubles appartenant en tout ou en partie à des mineurs. Nous y renverrons nos lecteurs à mesure qu'elles se représenteront. C'est ce qui nous permet de donner peu d'étendue à la partie de notre travail où nous nous occupons du partage. Seulement, nous avons cru utile de faire précéder notre commentaire, de l'exposé de quelques principes généraux sur le partage.

CHAPITRE II.

Principes généraux.

1. — L'article 815 c. c. pose comme règle générale, que nul n'est tenu de rester dans l'indivision. Chacun des copropriétaires peut donc demander d'en sortir, à moins qu'il n'y ait eu convention de suspendre le partage pendant un temps déterminé, temps qui ne peut, on le sait, dépasser cinq ans. (Art. 815 § 2 c. c.)

2. — Les immeubles, qu'ils appartiennent à des majeurs seuls, ou à des majeurs en concours avec des mineurs, doivent, en principe, être partagés en nature. C'est ce qui résulte de l'article 826 c. c. qui porte, que chacun des cohéritiers peut demander *en nature* sa part des meubles et immeubles de la succession.

3. — On ne peut être forcé de subir la vente des immeubles communs, que lorsque le partage ne peut s'en faire commodément. En effet, les articles 827 et 1686 c. c. statuent, que si les immeubles ne peuvent pas se partager commodément, il doit être procédé à la vente par licitation (1).

4. — Le partage des immeubles est donc la règle générale.

5. — Il peut être demandé et exigé par chacun des copropriétaires.

Les majeurs qui veulent sortir d'indivision ont le choix entre le partage et la vente. Les représentants des mineurs (les tuteurs) ne peuvent, *à cet effet,* demander que le partage. Ils ne peuvent demander la vente par licitation (2).

(1) Voir ar. Bruxelles 12 août 1848 (*Pas.*, 1840, 2, 243); jug. Bruxelles 4 mars 1854 (*Belg. jud.*, t. 12, p. 532).
(2) Voir livre 1er, chapitre X, art. 2, n° 3, page 75.

6. — Le tribunal ne peut d'office déclarer non recevable, une demande en licitation de biens immeubles dépendant d'une succession indivise entre majeurs et mineurs, formée par les majeurs, et à laquelle acquiescent les tuteurs, ou à laquelle ils déclarent ne pas s'opposer (1), en se fondant sur ce que le partage en est possible. La loi ne lui accorde pas ce pouvoir. La vente par licitation tend, du reste, comme le partage, à faire cesser l'indivision.

Cependant la Cour de Liége, par arrêt du 23 mai 1868 (2), a décidé que la vente des immeubles ne peut être autorisée ou ordonnée, dans le cas où des mineurs y sont intéressés, que s'il est établi que les immeubles ne sont pas commodément partageables en nature. Les tuteurs, d'après cette décision, ne pourraient être autorisés à consentir à la vente des immeubles appartenant par indivis à leurs pupilles, que dans le cas où le partage ne peut s'en faire commodément. Cette décision ne puisant sa justification dans aucune disposition de loi, nous paraît tout-à-fait illégale (3).

7. — Si l'une des parties demande le partage des biens de la succession, et si l'autre partie en demande la vente en soutenant qu'ils ne peuvent commodément se partager, le tribunal ne peut statuer avant que les formalités nécessaires pour déterminer les biens et valeurs de toutes natures, composant la masse, aient été remplies. Il importerait peu que le délai de trois mois, dans lequel doit être fait l'inventaire, fût écoulé (4). Le tribunal

---

(1) Voir livre 1er, chapitre X, art. 3, section I, § 2, nos 9 et 10, page 84.

(2) (*Pas.*, 1868, 2, 395). Consultez ar. Liége 19 février 1842 (*Pas.* 1842, 2, 304). CHABOT, sur l'art. 827.

(3) Voyez *Cloes* et *Bonj.*, t. 2, p. 164; t. 10, p. 317 et ss. Liége 12 janvier 1853 (*Belg. jud.*, t. 13, p. 846); jug. Bruxelles 4 mars 1854 (*Belg. jud.*, t. 12, p. 532); ar. Liége 29 janvier 1840 (*Pas.*, 1840, 2, 39). Cet arrêt réforme un jugement du tribunal de Liége qui, malgré les conclusions des parties tendant à la vente, avait ordonné le partage.

(4) On sait qu'alors la consistance des biens de la succession peut être établie tant par titres que par la commune renommée. Jug. Bruxelles 8 avril 1856 (*Monit. du not.*, t. 11, p. 381, n° 553).

ne pourrait ordonner la vente des biens, parce qu'il est évident que, pour savoir s'ils sont commodément partageables en nature, il est nécessaire de déterminer d'une manière positive, quels sont tous les biens meubles et immeubles, les créances, les rapports qui composent la succession ou la communauté, et quels sont les dettes et les prélèvements qui peuvent s'y exercer. Or, cette connaissance préalable indispensable ne peut être acquise que par la formation, devant le notaire à ce commis, de la masse générale à partager (1).

8. — Le cohéritier qui intenterait une action en partage sans indiquer les biens et les valeurs qu'il s'agit de partager, doit être déclaré non recevable en son action (2).

9. — Si l'une des parties demande le partage des immeubles, et si l'autre soutient qu'il y a lieu de les vendre par licitation parce qu'ils ne sont pas commodément partageables, le tribunal peut, soit à la demande des parties, soit d'office, nommer des experts pour savoir si les immeubles sont ou non partageables (3).

Le droit, pour le tribunal, d'ordonner une expertise, afin de décider, d'après cette expertise, s'il y a lieu à partage ou à vente, ne nous paraît pas douteux. Il est saisi de la contestation qui divise les parties; il doit décider le différend.

10. — Cependant les rédacteurs de la *Jurisprudence des tribunaux de première instance*, t. 10, p. 317, estiment que le tribunal, en agissant ainsi, ne tient pas compte de l'esprit ni du but de la loi du 12 juin 1816.

D'après eux, le tribunal devrait se borner, conformément à l'article 970 c. pr. c., à ordonner le partage s'il peut avoir lieu, ou la licitation dans le cas contraire, en désignant un notaire

(1) Ar. Bruxelles 19 janvier 1857 (*Pas.*, 1857, 2, 240). Bruges, 15 juillet 1872 (*Pas.*, 1873, 3, 168).

(2) Ar. Bruxelles 26 mars 1861 (*Monit. du not.*, t. 15, p. 163, n° 735).

(3) Charleroi 19 décembre 1873 (*Pas;*, 1874, 3, 20). Ar. Liége 21 janvier 1854 (*Pas.*, 1854, 2, 158).

pour procéder à l'une ou à l'autre de ces opérations, et en renvoyant les parties devant le juge de paix compétent pour assister à ces opérations.

Si ce magistrat ne parvient pas à amener une entente entre les parties sur le point de savoir si l'on partagera les immeubles ou si on les vendra, il nommera des experts pour vérifier si les immeubles sont ou non commodément partageables et il pro·cédera ensuite comme de droit (1).

A notre avis, rien n'empêcherait le tribunal de suivre cette marche; mais il nous paraît incontestable qu'il agirait légalement en nommant lui-même les experts et en statuant ensuite, d'après leur rapport, sur le point de savoir si les immeubles sont ou non commodément partageables, puisqu'il a la plénitude de juridiction (2).

Qu'on le remarque, du reste : c'est à lui qu'il faudra recourir en définitive, si les parties renvoyées devant le juge de paix contestent le rapport des experts en la forme ou au fond.

Nous estimons en conséquence que le tribunal peut, soit à la demande des parties, soit d'office, ordonner une expertise pour savoir si les immeubles sont ou non partageables.

11. — Mais le tribunal pourrait fort bien décider la question de savoir si le partage est possible en nature ou non, sans ordonner une expertise, lorsqu'il peut former sa conviction par d'autres preuves (3).

C'est ainsi qu'il peut, sans recourir à une expertise préalable, décider qu'il n'y a pas lieu à partage mais à licitation par la vente, lorsque la nécessité de vendre, ou plutôt l'impossibilité de partager, est suffisamment établie par les éléments de la cause (4).

(1) Voir plus haut, page 77, n° 7.

(2) C'est du reste la pratique adoptée dans la plupart des tribunaux.

(3) Ar. Cologne 23 avril 1852 (*Belg. jud.*, t. 11, p. 766). Ar. Bruxelles 27 janvier 1866 (*Belg. jud.*, t. 24, p. 1253 et la note).

(4) Jug. Bruxelles 4 mars 1854 (*Belg. jud.*, t. 12, p. 532). Ar. Bruxelles 27 février 1866 (*Pas.*, 1866, 2, 359). Ar. Bruxelles 20 janvier 1873 (*Pas.*, 1873, 2, 162).

12. — Ce n'est que lorsqu'il est constant que les biens ne sont pas partageables en nature, que le tribunal peut ordonner la vente par licitation (1).

13. — Quand peut-on dire que les immeubles ne sont pas commodément partageables?

C'est une question de fait, dit M. Laurent, dans la décision de laquelle le tribunal jouit nécessairement d'une certaine latitude. Il doit concilier le droit qu'ont les héritiers à avoir leur part en nature, avec l'intérêt qu'ils ont tous à ce que les biens ne soient pas dépréciés par leur division. Le principe qui doit dominer la matière, c'est que, pour que le partage en nature ait lieu, il ne suffit pas que les immeubles soient par leur nature susceptibles d'être fractionnés sans *détérioration*, il faut encore qu'ils puissent l'être sans *dépréciation* (2) : *sine cujusquam injuria*, dit la loi romaine. (L. 1, c. de comm. divid.)

La vente par licitation doit donc être préférée toutes les fois que le partage en nature entraînerait la dépréciation des fractions de l'immeuble. Elle doit encore être préférée si le partage en rendait la jouissance notablement onéreuse ou difficile (3).

Une simple inégalité dans les lots ne rendrait pas la licitation nécessaire, parce que l'inégalité se compense alors par une soulte (4). Toutefois il faut que la soulte ne soit pas trop considérable, car il pourrait être difficile à l'héritier d'en réaliser le montant.

14. — Il n'y a pas lieu à licitation si la totalité des immeubles peut se partager commodément, quoique, pris à part, chaque immeuble soit impartageable (article 974 c. pr. c.).

15. — La jurisprudence a décidé qu'il y a lieu à licitation et non à partage en nature, dans les cas suivants :

(1) Malines 30 décembre 1847 (*Belg. jud.*, t. 6. p. 1586). — Voir plus haut n° 6.

(2) Mourlon, Répétitions écrites sur le code Napoléon, t. 2, p. 160. Laurent, t. 10, p. 352, n° 321. Paillet, sur l'article 827 c. c., note (2).

(3) Voyez Colmar 23 août 1831. Chabot, t. 3, p. 121.

(4) Dalloz, *Rép.*, v° Succession, n°ˢ 1726 et 1727.

1° Si le rapport des experts démontre que les biens ne peuvent être partagés en nature qu'en morcelant les exploitations, en composant les divers lots d'éléments de nature très différente, et si d'ailleurs leur travail repose sur des évaluations contestables pour lesquelles les moyens de comparaison manquent (1).

2° Lorsque le bien indivis ne peut se partager commodément en lots correspondants aux quotités respectives de tous les copartageants. Il importe peu que ces biens soient divisibles en deux parts égales et que l'un des copartageants, copropriétaire pour moitié, réclame sa part en nature (2).

Ainsi, dans le cas où un immeuble dépendant d'une succession échue à trois cohéritiers, à l'un pour moitié et aux deux autres pour chacun un quart, est reconnu ne pouvoir être divisé qu'en deux lots seulement, les tribunaux ne peuvent, nonobstant la demande en licitation formée par les deux cohéritiers ayant droit chacun à un quart, ordonner le partage en deux lots, l'un pour ceux-ci, l'autre pour leur cohéritier; ils doivent ordonner la vente par licitation (3).

3° Lorsque les immeubles, bien que commodément partageables, sont grevés en totalité d'une hypothèque indivisible et qu'ils sont de peu de valeur (4).

4° Lorsque le partage d'un immeuble ne pourrait être opéré qu'en assignant à l'un des copartageants une lisière le long de la voie publique qui enlèverait à la partie restante le front à rue et une grande partie de sa valeur (5).

5° Lorsque parmi les immeubles se trouvent des bâtiments d'exploitation impartageables, et que pour faire le partage en nature, il serait nécessaire d'établir entre les lots des servitudes onéreuses et incommodes (6).

---

(1) Ar. Gand 6 novembre 1873 (*Belg. jud.*, 1874, p. 36 et la note).
(2) Anvers 25 mars 1854 (*Monit. du not.*, t. 8, p. 187, n° 372).
(3) Cass. fr. 10 mai 1826. Voyez encore Rennes 19 février 1835 (DALLOZ, *Rép.*, v° Succession, n° 1733).
(4) Réq. 11 novembre 1823.
(5) Ar. Gand 1er juillet 1875 (*Pas.*, 1875, 2, 355).
(6) Ar. Caen 28 juin 1859 (DALLOZ, année 1860, table, v° Partage).

16. — La jurisprudence a décidé qu'il y a lieu à partage et non à licitation :

1° Lorsque les immeubles peuvent entrer pour la totalité dans un ou plusieurs lots (1).

2° Lorsque dans une succession se trouvent un domaine divisible et une maison qui ne l'est pas, si celle-ci peut, avec des terres du domaine, former un lot sans troubler l'égalité des parts (2).

17. — La Cour de Besançon, confirmant un jugement du tribunal de Gray en date du 27 décembre 1861, a décidé que, d'après les règles relatives au partage des successions, consignées dans les articles 831 et 836 c. c., il ne doit être fait autant de lots qu'il y a de cohéritiers copartageants, que si tous sont appelés de leur chef à la succession; mais que, quand il y a des héritiers qui y viennent par représentation et non de leur chef, il ne doit en être fait qu'autant qu'il y a de souches copartageantes. Par conséquent, bien que les immeubles soient impartageables entre tous les héritiers numériquement, la vente par licitation ne doit être ordonnée que si l'on ne peut former autant de lots qu'il y a de souches copartageantes (3).

18. — Par le motif qu'il ne doit être fait autant de lots qu'il y a d'héritiers copartageants, que lorsqu'ils sont appelés *de leur chef* à la succession, nous devons décider que, lorsque les immeubles d'une succession sont à partager entre deux lignes, et que le partage en deux lots est possible, il n'y a pas lieu à la vente par licitation par le fait seul que la division du lot qui écherrait à l'une des deux lignes, ne pourrait se faire entre les représentants de cette ligne (4).

---

(1) Jug. Bruxelles 22 novembre 1851 (*Belg. jud.*, t. 10, p. 787).

(2) Nîmes 13 février 1833 (DALLOZ, *Rép.*, v° Succession, n° 1732).

(3) MARCADÉ, sur l'art. 827, t. 3, n° 295. Besançon 15 avril 1861 (*Sirey*, 1861, 2, 226).

(4) Conf. Bordeaux 30 juillet 1838. LAURENT, t. 10, p. 352 et 362, n°ˢ 321 et 333. Contrà : Bordeaux 13 décembre 1838. DALLOZ, *Rép.*, v° Succession, n° 1735.

19. — Lorsque, parmi les immeubles communs, il en est un qui n'est pas commodément partageable, le partage peut être scindé, et les biens susceptibles d'être actuellement divisés, peuvent être l'objet d'un partage définitif partiel, malgré l'opposition de l'un des intéressés.

« Considérant, dit un arrêt de la Cour de Caen, que le partage en nature est le droit commun, aux termes de l'article 826 c. c., que la licitation n'est qu'une mesure exceptionnelle pour le cas où les biens sont impartageables;

« Considérant qu'aucun texte ne prescrit la licitation de tous les immeubles d'une succession, quand un seul est impartageable; qu'il est dans l'esprit de la loi que le partage en nature soit opéré quant à tout ce qui est partageable (1). »

20. — Si plusieurs successions sont dévolues aux mêmes personnes, elles doivent être liquidées séparément, dans l'ordre chronologique de leur ouverture (2). En conséquence, pour ordonner la vente par licitation d'immeubles dépendant de plusieurs successions, il faut que l'impossibilité d'un partage en nature soit établie pour chaque succession isolément (3).

Supposons, par exemple, qu'un père vienne à mourir laissant trois enfants mineurs. Sa succession doit se partager entre ses trois enfants. Mais supposons en outre, qu'avant la liquidation de cette succession, un des enfants décède également. Il transmet la part, dont il venait d'être saisi dans la succession de son père, à sa mère pour $^2/_8$ et à chacun ses deux frères pour $^3/_8$. Il faut rechercher d'abord uniquement si la première succession peut se partager, si trois lots égaux peuvent être faits avec les biens immeubles composant cette succession pour en être attribué,

---

(1) Ar. Caen 24 août 1868 (DALLOZ, 1871, 2, 168). Ar. Liége 29 janvier 1873 (*Pas.*, 1873, 2, 124). Voir ZACHARIÆ, AUBRY et RAU, t. 2, p. 449, § 622. DUTRUC, n° 47. DALLOZ, *Rép.*, v° Succession, n°ˢ 1628 et ss. DEMOLOMBE, *éd. belge*, t. 8, p. 157, n° 494. Contrà : CHABOT, sur l'art. 828 n° 2 et VAZEILLE, sur l'art. 828, n° 1.

(2) Tournai 3 décembre 1873 (*Pas.*, 1874, 3, 169).

(3) Même jugement.

un à chacun des deux frères encore vivants, et un aux héritiers
du troisième enfant décédé, ou si les immeubles ne peuvent
être facilement divisés en trois lots et doivent être l'objet d'une
licitation. Ce n'est qu'après s'être occupé de cette première succession que l'on pourra s'occuper de la seconde. Ainsi supposons que l'on ait jugé que la première succession pouvait commodément se partager en trois lots égaux : on recherchera après,
si le lot attribué aux héritiers de l'enfant décédé (c'est-à-dire à
la mère et aux deux frères) peut commodément se partager pour
leurs parts respectives (1).

(1) Ar. Paris 27 mars 1858 (*Monit. du not.*, t. 12, p. 253 et 254, n° 589).

CHAPITRE III.

Observations sur la loi du 12 juin 1816.

1. — L'article 9 de la loi du 12 juin 1816 a remplacé, pour les partages dans lesquels sont intéressés des mineurs et des interdits, les formalités longues et dispendieuses prescrites par le code civil.

2. — Il est à remarquer que le législateur hollandais ne s'est occupé que de la simplification de ces formalités, mais qu'il a laissé intacts les principes généraux du droit (1).

3. — Nous avons émis l'avis au chapitre I, livre premier, que parmi les formalités prescrites par la loi du 12 juin 1816 pour la vente des immeubles des mineurs, il en est qui pourraient être supprimées. Nous ne pensons pas qu'il en soit de même pour les formalités prescrites par cette loi pour le partage des biens dans lesquels sont intéressés des mineurs. Il n'y en a aucune, à nos yeux, qui soit inutile.

(1) Voir rapport de la section centrale.

CHAPITRE IV.

Les formalités prescrites par l'article 9 de la loi du 12 juin 1816 sont d'ordre public.

1. — Les formalités prescrites pour les partages auxquels sont intéressés des mineurs, étant établies à raison de l'incapacité de ces derniers, sont d'ordre public (1). Il faut donc qu'elles soient rigoureusement observées.

Nous renvoyons pour les conséquences qui en résultent au chapitre II, livre premier.

2. — M. Laurent fait remarquer avec raison que le partage auquel sont intéressés des mineurs, ne peut se faire sous forme de transaction (2).

3. — Du moment que des mineurs sont intéressés dans un partage, l'article 9 de la loi du 12 juin 1816 doit être observé.

C'est ainsi qu'il faudrait observer les formalités prescrites par cette loi, alors même que l'action en partage aurait été introduite entre majeurs exclusivement, si postérieurement au jugement ordonnant le partage, un des copropriétaires vient à décéder, laissant des enfants mineurs. Si les opérations étaient déjà commencées, on les continuerait sous l'empire de l'article 9 de la loi du 12 juin 1816.

La Cour d'appel de Gand, par arrêt du 9 avril 1873 (3), a décidé que lorsque des copropriétaires d'immeubles partageables en nature ont été, sur une action en partage, envoyés devant un

(1) Ar. Bruxelles 23 juin 1873 (*Pas.*, 1874, 2, 50).
(2) LAURENT, t. 10, p. 330, n° 295.
(3) *Belg. jud.*, t. 31, p. 1241.

notaire désigné par le tribunal, pour la composition et le tirage au sort des lots, si, avant ce tirage et avant approbation, par toutes les parties, de la composition des lots, un des copropriétaires meurt, laissant des héritiers mineurs, il y a lieu, en cas de contestation sur la composition des lots, à nomination d'experts par le juge de paix, lesquels composeront à leur tour les lots par application de l'article 9 de la loi du 12 juin 1816.

CHAPITRE V.

Les notaires doivent observer rigoureusement l'article 9 de la loi du 12 juin 1816.

1. — Nous renvoyons à ce sujet aux nᵒˢ 1, 2, 8, 9, 10, 11, 12 et 13 du chapitre III, livre premier.

2. — Un notaire peut-il procéder à un partage où le tuteur se porte fort pour le mineur, que celui-ci devenu majeur approuvera le partage?

Nous sommes d'avis que non. Le texte de l'article 1ᵉʳ de l'arrêté du 12 septembre 1822 est formel. Il défend d'éluder les dispositions de la loi du 12 juin 1816.

Le partage ainsi fait serait un partage provisionnel (1).

3. — De même un notaire ne peut procéder à un partage où un majeur se porte fort que le mineur devenu majeur approuvera le partage (2).

(1) Laurent, t. 10, p. 341, nᵒ 309.
(2) Ar. Liége 23 février 1851 (*Pas.*, 1851, 2, 203).

CHAPITRE VI.

Au partage des biens de quelles personnes s'applique la loi du 12 juin 1816.

1. — L'article 9 de la loi du 12 juin 1816 ne parle que du partage des successions dans lesquelles sont intéressés des *interdits* et des *mineurs.*

Nous sommes en conséquence d'avis, que les formalités prescrites par la loi du 12 juin 1816 ne sont applicables qu'aux partages dans lesquels interviennent des mineurs et des interdits.

2. — Il faut donner au mot « *mineurs* » le sens le plus large : il comprend les mineurs non émancipés ainsi que les mineurs émancipés, les mineurs ayant encore leurs père et mère, les enfants naturels mineurs légalement reconnus, les mineurs placés dans un hospice, les enfants à naître (1).

3. — Les formalités prescrites par l'article 9 de la loi du 12 juin 1816 ne doivent pas être observées pour les partages de biens dans lesquels sont intéressées d'autres personnes que les mineurs et les interdits. Elles ne concernent donc pas les absents ou les présumés absents, les aliénés colloqués non interdits, les grevés de substitution, les sourds-muets, les établissements de bienfaisance (2).

4. — M. Laurent dit qu'une décision du Roi des Pays-Bas, en date du 4 septembre 1816, a étendu le bénéfice de la loi du 12 juin 1816 aux partages dans lesquels sont intéressés

---

(1) Voyez n°ˢ 2 et ss. chapitre V, p. 29.

(2) Voyez chapitre VI, livre 1ᵉʳ, p. 34. Ce que nous avons dit pour la vente, au chapitre VII, p. 53, s'applique également au partage.

des absents (1). Nous avons en vain cherché cette décision;
nous ne sommes pas parvenu à la trouver. Nous supposons
qu'il y a une erreur de date, et que le savant professeur a voulu
citer une décision du 21 août 1816, publiée dans le n° du
Staats-Courant du 4 septembre 1816 (2). Or, cette décision,
qui n'est qu'un simple avis et n'a pas force de loi, ne saurait
être suivie (3), car, dans son article 9, la loi du 12 juin 1816
ne parle que des partages où sont intéressés des mineurs et
des interdits.

Si donc, parmi les copartageants d'une succession, il y a un
absent ou un non-présent, il faut procéder comme lorsque tous
les cohéritiers présents et majeurs ne s'entendent pas, c'est-à-dire
qu'il faut suivre les formalités tracées par le code civil (article
838 c. c.) (4).

(1) Tome 10, n° 309bis.
(2) Voir cette décision, plus haut, page 37, note (2).
(3) Voyez chapitre VI, § 1er, livre 1er, p. 35.
(4) *Monit. du not.*, t. 15, p. 349, n° 758.

CHAPITRE VII.

Les formalités prescrites par l'article 9 de la loi du 12 juin 1816 s'appliquent aux partages mobiliers comme aux partages immobiliers.

1. — L'article 9 de la loi du 12 juin 1816 n'établit aucune distinction entre les partages mobiliers et les partages immobiliers. Il se borne à prescrire, en termes généraux, que les *partages* dans lesquels des mineurs sont intéressés, « se feront désormais par notaire, par devant le juge de paix du canton où la succession s'est ouverte, et en présence des tuteurs, tuteurs spéciaux et subrogés. » Il faut en conclure, qu'il faut observer les formalités prescrites par l'article 9 de la loi du 12 juin 1816, pour les partages mobiliers comme pour les partages immobiliers.

Cette opinion trouve encore un appui dans l'arrêté royal du 12 septembre 1822; car il est aussi général que la loi du 12 juin 1816.

Nous avons vu au contraire que, dans les articles relatifs à la vente des biens des mineurs (1), le législateur n'emploie pas une expression aussi générale, qu'il ne parle jamais que de la vente ou de l'aliénation des *immeubles* dans lesquels des mineurs sont intéressés.

Les successions mobilières doivent donc se partager d'après le même mode que les successions immobilières. Il n'y a pas lieu de distinguer (2). En le décidant autrement, on créerait une distinction où la loi n'en a pas fait.

(1) Voyez chapitre IV, n° 1, livre 1er, p. 26.
(2) Ypres 8 février 1854, jug. confirmé par arrêt de la Cour de Gand du 14 juillet 1854; Audenarde 11 août 1869; Anvers 16 juin 1871 (*Belg. jud.*, t. 12, p. 997; t. 27, p. 1294; t. 31, p. 649).

D'ailleurs, avant la loi de 1816, on ne distinguait pas non plus. Les formalités pour le partage des meubles étaient les mêmes que pour le partage des immeubles. Cela n'était pas contesté (1).

2. — La jurisprudence a notamment décidé qu'est soumis aux formalités prescrites par l'article 9 de la loi du 12 juin 1816, l'acte de partage d'une succession intéressant des enfants mineurs et se composant uniquement d'une créance due par l'époux survivant de la défunte, et qui représente la part de la récompense revenant à celle-ci et non éteinte par la confusion, ainsi que ses droits dans les biens de la communauté retenus sur estimation par le mari en vertu d'une clause de son contrat de mariage (2).

3. — On s'est demandé, si les prescriptions de l'article 9 de la loi du 12 juin 1816 sont applicables au partage du prix d'un immeuble licité appartenant par indivis à des mineurs, ou à des majeurs en concours avec des mineurs. On sait, en effet, qu'après les opérations de la vente, il faut procéder au partage des deniers entre les co-intéressés. Ce partage comprend les comptes qu'ils peuvent se devoir, la formation de la masse générale, la composition des lots, les fournissements à faire à chacun des copartageants. (Article 828 c. c.)

Il nous paraît évident que oui.

Le texte de l'article 9 § 2 dispose d'une manière générale et absolue, sans la moindre restriction. L'article 828 c. c. n'est donc plus applicable au partage du prix de l'immeuble licité. Pour toutes les opérations qui le précèdent ou l'accompagnent, il faut appliquer la loi du 12 juin 1816. La liquidation doit, par con-

---

(1) MAGNIN, *des Minorités*, nº 973 ; PIGEAU, *Procédure civile*, t. 3, p. 215 ; AUGAN, *Cours du notariat*, p. 481. — On appliquait les articles placés sous le chapitre VI, section première, titre premier du livre 3 du code civil, applicables encore aujourd'hui aux partages dans lesquels sont intéressés des majeurs et des absents.

(2) Furnes 22 octobre 1870 (*Monit. du not.*, t. 24, p. 385, nº 1232).

séquent, se faire par le ministère d'un notaire assisté de témoins, par devant le juge de paix.

Le texte hollandais ne peut du reste laisser le moindre doute à cet égard. En effet, nous lisons dans l'article 9 § 1 : « sont également abolies...... les dispositions et formalités prescrites par les lois actuellement existantes à l'égard du partage et de la *licitation* des successions auxquelles sont intéressés des interdits ou mineurs comme copartageants ».

Or, le mot *licitation* ne peut être pris ici dans son sens restreint, et s'entendre de la vente publique aux enchères des meubles et des immeubles de la succession, car les articles 2 et 3 de la loi de 1816 tracent les formalités à suivre pour parvenir à la vente des immeubles, et nous savons que cette loi ne s'occupe pas de la vente des meubles. Nous devons donner à ce mot une signification plus large, et y attacher le sens du mot *verdeeling* dont se sert le texte hollandais. Il s'entend donc de la *liquidation* de la succession et du partage du prix des immeubles vendus.

Dans le texte hollandais de l'article 1 § 2 de l'arrêté du 12 septembre 1822 on trouve également le mot *verdeeling* et il a été traduit en français par le mot *liquidation*.

Nous en concluons que le partage du prix de la licitation ne peut avoir lieu par le ministère unique d'un notaire, comme sous l'empire de l'article 828 c. c., mais par le ministère d'un notaire assisté de deux témoins, à l'intervention du juge de paix (1).

C'est dans ce sens que cette question a été résolue par le procureur du roi de Courtrai, dans une circulaire qu'il a adressée aux juges de paix de son arrondissement, à la date du 18 novembre 1837.

Voici le texte de cette circulaire :

---

(1) Jug. Gand 29 mai 1843 (*Monit. du not.*, t. 7, n° 311, p. 113); Furnes 18 mars 1871 (*Monit. du not.*, t. 25, n° 1234, p. 145). *Cloes* et *Bonj.*, t. 1, p. 684; *Monit. du not.*, t. 7, n° 308, p. 91. — Contrà : *Monit. du not.*, t. 7, n° 303, p. 49.

« Lorsque, dans l'arrondissement de Courtrai, il s'agit de procéder à la liquidation et au partage des deniers provenant d'une vente d'immeubles appartenant en partie à des mineurs, il paraît qu'on n'observe pas généralement les formalités prescrites par l'article 9 de la loi du 12 juin 1816.

« C'est là un abus sur lequel il importe de fixer votre attention. Que l'on considère l'esprit ou la lettre de la loi précitée, on demeure convaincu que ces sortes de liquidations ne peuvent se faire d'une manière régulière que par devant le juge de paix du canton, et en présence des tuteurs et subrogés tuteurs des mineurs. Et, en effet, le simple bon sens indique que la surveillance dont cette loi investit les juges de paix, serait incomplète et inefficace, si elle se bornait uniquement à leur assistance à la vente, et qu'ils ne dussent pas, lors de la liquidation, veiller à ce que les intérêts des mineurs ne soient pas lésés.

« C'est en vain que l'on dirait, que l'article 9 n'a pour objet que le partage ou la licitation des biens entre les cohéritiers, car, le vœu du législateur est d'étendre la surveillance du juge à toutes les opérations qui se rattachent à la liquidation des successions auxquelles les mineurs sont intéressés. D'ailleurs, d'après la plus stricte interprétation de l'article 9, que le partage des biens se fasse en nature entre les cohéritiers, ou que les biens étant impartageables en nature, il faille, par forme d'opération préparatoire, les convertir en numéraire et procéder ensuite à la distribution des deniers, quelle différence y-a-t-il entre ces deux modes de partage, considérés sous le rapport de la nécessité de l'intervention du juge? Et pourquoi, en cas de vente des biens, cette surveillance protectrice des intérêts des mineurs devrait-elle cesser avant que le partage soit conclu? »

4. — Ce que nous venons de dire au sujet du partage du prix d'un immeuble licité, est applicable peu importe à quel titre cet immeuble était indivis entre les mineurs et les majeurs, que ce fût à titre successif ou à tout autre titre. Dira-t-on que l'article 9 de la loi du 12 juin 1816 ne parle que des succes-

sions? C'est vrai; mais on peut répondre que cet article ne parle que du cas le plus commun et le plus fréquent.

Les rédacteurs de la *Jurisprudence des tribunaux de première instance* trouvent toutefois que la question est douteuse (1).

5. — Les principes que nous venons de développer, sont applicables même au partage partiel d'une succession, comme au partage de tout l'avoir qui la compose. Ainsi, supposons que l'on commence par partager entre les cohéritiers, des deniers ou des valeurs mobilières trouvées dans la mortuaire, ou bien le prix d'un immeuble licité qui a appartenu au défunt, afin de faciliter le partage du restant de la succession : le premier partage partiel devra se faire en observant la loi du 12 juin 1816. Dans le système contraire, on pourrait facilement éluder les dispositions de la loi. Il suffirait, pour cela, de procéder au partage de la succession par une série de distributions partielles qui comprendraient successivement tous les biens délaissés par le défunt.

(1) *Cloes* et *Bonj.*, t. 1, p. 687. *Monit. du not.*, t. 7, n° 311, p. 113.

CHAPITRE VIII.

Les formalités de la loi du 12 juin 1816 doivent être observées dans tous les partages où des mineurs sont intéressés.

1. — Nous croyons que les formalités de la loi du 12 juin 1816 sont applicables à tous partages auxquels des mineurs sont intéressés. La loi ne parle que des partages de successions; mais nous sommes d'avis qu'il faut les observer dans toute espèce de partage qui met fin à l'indivision, tels sont les partages de communautés et de sociétés auxquelles sont intéressés des mineurs. La loi est démonstrative et non limitative.

Du reste dans l'article 465 c. c. la loi parle des partages en termes généraux.

Tel est l'avis de M. Rutgeerts (1).

« Il est vrai, dit cet auteur, que l'article 9 ne semble s'occuper que du partage des successions, mais il ne faut pas perdre de vue que la loi du 12 juin 1816 a entendu remplacer toutes les dispositions du code civil et du code de procédure, concernant les licitations et partages dans lesquels les mineurs et les interdits étaient intéressés, car le code de procédure, après s'être occupé de la licitation et du partage des biens d'une succession, dit dans son article 984 : « les formalités ci-dessus seront suivies dans les licitations et partages *tendant à faire cesser l'indivision*, lorsque des mineurs ou autres personnes, non jouissant de leurs droits civils, y ont intérêt. »

« La loi du 12 juin 1816 doit donc être également observée dans toute licitation ou partage, autres que ceux d'une succession. D'ailleurs les mêmes motifs existaient, et le code civil met sur la même ligne les partages des successions des communautés et des sociétés pour tout ce qui tient à leurs formes et à leurs effets (art. 883, 1476, 1872, c. c.). »

(1) *Commentaire sur la loi du 25 ventôse, an XI*, p. 155, n° 164.

CHAPITRE IX.

Division des formalités à suivre pour le partage des biens dans lesquels des mineurs sont intéressés.

1. — Nous allons maintenant nous occuper spécialement des formalités prescrites pour le partage des biens dans lesquels des mineurs sont intéressés.

2. — Pour procéder méthodiquement, nous distinguerons :

1° Les formalités pour parvenir au partage des biens dans lesquels sont intéressés des mineurs.

2° Les formalités qui précèdent les opérations du partage des biens dans lesquels sont intéressés des mineurs.

3° Les formalités à observer lors du partage des biens dans lesquels sont intéressés des mineurs.

———

CHAPITRE X.

Formalités pour parvenir au partage des biens dans lesquels sont intéressés des mineurs.

1. — Il faut distinguer deux cas : celui où les intéressés sont d'accord pour procéder au partage, et celui où ils ne le sont pas.

§ 1er.

Les intéressés sont d'accord pour procéder au partage.

1. — Lorsque les intéressés sont d'accord pour procéder au partage, l'intervention du tribunal n'est pas requise. L'article 9 de la loi du 12 juin 1816 n'exige ni autorisation de la justice, ni autorisation du conseil de famille. Cela s'explique : personne, majeur ou mineur, ne peut être contraint de rester dans l'indivision. (Article 815 c. c.)

Les parties n'ont donc qu'à se présenter volontairement devant le juge de paix, et à choisir un notaire.

§ 2.

Les intéressés ne sont pas d'accord pour procéder au partage.

1. — Les intéressés peuvent ne pas s'accorder sur la nécessité de partager : il se peut qu'il y ait des contestations sur les droits ou sur la qualité de l'un ou de l'autre de ceux qui se prétendent propriétaires, que les parties ne s'entendent pas sur le choix du notaire, en un mot que l'on ne puisse agir d'une façon

amiable. Il faut alors recourir à la forme ordinaire des assignations, la loi de 1816 étant muette sur la procédure à suivre dans cette éventualité. On ne peut recourir à la voie de la requête, car, pour pouvoir faire usage de ce mode de procédure, il faut qu'il soit formellement prescrit par la loi (1).

Du reste, on doit naturellement induire du silence de la loi, qu'elle a entendu s'en référer aux règles ordinaires, suivant lesquelles cette demande, lorsque les parties ne s'accordent pas entre elles, doit être formée par voie d'assignation directe devant le tribunal (2).

2. — Il ne faut pas que la demande en partage, dans lequel des mineurs sont intéressés, soit précédée du préliminaire de conciliation (article 49, 1° c. pr. c.).

3. — Le tribunal compétent pour statuer sur l'action en partage, est celui du lieu de l'ouverture de la succession (articles 59, 6° c. pr. c. et 822 c. c.), c'est-à-dire du lieu où le défunt était domicilié (article 110 c. c.).

4 — Nous estimons que ce principe est applicable, même dans le cas où la succession s'étant ouverte à l'étranger, les biens qui en dépendent sont situés en Belgique: l'action en partage

---

(1) Cette interprétation de la loi de 1816, en ce qui concerne la question que nous examinons, a été adoptée dans le nouveau code de procédure du royaume des Pays-Bas. Voici, en effet, comment est conçu l'article 695 de ce code: « De regtsvordering tot boedelscheiding wordt door de regtbank van het arrondissement ingesteld bij dagvaarding in den *gewonen vorm* ».

Ainsi donc, du moment qu'il y a contestation sur l'opportunité ou la nécessité du partage, en d'autres termes, dès que les co-intéressés ne sont pas d'accord, la demande en partage *doit être intentée dans la forme ordinaire (in den gewonen vorm)*.

Le code de procédure hollandais, ayant été voté par le même législateur que la loi de 1816, peut être utilement invoqué pour déterminer la portée du silence gardé par cette loi, sur la forme des demandes en partage. (Conclusions de BELTJENS (*Cloes* et *Bonj.*, t. 2, p. 154).) — Voyez DALLOZ, *Rép.*, v° Succession, n° 1650.

(2) Ar. Liége 12 janvier 1853 (*Pas.*, 1855, 2, 170); ar. Liége 19 février 1853 (*Cloes* et *Bonj.*, t 1, p. 628); jug. Liége 2 août 1856 (*Cloes* et *Bonj.*, t. 6, p. 27). — Consultez ar. Bruxelles 30 mars 1820 (*Pas.* à sa date).

doit être portée devant le tribunal étranger. L'article 59 c. pr. c. et l'article 822 c. c. sont généraux et absolus, et ne font pas de distinction (1).

Nous renvoyons pour cette matière à ce que nous avons dit page 65, n⁰ˢ 6 et suiv.

5. — Le tribunal n'a qu'à rendre un jugement ordonnant le partage. Il ne doit nommer le notaire que si les parties ne sont pas d'accord sur le choix de cet officier public (2).

6. — Lorsque le juge ordonne le partage d'une succession dans laquelle un mineur est intéressé, sans qu'il se soit élevé, entre parties, une discussion sur la forme de ce partage, il va de soi et sans déclaration explicite, que le partage doit se faire dans la forme tracée par la loi du 12 juin 1816 (3).

7. — Le tribunal ne peut pas procéder lui-même au partage. Il ne peut que l'ordonner. Ce n'est que dans le cas où l'on ne s'entend pas sur la formation des lots que le tribunal doit intervenir.

8. — L'action en partage peut être intentée par toute personne qui se trouve dans l'indivision.

9. — L'action en partage ne peut être intentée par le mineur; elle doit l'être par son tuteur.

10. — Lorsque c'est le tuteur qui veut *provoquer* le partage, il doit demander l'autorisation du conseil de famille. C'est ce que statue l'article 465 c. c., qui dispose « que l'autorisation du conseil de famille est nécessaire au tuteur pour provoquer un partage (4) ».

On objecte, il est vrai, que la disposition de l'article 465 c. c. a été abolie par l'article 9 de la loi du 12 juin 1816, qui porte:

---

(1) Contrà : DALLOZ, *Rép.*, v⁰ Succession, n⁰ˢ 1673 et 1674 et v⁰ Compétence civile, n⁰ 78.

(2) Pour la désignation du notaire, voir chapitre XI, livre premier, p. 92.

(3) Ar. Bruxelles 26 décembre 1855 (*Pas.*, 1858, 2, 65).

(4) Voyez en outre l'article 817 c. c.

« sont également abolies par les présentes, les dispositions et formalités prescrites par les lois actuellement existantes à l'égard du partage et la licitation des successions auxquelles sont intéressés des interdits ou mineurs comme copartageants ».
Mais, comme le disent les rédacteurs de la *Jurisprudence des tribunaux de première instance*, t. 2, p. 159 : « l'autorisation du conseil de famille n'est pas une disposition relative au partage et encore moins une des formalités de cet acte, c'est un préalable exigé par la loi afin que le tuteur ne compromette pas, par une demande intempestive, ou mal fondée, les intérêts de ses pupilles, et dont l'accomplissement lui donne seul qualité pour le provoquer. Or, la loi du 12 juin 1816 n'a rien statué sur la question de savoir qui peut provoquer un partage. Elle a voulu seulement abolir les formalités longues et dispendieuses des lois préexistantes, mais elle a laissé, dans leur entier, les autres dispositions du droit commun ».

Telle est également l'opinion de l'éditeur du *cours du notariat par Augan, mis en rapport avec la législation et la jurisprudence de Belgique*, page 500, qui dit : « ainsi, il nous semble évident, qu'après comme avant la loi du 12 juin 1816, le tuteur ne peut, sans autorisation du conseil de famille, provoquer *seul* le partage (article 465 c. c.) (1) ».

11. — Il est à remarquer que l'article 465 c. c. ne distingue pas entre le cas où il y a des mineurs *seuls* intéressés au partage, et celui où il y a indivision entre eux et des majeurs. Dans l'un comme dans l'autre cas, lorsque le tuteur veut *provoquer* un partage, il doit demander l'autorisation du conseil de famille.

12. — Si la loi prescrit l'intervention du conseil de famille, c'est que des motifs de convenance ou d'intérêt exigent parfois que l'indivision soit maintenue malgré les inconvénients qu'elle

---

(1) Conf. ar. Liége 24 mai 1827 (*Cloes* et *Bonj.*, t. 2, p. 160); ar. Bruxelles 12 et 23 février 1826 rapportés sous ces deux dates dans la *Pasicrisie*; ar. Gand 27 février 1846 (*Pas.*, 1846, 2, 93).

entraîne. Mais il peut être avantageux au mineur que l'on procède au partage (1). Le législateur n'a pas voulu laisser le tuteur
seul maître d'apprécier ces intérêts divers.

13. — L'autorisation du conseil de famille ne doit pas être
homologuée par le tribunal. La loi ne l'exige pas (2). Cela résout
la question. Il y a cependant un arrêt en sens contraire (3).

14. — Les membres du conseil qui ont été d'avis de maintenir l'indivision peuvent attaquer la délibération, et le tribunal
saisi de la réclamation, peut réformer ce que le conseil a
décidé (4).

15. — Il ne faut pas distinguer si la succession est mobilière
ou immobilière. L'autorisation du conseil de famille est nécessaire au tuteur pour provoquer le partage des meubles, comme
pour provoquer le partage des immeubles (5).

16. — Si le tuteur intente l'action en partage sans y avoir
été autorisé par le conseil de famille, celui contre lequel le
partage est provoqué, peut opposer le défaut d'autorisation, car
le tuteur non autorisé n'a aucune qualité. L'assigné y a tout
intérêt, puisqu'il en résulterait une action en nullité au profit
du mineur (6).

17. — L'action en partage formée par le créancier en vertu
de l'article 1166 c. c., au nom de ses débiteurs mineurs, est-elle
astreinte à un avis préalable du conseil de famille (7)?

Nous croyons que non, et pour l'établir nous nous fondons
sur l'article 465 c. c. D'après cet article, le tuteur peut, sans
autorisation du conseil de famille, répondre à une demande en
partage dirigée *contre le mineur*. Or, la subrogation judiciaire

(1) Laurent, t. 5, p. 85, n° 74.
(2) Laurent, t. 5, p. 86, n° 75; t. 10, p. 278, n° 246. — Ar. Bordeaux
23 août 1870 (Dalloz, 1871, 2, 147).
(3) Angers 19 juin 1851 (Dalloz, 1851, 2, 163).
(4) Laurent, t. 5, p. 87, n° 75.
(5) Dalloz, *Rép.*, v° Succession, n° 1593. Laurent, t. 10, p. 278, n° 246;
t. 5, p. 86, n° 74.
(6) Voir plus loin chapitre XI, livre deuxième, n° 2, 2°, b.
(7) Voyez plus haut p. 75, n° 4.

est une demande formée *contre le débiteur*. Elle est une véritable saisie des droits qui compètent au débiteur et comme telle, elle doit être formée en justice contre lui (1). Il en résulte que la demande en partage, quoique intentée au nom des mineurs, est en réalité formée contre ceux-ci, et qu'il y a par conséquent lieu d'appliquer l'article 465 § 2 c. c. De plus, l'esprit même de l'article 465 c. c. doit nous faire adopter cette opinion. Comme le dit Mr Schuermans, « pourquoi cet article astreint-il le tuteur à un avis préalable de la famille? C'est évidemment pour empêcher le tuteur de provoquer mal à propos un partage désavantageux aux mineurs. Il peut se trouver, en effet, mille circonstances où le partage d'immeubles appartenant en commun à des majeurs et à des mineurs, porterait préjudice à ceux-ci; la division d'un ensemble de propriétés peut diminuer la valeur relative de chacune d'elles, et le total de location des parcelles peut ainsi être inférieur à la location en bloc...... La loi a donc laissé aux conseils à décider s'il y avait opportunité à provoquer le partage.

« Mais quand il y a nécessité de partager, non pas pour les intérêts des mineurs, mais pour les intérêts d'un tiers, quel avis le conseil de famille pourrait-il donner sans se constituer juge des intérêts de ce tiers, et, remarquons-le, juge souverain, car la délibération prise par le conseil n'est pas susceptible d'opposition de la part du créancier (articles 882 et suiv. c. pr. c.)? Un avis unanime du conseil de famille décidé à neutraliser l'action du créancier en ne permettant pas le partage des biens indivis, le refus même de délibérer, entraverait donc l'action autorisée par l'article 1166 c. c. Le patrimoine des débiteurs mineurs cesserait ainsi d'être le gage commun de leurs créanciers (2) ».

(1) PROUDHON, *Traité sur l'usufruit*, nos 2236 et ss.
(2) Hasselt 14 mars 1860 (*Cloes et Bonj.*, t. 9, p. 572 et les conclusions de M. Schuermans). Laurent, t. 10, p. 285, n° 255. — Contrà : Anvers 6 décembre 1867 (*Belg. jud.*, t. 26, p. 826). Le tribunal d'Anvers se fonde sur ce que la disposition de l'article 465 c. c., qui exige l'autorisation du conseil de famille, est générale, et sur ce que le tiers ne peut avoir plus de droits que le tuteur lui-même.

18. — En vertu de l'article 465 c. c., le tuteur peut, sans autorisation du conseil de famille, répondre à une action en partage dirigée contre son pupille (1). Cette distinction entre le cas où l'action en partage est demandée par le tuteur et celui où elle est intentée contre lui, repose sur le principe que, lorsque l'acte est nécessaire, l'autorisation pour le faire devient superflue. *Ejus est velle, qui potest nolle* (2).

Or, le partage doit avoir lieu dès qu'il est demandé, puisque nul ne peut être contraint à demeurer dans l'indivision. Pourquoi du reste faire intervenir le conseil de famille, aux fins d'autoriser un acte qu'il ne peut empêcher?

19. — De même le tuteur, contre qui, en cette qualité, une action en partage a été intentée, peut acquiescer au jugement de première instance et l'exécuter sans l'autorisation du conseil de famille. En effet, puisqu'il peut, sans autorisation du conseil de famille, répondre à une action en partage, il faut bien en conclure qu'il ne lui faut pas une autorisation du conseil de famille pour acquiescer à un jugement ordonnant le partage (3).

20. — Si c'est le tuteur d'un mineur admis dans un établissement de charité qui veut intenter l'action en partage, il doit demander l'autorisation à la commission administrative des hospices.

Mais il est à remarquer que cette autorisation ne peut être demandée que par le tuteur délégué.

Le tuteur nommé au mineur, avant son admission à l'hospice, ne le pourrait pas, peu importe que l'admission de cet enfant, régulière en la forme, fût ou non légalement justifiée.

21. — Ce que nous venons de dire du mineur et de son tuteur s'applique à l'interdit et à son tuteur.

22. — Le mineur émancipé a besoin de l'assistance de son

(1) Ar. Gand 27 février 1846 (*Pas.*, 1846, 2, 93).
(2) Dalloz, *Rép.*, v° Succession, n° 1589.
(3) Ar. Cologne 19 juillet 1844 (*Belg. jud.*, t. 3, p. 667).

curateur pour provoquer le partage. Cela résulte des articles 482 et 840 c. c. Ce n'est pas là un acte de pure administration.

Il en serait ainsi, même si le partage n'avait pour objet que des meubles. L'article 840 ne distingue pas (1).

23. — Le mineur émancipé doit-il avoir en outre l'autorisation du conseil de famille?

Non, cela résulte de l'article 840 c. c. qui déclare définitifs les partages faits, soit par les tuteurs avec l'autorisation du conseil de famille, soit par les mineurs émancipés assistés de leur curateur. Cet article n'exige pas dans ce dernier cas l'autorisation du conseil de famille. En outre, l'article 817 c. c. n'impose cette formalité qu'à l'égard des mineurs en tutelle.

On a cependant douté, à cause de l'article 484 du code civil qui dit que « le mineur émancipé ne peut vendre, ni aliéner ses immeubles, ni faire aucun acte autre que ceux de pure administration, sans observer les formes prescrites au mineur non émancipé ». Or, dit-on, le tuteur ne peut provoquer le partage qu'avec l'autorisation du conseil de famille; il faut donc que le mineur émancipé soit également autorisé par le conseil de famille. Mais on oublie que l'article 840 c. c. modifie ce principe, et qu'en outre l'article 482 c. c. prescrit seulement l'assistance du curateur pour intenter une action immobilière, quoique ce ne soit pas là un acte de pure administration (2).

24. — Le mineur émancipé peut, assisté de son curateur, répondre à une demande en partage dirigée contre lui. (Article 482 c. c.) Il n'a pas besoin de l'autorisation du conseil de famille.

25. — Nous avons dit qu'il n'y a pas de conseil de famille près du père administrateur légal des biens de ses enfants mi-

---

(1) DALLOZ, *Rép.*, v° Succession, n° 1598.

(2) LAURENT, t. 5, n° 226, p. 258; t. 10, p. 278, n° 247. DALLOZ, *Rép.*, v° Succession, n° 1599. Jug. du tribunal de la Seine du 13 juin 1858 (*Belg. jud.*, t. 16, p. 1254). — Contrà : Delvincourt.

neurs (1). Il n'est donc pas tenu, comme le tuteur, de se pourvoir d'une autorisation du conseil de famille pour pouvoir provoquer un partage. Mais si l'action a pour objet le partage d'immeubles, l'action étant immobilière, il aura, croyonsnous, besoin de l'autorisation de la justice (2). Si l'action a pour objet le partage de meubles, l'action étant mobilière, nous croyons que le père administrateur n'aura pas besoin, pour l'intenter, de demander l'autorisation de la justice.

26. — Le père administrateur n'a pas besoin d'autorisation pour répondre à une action en partage dirigée contre son enfant mineur. Du reste le tuteur lui-même n'en a pas besoin.

27. — Le curateur au ventre n'ayant que le droit de prendre des mesures provisoires et conservatoires, ne peut intenter une action en partage au nom de l'enfant à naître. Mais il nous paraît certain qu'il peut répondre à une action en partage (3).

28. — Aux termes de l'article 461 c. c., le tuteur ne peut accepter la succession échue à son pupille, qu'avec l'autorisation du conseil de famille, et cette acceptation doit avoir lieu sous bénéfice d'inventaire.

Quid si le tuteur intentait une action en partage avant d'avoir rempli ces formalités?

Nous renvoyons pour la solution de cette question à ce que nous avons dit p. 77, n° 8.

29. — Mais nous ne pensons pas que le ministère public ou le tribunal puissent d'office opposer la non-acceptation de la succession pour repousser la demande, cette formalité n'étant pas d'ordre public. Toutefois, ils devraient engager le tuteur à se mettre en règle.

(1) Voyez plus haut pages 29 n° 3 et 59 n° 5.

(2) Voyez cependant Seligman. « De l'administration légale des biens des mineurs par les père et mère pendant le mariage ». (*Revue critique*, p. 704, année 1875.)

(3) Consultez Dalloz, v° Minorité, n° 131 et 132 et ar. Besançon 4 mai 1810.

30. — L'action en partage pourrait-elle être valablement dirigée contre un mineur dans la personne de son tuteur, même avant toute acceptation de la succession?

Nous renvoyons encore pour la solution de cette question à ce que nous avons dit page 90, n°s 10, 11 et 12.

CHAPITRE XI.

Formalités qui précèdent les opérations du partage de biens dans lesquels sont intéressés des mineurs.

1. — Les parties doivent choisir le notaire qui procédera au partage. Si elles ne parviennent pas à se mettre d'accord sur le choix de cet officier public, celui-ci doit être désigné par le tribunal (1).

2. — Les copartageants doivent faire fixer le jour où auront lieu les opérations du partage. A cet effet, ils doivent s'adresser par requête au juge de paix, puisque c'est lui qui préside aux opérations du partage (2).

Le juge de paix fixe le jour après s'être concerté avec le notaire (article 5 de l'arrêté du 12 septembre 1822).

3. — Le juge de paix doit en même temps désigner le lieu où se feront les opérations du partage (3).

4. — Aux termes de l'article 976 c. pr. c., le poursuivant doit faire sommer les copartageants de comparaître au jour indiqué devant le notaire, à l'effet de procéder aux comptes, rapports, etc.

---

(1) Voir livre 1er, chapitre XI, p. 92.

(2) Voir plus loin chapitre XII § 2, nos 4 et ss., livre deuxième.

(3) Voir plus loin chapitre XII § 2, nos 4 et ss., livre deuxième. — Consultez chap. XIV, livre premier, p. 166.

CHAPITRE XII.

Formalités à observer lors du partage des biens dans lesquels sont intéressés des mineurs.

1. — Ces formalités sont indiquées dans l'article 9 de la loi du 12 juin 1816, ainsi conçu:

« Ce partage se fera désormais par le ministère d'un notaire et témoins, par devant le juge de paix du canton où la succession est ouverte, et en présence des tuteurs, des tuteurs spéciaux et subrogés des mineurs, ou des mineurs émancipés assistés de leurs curateurs, ou, au lieu de l'émancipé, d'une personne autorisée à cette effet par procuration spéciale. Le juge de paix devra veiller particulièrement à ce que les lots soient dûment formés, et en général, à ce que les intérêts des mineurs soient convenablement observés dans ces partages. Lorsque les intéressés majeurs et les tuteurs des mineurs ou bien ces derniers entre eux, ne s'accordent point sur la formation des lots, ou lorsque le juge de paix lui-même le trouvera convenir pour les intérêts des mineurs, il désignera un ou plusieurs experts, et leur fera prêter le serment à l'effet de former les susdits lots. Les lots ainsi formés seront, par devant le juge de paix, adjugés aux divers copartageants, soit par arrangement à l'amiable, soit par la voie du sort; et il en sera fait mention dans l'acte notarié du partage ».

2. — Les formalités ont donc pour objet:

1° le notaire qui doit faire le partage;
2° la présence du juge de paix au partage;
3° la présence des tuteurs et des subrogés tuteurs des mineurs;
4° la formation des lots;
5° l'attribution des lots.

§ 1ᵉʳ.

Notaire qui doit faire le partage.

1. — L'article 9 de la loi du 12 juin 1816 veut que le partage d'une succession dans laquelle sont intéressés des mineurs soit fait par un notaire. Le texte de cet article est formel. Une autre personne que le notaire ne pourrait procéder au partage, quelle que soit la valeur des objets à partager (1).

2. — Le notaire est choisi par les parties ou nommé d'office par le tribunal.

3. — L'article 9 de la loi de 1816 exige que le notaire soit assisté de témoins. Il dit en effet : « le partage se fera désormais par le ministère d'un notaire et *témoins* ».

4. — Ces témoins sont choisis par le notaire.

5. — Le partage pourrait-il se faire par le ministère de deux notaires sans intervention de témoins, conformément à l'art. 9 de la loi du 25 ventôse an XI ?

Nous ne pensons pas que le législateur de 1816 ait voulu déroger à la loi du 25 ventôse an XI. Nous croyons qu'il en a conservé toutes les prescriptions. Cela est tellement vrai, qu'il dit que le partage se fera en présence de témoins, sans en désigner le nombre, s'en rapportant, il n'y a pas de doute, à la loi de ventôse an XI, appliquant même, pourrions-nous dire, la loi de ventôse an XI. Du reste, qu'on lise le préambule de l'article 9. Il dit : « Sont abolies les dispositions et formalités prescrites par les lois existantes, à l'égard du partage et de la licitation des successions auxquelles sont intéressés des mineurs ou des interdits comme copartageants. » Il en résulte que le législateur n'a eu en vue que les formalités spécialement prescrites pour le partage des biens des mineurs, mais qu'il n'a nullement

____

(1) Ar. Bruxelles 23 juin 1873 (*Pas.*, 1874, 2, 50).

songé à modifier les prescriptions portées par les lois générales, s'appliquant à tous les actes, et par conséquent les prescriptions de l'article 9 de la loi du 25 ventôse an XI.

Il est vrai que l'article 977 c. pr. c. voulait que le notaire commis procédât seul et sans l'assistance d'un second notaire ou de témoins, aux partages judiciaires. Mais dans le système du code de procédure, cela n'offrait rien d'étonnant, car un pareil partage n'était pas définitif. Il n'était qu'un projet qui ne devenait réellement un partage que par l'homologation du tribunal sur le rapport du juge commissaire (art. 981 c. pr. c.). Ce partage n'étant qu'un acte non public pouvait encore subir des modifications. Il n'y avait donc pas d'inconvénients à permettre au notaire de procéder seul. D'après la loi du 12 juin 1816, au contraire, le partage ne doit pas être homologué par le tribunal ; il n'est donc pas étonnant que le législateur ait voulu revenir aux principes généraux.

Quoiqu'il en soit, pour plus de sûreté et pour éviter toute difficulté, nous conseillons au notaire de toujours s'adjoindre deux témoins plutôt que de s'adjoindre un notaire en second. En agissant ainsi, il se conforme tout à la fois, à la loi spéciale et à la loi organique du notariat (1).

§ 2.

Présence du juge de paix au partage.

1. — Aux termes de l'article 9 de la loi du 12 juin 1816, le partage doit se faire en présence du juge de paix du canton où la succession s'est ouverte (art. 9 de la loi du 12 juin 1816).

2. — La loi dit que le partage doit se faire en présence du juge de paix du canton où la succession s'est ouverte (art. 9 de la loi du 12 juin 1816). Par conséquent, si des mineurs sont intéressés dans plusieurs successions, le partage des biens indivis

(1) *Cloes* et *Bonj.*, t. 6, p. 44.

devra, pour chacune d'elles, avoir lieu devant le juge de paix du canton où elle s'est ouverte.

Ainsi, par exemple, une succession dévolue pour le tout à des majeurs est ouverte à Termonde. Un de ces majeurs vient à mourir à Gand, où il est domicilié, et il laisse des enfants mineurs. Le partage des biens provenant de la première succession devra avoir lieu devant le juge de paix du canton de Termonde, et le partage des biens provenant de la deuxième succession devra avoir lieu devant le juge de paix du canton de Gand. Le partage de ces deux successions ne pourra avoir lieu devant le même juge de paix. Le texte est formel (1).

3. — S'il s'agissait du partage de biens ne provenant pas d'une succession, le partage devrait avoir lieu devant le juge de paix du canton où sont situés les immeubles ou les meubles.

4. — Le juge de paix devant qui il est procédé aux opérations du partage où des mineurs sont intéressés, est considéré comme le chef ou le président de l'assemblée. Cela résulte, comme nous l'avons déjà dit, du texte hollandais qui emploie le mot très énergique de *ten overstaan*, qui rend bien l'idée de l'autorité exercée par le juge de paix. Ce qui prouve encore que la loi a considéré ce magistrat comme le président de l'assemblée, c'est qu'elle l'a chargé de veiller particulièrement à ce que les lots soient dûment formés, à ce que les intérêts des mineurs soient convenablement observés dans ces partages, qu'elle le charge de la nomination des experts lorsque les parties ne s'entendent pas, et qu'elle lui donne même le pouvoir de nommer d'office un ou plusieurs experts pour la formation des lots, quand il trouve que l'intérêt des mineurs l'exige.

Enfin, on trouve, en outre, dans l'arrêté royal du 12 septembre 1822, la confirmation des pouvoirs d'inspection et de contrôle conférés au juge de paix. D'après l'article 5 de cet arrêté, le notaire commis doit soumettre au juge de paix, dix jours au

____

(1) Bordeaux 20 avril 1831 (Dalloz, *Rép.*, v° Succession, n° 1672), Liége 23 mars 1861 (*Pas.*, 1862, 2, 97), 11 janvier 1862 (*Pas.*, 1864, 2, 259).

moins avant celui fixé pour le partage, les pièces constatant le mode d'après lequel il sera procédé, et il doit se concerter avec ce magistrat sur l'époque à fixer pour le partage.

Nous concluons de là que le juge de paix a la direction principale des opérations du partage, qu'il est le président de l'assemblée, et que, par conséquent, le notaire et tous ceux qui assistent au partage sont soumis à son autorité. Il représente la justice (1).

5. — En cette qualité c'est au juge de paix que les copartageants doivent demander jour par requête pour procéder à un partage (2). Ce magistrat fixe le jour après s'être concerté avec le notaire (article 5 de l'arrêté royal du 12 septembre 1822). Il fixe également le lieu où se feront les opérations du partage (3).

6. — Pour le lieu où peuvent se faire les opérations du partage, voyez plus haut page 166, chapitre XVI.

7. — Le juge de paix n'intervient que dans les opérations même du partage. Il n'intervient pas dans la confection du projet de partage, lequel est dressé par le notaire seul. Mais il est tenu de soumettre ce projet à un examen minutieux.

L'article 5 de l'arrêté royal du 12 septembre 1822 impose en effet au notaire, l'obligation de communiquer son projet au juge de paix, dix jours au moins avant celui fixé pour les opérations du partage, et il fait un devoir à ce magistrat d'en prendre connaissance, et d'examiner s'il ne renferme pas des clauses contraires à la loi, à l'arrêté de 1822, ni aux intérêts des ayants-

---

(1) LAURENT, t. 10, p. 340, n° 308. Ar. Gand 9 décembre 1853 (*Pas.*, 1854, 2, 36). — Voir plus haut p. 138, n° 2.

(2) Ar. Gand 9 décembre 1853 (*Pas.*, 1854, 2, 36). Un notaire avait soutenu le contraire. Sa prétention a été repoussée par l'arrêt précité de la Cour de Gand du 9 décembre 1853. Voyez page 139, note 2.

(3) Dans une instruction du ministre de la justice en date du 3 septembre 1816 envoyée au procureur-général de Bruxelles, il est dit que dans les provinces septentrionales le jour et le lieu de la vente sont déterminés d'un commun accord par le juge de paix et le notaire. (*Recueil des circulaires du ministère de la justice.*)

cause. S'il y découvre quelque chose de ce genre, il doit veiller à ce que les changements et rectifications nécessaires y soient faits. Il ne peut les imposer. Aussi, si le notaire refuse d'apporter à son projet les rectifications ou changements proposés par le juge de paix, ce magistrat, par suite de ce dissentiment, doit en référer au président du tribunal.

8. — Le juge de paix ne peut et ne doit intervenir que pour faire modifier ou rectifier les clauses du projet d'acte de partage contraires à la loi, dont le notaire lui-même est l'auteur, qui sont l'œuvre de cet officier public.

Supposons qu'un père vienne à mourir laissant plusieurs enfants mineurs, et que, par son testament, il donne à sa veuve une part dans sa succession, excédant la quotité disponible. Un notaire est nommé pour procéder au partage des biens du *de cujus*. Le juge de paix peut-il faire modifier ou faire rectifier le projet de partage en se fondant sur ce que chaque enfant mineur ne recueille pas dans la succession de son père, la part à laquelle il a droit en vertu de la loi? Evidemment non, il n'a pas ce pouvoir; car ce serait lui reconnaître le droit de refaire le testament conjointement avec le notaire! (1).

9. — Le juge de paix n'a pas seulement pour devoir d'examiner le projet de partage dressé par le notaire. Il doit, en outre, lors des opérations du partage, veiller particulièrement à ce que les lots soient dûment formés, et, en général, à ce que les intérêts des mineurs soient convenablement observés dans les partages (art. 9 de la loi du 12 juin 1816) (2).

10. — Comment le juge de paix peut-il s'acquitter de ce devoir?

(1) Lorsque le juge de paix constate que les enfants mineurs ne recueillent pas leur part légitime, il doit le signaler au tuteur et au subrogé-tuteur, ainsi qu'au conseil de famille. Dans le cas où c'est le tuteur qui a reçu la part excédant la quotité disponible, nous sommes d'avis que le juge de paix doit réunir le conseil de famille (n° 33 de ma brochure sur *la tenue des tutelles*), et veiller à ce que le tuteur donne une garantie hypothécaire suffisante.

(2) Voyez plus haut, p. 139, n° 5.

L'article 7 de la loi du 12 juin 1816 impose au juge de paix l'obligation de veiller à ce que dans *les ventes d'immeubles*, il ne se fasse rien au préjudice des mineurs; mais il a soin d'ajouter que si le juge découvre quelque chose en ce genre, il doit surseoir à la vente et adresser un rapport par écrit au tribunal, qui statuera d'après ce qui sera trouvé convenable. L'article 9 de la même loi est muet sur la procédure à suivre par le juge de paix pour s'acquitter des devoirs qu'il lui impose, dans le cas par exemple, où il n'approuve pas la composition des lots faite par les experts. Il ne peut pas s'adresser par référé au président du tribunal de première instance, car l'article 5 de l'arrêté royal du 12 septembre 1822 ne prévoit que le cas où il y a dissentiment entre le juge de paix et le notaire.

Nous sommes d'avis qu'il doit suivre la même procédure que celle indiquée dans l'article 7 prérappelé. Nous nous fondons sur l'article 6 § 2 de l'arrêté royal du 12 septembre 1822, qui, statuant pour les ventes et les *partages*, dispose comme suit :

« Ils (les procureurs-généraux et autres officiers de justice) « veilleront en outre à ce qu'il soit de suite sursis aux ventes « ou *partages* des successions, à l'égard desquels il y aurait « déviation des dispositions de la loi ou de notre présent arrêté, « et qu'il en soit fait *rapport* au tribunal ou au juge commis- « saire compétent, pour y être statué ainsi qu'il appartiendra. »

Il résulte de cet article que le ministère public doit enjoindre aux juges de paix de faire rapport au tribunal, lorsque les intérêts des mineurs peuvent être lésés. Il faut en conclure que ce magistrat a le droit de s'adresser *directement* au tribunal, notamment dans le cas où il n'approuverait pas la composition des lots.

§ 3.

Présence des tuteurs et des subrogés-tuteurs des mineurs.

1. — Presque tout ce que nous avons dit au chapitre XIV, § 3, page 130, est applicable au partage. Nous y renvoyons

nos lecteurs. Nous nous bornerons à indiquer ici quelques règles spéciales.

2. — L'article 9 de la loi du 12 juin 1816 veut que le partage des biens, dans lesquels des mineurs sont intéressés, se fasse en présence des tuteurs et des subrogés-tuteurs des mineurs. Il exige leur présence simultanée (1).

3. — Le partage doit se faire, en outre, devant des tuteurs spéciaux dans le cas de l'article 838 c. c.

Cet article est conçu comme suit :

« S'il y a plusieurs mineurs qui aient des intérêts opposés « dans le partage, il doit leur être donné à chacun un tuteur « spécial et particulier. »

Cette disposition, qui statue pour le cas où plusieurs mineurs ont le même tuteur, doit encore être suivie sous le régime de la loi du 12 juin 1816. Le législateur, en mentionnant expressément dans cette loi (article 9), la présence des tuteurs spéciaux aux partages dans lesquels des mineurs sont intéressés, a clairement marqué sa volonté de conserver cette disposition (2).

4. — Le tuteur spécial est nommé par le conseil de famille. On suit les règles ordinaires pour la nomination des tuteurs (article 968 c. pr. c.).

5. — C'est au tuteur principal à poursuivre la nomination du tuteur spécial (3).

6. — Pour qu'il y ait lieu de donner aux mineurs un tuteur spécial, il faut que les intérêts des mineurs soient *opposés*. La loi le dit : articles 838 c. c. et 968 c. pr. c. Il ne suffit donc pas que plusieurs mineurs figurent au partage (4), comme l'en-

(1) Voir plus haut, p. 130, n° 1.
(2) Voir *Moniteur du notariat*, t. 3, n° 192, p. 273.
(3) CHAUVEAU sur CARRÉ, n° 3190 3°.
(4) Conf. ar. de la Cour d'Aix du 3 mars 1807 et de la Cour de Rennes du 27 août 1812. Cass. fr. 8 novembre 1814. *Moniteur du notariat*, t. 11, p. 353, n° 550 ; t. 17, n° 850, p. 249. DALLOZ, *Rép.*, v° Succession, n° 1595. LAURENT, t. 10, p. 340, n° 307. CHAUVEAU sur CARRÉ, n° 3190. PAILLET, sur l'article 838, note (2).

seignent quelques auteurs (1). D'après eux, en effet, il y a opposition d'intérêts, du moment que plusieurs mineurs sont appelés à un même partage. Cette doctrine est inadmissible ; aussi est-elle rejetée par la majorité des auteurs. Il suffit de voir le texte de l'article 838 c. c. pour se convaincre qu'elle est erronée. En effet, il ne dit pas qu'il y a lieu de nommer des tuteurs *ad hoc* toutes les fois que des mineurs sont intéressés dans un partage. Il dit qu'il faut nommer des tuteurs *ad hoc* lorsqu'il y a plusieurs mineurs qui *ont des intérêts opposés dans le partage*. Il en résulte que plusieurs mineurs peuvent être intéressés dans un partage, sans que leurs intérêts soient opposés dans le sens du code.

Il est donc évident qu'on ne doit pas nommer un tuteur spécial à chacun des copartageants mineurs pourvus d'un seul et même tuteur, si ces mineurs sont appelés à recueillir la succession par portions égales.

A quoi bon du reste? Tout ce qu'il y aurait à craindre, c'est que le tuteur, dans la formation des lots, ne cherchât à favoriser l'un de ses pupilles au préjudice des autres. Mais pour cela, il faudrait qu'il y eût entente entre lui et le notaire.

Or, cette manœuvre peut être prévenue par le subrogé-tuteur qui, à raison de ses fonctions, doit dénoncer au juge de paix la fraude que voudrait commettre le tuteur. Elle peut l'être également par ce magistrat qui a pour devoir de veiller particulièrement à ce que les lots soient dûment formés, et en général à ce que les intérêts des mineurs soient convenablement sauvegardés dans ces partages.

Voilà donc deux surveillants légaux des actes du tuteur. Qu'y-a-t-il à craindre pour les mineurs (2)?

7. — D'après les rédacteurs du *Moniteur du notariat*, il n'y a opposition d'intérêts que lorsque, par suite de circonstances spéciales, les mineurs copartageants ne se trouvent pas dans la

----

(1) De la Porte et Bouquet, *Traité des conseils de famille*, t. 2, p. 130.

(2) *Cloes et Bonjean*, t. 1, p. 306. Dalloz, v° Succession, n° 1394.

même position : si, par exemple, l'un d'eux a été avantagé au préjudice des autres ; si les legs qui leur ont été faits ne doivent pas s'exercer de la même manière, les uns portant sur les meubles, les autres sur les immeubles ; si l'un des mineurs a un rapport à faire, un prélèvement ou un préciput à exercer; ou lorsque dans le cours du partage s'élèvent des contestations sur les droits de l'un ou de quelques-uns d'entre eux (1).

8. — Des tuteurs spéciaux ne doivent être nommés qu'aux mineurs qui ont des intérêts différents (2). En effet, si l'un des mineurs seulement se trouve dans l'une ou l'autre des circonstances que nous venons d'indiquer, il est évident qu'il n'y aura lieu de faire nommer un tuteur spécial que pour lui seul; les autres mineurs copartageants continuent à être représentés par le tuteur commun.

9. — Si les mineurs sont émancipés, le partage doit se faire devant eux, assistés de leur curateur (art. 9 de la loi du 12 juin 1816).

L'émancipé peut être remplacé par une personne autorisée à cet effet par procuration spéciale (art. 9 de la même loi).

10. — Le partage ne pourrait pas se faire hors de la présence des tuteurs et des subrogés-tuteurs des mineurs, ou hors de la présence du mineur émancipé et de son curateur, ou hors de la présence de la personne autorisée à remplacer le mineur émancipé et de son curateur.

§ 4.

De la formation des lots.

1. — Nous n'avons pas à nous occuper ici des règles relatives à la formation de la masse partageable et aux prestations que doivent faire les parties, prestations qui ont pour cause :

---

(1) T. 11, p. 353, n° 550. MALLEVILLE, t. 2, p. 302; PIGEAU, t. 2, p. 763; CHABOT, p. 384, 4ᵉ édit.

(2) *Cloes et Bonj.*, t. 1, p. 306.

les indemnités que doivent ceux qui ont administré les biens, ou celles qui leur sont dues, les rapports auxquels sont assujettis les donataires, les dettes et créances que les héritiers peuvent avoir à l'égard du défunt. Ces règles ne concernent pas la matière que nous nous sommes proposé de traiter, puisqu'elles s'appliquent à tous partages, et que nous limitons notre travail à l'examen des règles spéciales aux partages dans lesquels sont intéressés des mineurs.

Pour le même motif, nous n'avons pas à nous occuper des règles qui doivent être observées dans la formation des lots.

2. — C'est le notaire qui doit procéder à la formation des lots, sous la surveillance du juge de paix. La loi impose, en effet, à ce magistrat l'obligation de veiller particulièrement à ce que les lots soient dûment formés (art. 9 de la loi du 12 juin 1816). Le notaire procède à cette opération par lui-même. Elle rentre dans ses attributions.

3. — Mais cependant, lorsque les intéressés majeurs et les tuteurs des mineurs, ou bien ces derniers entre eux, ne s'accordent pas sur la formation des lots faite par le notaire, le juge de paix *doit* désigner un ou plusieurs experts pour former les lots (art. 9 de la loi du 12 juin 1816).

4. — Si un copartageant estime que les immeubles d'une succession à partager, dans laquelle sont intéressés des mineurs, ont été portés en-dessous de leur valeur réelle dans le projet de partage dressé par le notaire, il a le droit de demander au juge de paix la nomination d'experts chargés de former les lots. Il ne pourrait pour ce motif demander la licitation des immeubles (1).

5. — Le juge de paix, alors même que toutes les parties seraient d'accord sur la formation des lots faite par le notaire, doit, s'il estime que les intérêts des mineurs peuvent être lésés,

(1) Jug. Bruxelles 3 août 1850 (*Monit. du not.*, t. 4, p. 70).

désigner un ou plusieurs experts pour former les lots (art. 9 de la loi du 12 juin 1816).

6. — Il importe peu que l'estimation des immeubles ait été faite à l'inventaire. Des experts pourraient encore être nommés pour évaluer les immeubles (1).

7. — Le juge de paix choisit les experts sans devoir tenir compte des propositions faites par les parties.

8. — Les experts prêtent serment entre les mains du juge de paix (art. 9 de la loi du 12 juin 1816).

9. — La loi de 1816 dit que le juge de paix nommera un ou plusieurs experts. Nous ne pensons pas qu'il pourrait en désigner plus de trois; c'est le nombre habituel (article 303 c. pr. c.).

10. — Lorsque le juge de paix a nommé des experts, ce sont eux qui forment les lots (art. 9 de la loi du 12 juin 1816).

11. — C'est au juge de paix seul qu'appartient le droit de désigner les experts chargés de procéder à la formation des lots (2).

Ainsi dans le cas où il y aurait eu contestation devant le tribunal, sur le point de savoir si les immeubles sont ou non commodément partageables, si le tribunal a nommé des experts, et si ceux-ci trouvent que le partage en nature est possible, le tribunal, en décidant qu'il y aura partage, doit renvoyer les parties devant le juge de paix avec ordonnance d'observer les formalités de la loi du 12 juin 1816. Mais ces experts ne peuvent former les lots, comme l'a décidé à tort le tribunal de Charleroi, par jugement en date du 19 décembre 1873 (3).

Ils n'ont à se prononcer que sur la question de partageabilité des biens. C'est devant le juge de paix que doit se régler le mode de partage et que doit se faire le partage. Les lots sont

(1) *Monit. du not.*, t. 24, p. 401, nº 1234.
(2) Jug. Gand 4 juin 1873 (*Belg. jud.*, t. 31, p. 1241).
(3) *Pas.*, 1874, 3, 204.

formés par le notaire et, en cas de contestation, par des experts nommés par le juge de paix (1).

12. — Il est à remarquer qu'aux termes de l'article 9 de la loi du 12 juin 1816, les experts nommés par le juge de paix ont pour mission unique de former les lots. Ils n'ont pas compétence pour décider si le partage en nature peut s'effectuer commodément. C'est à l'autorité judiciaire elle-même qu'il appartient exclusivement de décider si les biens dépendant d'une succession peuvent se partager commodément, sauf à recourir à l'avis d'experts si elle ne trouve pas dans la cause des éléments suffisants d'appréciation (2).

13. — Le rapport des experts ne doit pas être soumis à l'homologation du conseil de famille. L'article 9 de la loi du 12 juin 1816 ne le requiert pas; on ne peut par conséquent l'exiger. Ce point ne peut être l'objet d'un doute (3).

14. — Il va de soi que si les parties critiquent la formation des lots faite par les experts, le juge de paix doit renvoyer devant le tribunal, parce que la loi ne lui attribue pas compétence pour juger les contestations.

15. — Les copartageants ne pourraient soutenir devant les tribunaux que le partage des biens ne peut commodément s'effectuer, que pour autant que cette question n'a pas été l'objet d'une décision judiciaire. Si un jugement avait statué que le partage peut commodément s'en faire, les parties ne pourraient plus soulever la question de partageabilité.

16. — C'est le tribunal du lieu de l'ouverture de la suc-

---

(1) Ar. Liége 1er juin 1850 (*Pas.*, 1850, 2, 212). Voyez cependant ar. Liége 21 janvier 1854 (*Pas.*, 1854, 2, 158).

(2) Ar. Bruxelles 20 janvier 1873 (*Belg. jud.*, t. 31, p. 429 ou *Pas.* 1873, 2, 162). Il peut cependant arriver que des juges de paix nomment des experts pour vérifier si les biens sont ou non commodément partageables. (Voyez p. 77, n° 7.)

(3) Charleroi 27 janvier 1853 (*Cloes et Bonj.*, t. 3, p. 383). ,

cession qui est compétent pour connaître des contestations qui s'élèvent pendant le cours des opérations du partage (article 822 c. c.).

17. — Le tribunal, après avoir statué sur les difficultés qui lui étaient soumises, et après avoir approuvé les lots, ou les avoir modifiés, doit renvoyer les parties devant le juge de paix, car il n'a pas le droit d'attribuer les lots.

18. — Quant à l'intervention du juge de paix dans les opérations du partage, voyez plus haut p. 266, nᵒˢ 9 et 10.

§ 5.

De l'attribution des lots.

1. — Du moment que les parties sont d'accord sur la formation des lots, ou après que le tribunal a définitivement statué sur les difficultés soulevées au sujet de la formation des lots, les lots formés, soit par le notaire, soit par les experts, ou modifiés par le tribunal, sont adjugés aux divers copartageants, soit par arrangement à l'amiable, soit par la voie du sort.

2. — Le tirage au sort est indispensable lorsque les copartageants ne s'arrangent pas à l'amiable. Il suffit qu'il y ait dissentiment entre eux, pour qu'il faille y recourir.

Chaque copartageant a le droit de demander que les lots soient tirés au sort. On ne peut lui imposer l'obligation d'accepter un lot qui ne lui est pas échu par la voie du sort (1).

3. — Le juge de paix ayant le devoir de veiller à ce que les intérêts des mineurs soient convenablement observés dans les partages (article 9 de la loi du 12 juin 1816), a le droit, croyons-nous, de décider d'office que les lots seront tirés au sort.

(1) Jug. Bruxelles 22 novembre 1851 (*Belg. jud.*, t. 10, p. 787); ar. Liége 1ᵉʳ juin 1850 (*Pas.*, 1850, 2, 212).

4. — Le créancier d'un copartageant qui intervient au partage en vertu de l'article 882 c. c., ne peut pas exiger que les lots soient tirés au sort; car il n'a le droit d'assister aux opérations du partage, et d'y intervenir, que pour empêcher que rien ne se fasse en fraude de ses droits. Son rôle se borne à veiller à ce que son débiteur obtienne ce qui lui revient légitimement (1). Le mode d'adjuger les lots ne l'intéresse donc en rien, dès que tous les lots sont d'une égale valeur. Seulement, s'il croyait que les biens composant les lots n'ont pas été estimés à leur véritable valeur, il aurait le droit de provoquer la nomination d'experts par le juge de paix, en conformité de la loi du 12 juin 1816 (2).

5. — C'est devant le juge de paix que doit se faire l'attribution des lots. Le tribunal ne pourrait attribuer les lots aux copartageants.

6. — Le notaire doit mentionner dans l'acte du partage, le mode d'après lequel les lots ont été attribués aux parties : s'ils l'ont été par arrangement à l'amiable ou par la voie du sort (article 9 de la loi du 12 juin 1816).

(1) Ar. Bruxelles 2 juillet 1875 (*Pas.*, 1875, 2, 349).

(2) Ar. Bruxelles 7 avril 1852 (*Pas.*, 1852, 2, 272). LAURENT, t. 10, n° 533, p. 576.

CHAPITRE XIII.

Des devoirs imposés au ministère public par la loi du 12 juin 1816.

1. — Les membres des parquets doivent, aux termes de l'article 6 de l'arrêté royal du 12 septembre 1822, tenir la main à la stricte exécution de la loi du 12 juin 1816 et des dispositions du dit arrêté. Ils doivent veiller, en outre, à ce que les juges de paix s'acquittent avec la plus grande exactitude des soins qui leur sont confiés. Ils doivent particulièrement veiller à ce qu'il soit de suite sursis aux *partages* de successions à l'égard desquels il y aurait déviation des dispositions de la loi de 1816 ou de l'arrêté de 1822, et qu'il en soit fait rapport au tribunal compétent pour y être statué ainsi qu'il appartiendra.

2. — L'article 7 de l'arrêté du 12 septembre 1822 prescrit de plus aux membres des parquets, de poursuivre les notaires qui procèdent à un partage, dans lequel des mineurs sont intéressés, sans observer la loi du 12 juin 1816 et l'arrêté de 1822 (1).

(1) Voyez plus haut chapitre XIX, livre 1er, p. 187.

CHAPITRE XIV.

De l'inobservation des formalités prescrites pour le partage des biens dans lesquels sont intéressés des mineurs.

1. — Tandis que les actes ordinaires sont nuls lorsque les formes prescrites pour la garantie des incapables n'ont pas été observées, aux termes des articles 466 et 840 c. c. le partage fait sans l'observation des formalités prescrites n'est que provisionnel.

Le principe inscrit dans ces articles continue à régir le partage d'une succession dans laquelle est intéressé un mineur. La loi du 12 juin 1816 n'y a apporté aucune modification. Cette loi, dans son article 9, ne s'occupe que des formes et des procédés du partage, qu'elle a voulu rendre plus simples et moins dispendieux; mais rien n'autorise à soutenir, comme on l'a fait, qu'elle abolit, pour les partages de biens appartenant à des mineurs, la sanction attachée par le code civil à l'absence des formes légales (1).

2. — Résumons ici la théorie sur l'inobservation des formalités prescrites pour le partage des biens dans lesquels sont intéressés des mineurs (2).

(1) Conf. Charleroi 15 juin 1861 (*Belg. jud.*, t. 20, p. 472).

(2) Nous n'entrons pas dans la discussion de chacun des points que nous indiquons ici, n'ayant en vue que de traiter spécialement les questions qui se rattachent à la loi du 12 juin 1816. Nous engageons nos lecteurs à consulter sur ces points Laurent, au tome 10, n°s 275 et ss.

3. — Est provisionnel, aux termes de l'article 840 c. c., le partage fait par le tuteur autorisé par le conseil de famille, mais qui a négligé d'observer les règles prescrites par la loi du 12 juin 1816. Pour que le partage soit provisionnel, il faut qu'il ait été fait par une personne ayant qualité pour agir, mais qui n'a pas observé les formalités légales. S'il avait été fait par une personne n'ayant pas qualité pour agir, alors même qu'elle eût observé toutes les formalités légales, le partage serait nul (1).

4. — Sont provisionnels :

a) Le partage fait par un tuteur qui a obtenu l'autorisation du conseil de famille, mais qui n'a pas observé les formalités de la loi du 12 juin 1816.

b) Le partage fait par un mineur émancipé assisté de son curateur, mais pour lequel les règles prescrites par la loi n'ont pas été observées.

5. — Sont nuls :

a) Le partage fait par un tuteur sans autorisation du conseil de famille, alors même qu'il a observé les formalités prescrites par la loi (2).

b) Le partage fait par un mineur non émancipé, sans le concours de son tuteur, alors même que les formalités de la loi de 1816 ont été observées.

c) Le partage fait par un mineur émancipé sans l'assistance de son curateur, alors même qu'il a observé les formalités de la loi de 1816.

d) Le partage fait au nom du mineur non émancipé par un tiers qui se serait porté fort pour lui. Ce partage ne peut être provisionnel, car la loi ne déclare provisionnel, quant au mineur, que le partage qui a été fait par le tuteur autorisé par le conseil de famille, mais pour lequel les formalités légales n'ont pas été observées (3).

(1) Laurent, t. 10, p. 310, n° 276.
(2) Le tuteur ne pourrait, sans autorisation du conseil de famille, faire un partage provisionnel (Laurent, t. 5, p. 88, n° 78).
(3) Laurent, t. 10, p. 311, n° 278.

6. — **A** notre avis, le partage est toujours provisionnel à l'égard de toutes les parties contractantes, et non pas, comme l'admet la jurisprudence, provisionnel à l'égard des incapables, et définitif à l'égard des capables (1).

7. — Le caractère provisionnel attribué au partage par les articles 466 et 840 c. c., est indépendant de la volonté des parties, de telle sorte que, fût-il établi qu'il a été dans l'intention de tous les copartageants de procéder à une opération définitive, le partage n'en serait pas moins provisionnel.

Il en résulte :

a) Que les capables comme les incapables se trouvant dans l'indivision, peuvent demander un partage définitif.

b) Que ce partage peut toujours être demandé, puisque nul, en vertu de l'article 815 c. c., n'est tenu de rester dans l'indivision. Mais il devrait être demandé dans les 30 ans, à partir du partage provisionnel, dans le cas où les copartageants possèderaient séparément à titre de propriétaires, ce qui sera le cas le plus ordinaire, car leur intention ayant été de faire un partage définitif, ils se croiront propriétaires et posséderont à ce titre. Mais si, sachant que les formalités n'ont pas été observées, ils possèdent, non à titre de propriétaires, mais à titre de communistes, il est évident, en vertu de l'article 815 c. c., qu'ils peuvent toujours demander le partage définitif (2).

---

(1) LAURENT, t. 10, p. 316, nᵒˢ 264 et ss., et les autorités citées pour et contre. *Junge*: Conf. Anvers 16 juin 1871 (*Belg. jud.*, t. 31, p. 649). Contrà : ar. Bruxelles 29 janvier 1818 et 21 mars 1838 (*Pas.* à leur date); ar. Cologne 27 juillet 1843; Cass. Berlin 13 novembre 1843 (*Belg. jud.*, t. 2, p. 1596 et 1687); Cologne 4 mars 1844 (*Belg. jud.*, t. 3, p. 92); Audenarde 10 août 1869 (*Belg. jud.*, t. 27, p. 1294). Consultez Charleroi 15 juin 1861 (*Belg. jud.*, t. 20, p. 472).

(2) LAURENT, t. 10, p. 314, nᵒ 282. — Voyez ar. Bruxelles 3 août 1844 (*Pas.*, 1845, 2, 216 ou *Belg. jud.*, t. 2, p. 1637).

CHAPITRE XV.

Des honoraires auxquels ont droit les notaires pour les opérations des partages de biens dans lesquels sont inté·ressés des mineurs.

1. — L'article 171 du tarif de 1807 règle les honoraires que peuvent réclamer les notaires qui procèdent aux opérations d'un partage judiciaire. Cet article est ainsi conçu :

« Il sera passé aux notaires, pour la formation des comptes que les copartageants peuvent se devoir, de la masse générale de la succession, des lots, et des fournissements à faire à chacun des copartageants, une somme correspondante au nombre des vacations que le juge arbitrera avoir été employées à la confection de l'opération. »

2. — Le notaire commis par justice n'a droit, pour honoraires de la liquidation à laquelle il a procédé, qu'à une somme correspondante au nombre des vacations qu'il a employées. Il ne peut exiger des honoraires proportionnés à l'importance de la succession et de la masse à partager (1). L'article 171 est formel. Il prescrit la taxe par vacation, et proscrit par suite le système des honoraires proportionnels.

Cependant les rédacteurs du *Journal des notaires*, article 10815, se prononcent énergiquement en faveur de la perception d'un honoraire proportionnel : « L'article 171, disent-ils, porte que les partages judiciaires seront rétribués par vacations en raison du temps employé à leur confection ; mais on a reconnu

(1) Conf. ar. Paris 4 janvier 1840 (*Jurisp. du notariat*, t. 13, p. 132). Décision du président du tribunal de Laval rendue en 1841 (Dalloz, *Rép.*, v° Succession, n° 1761).

l'impossibilité d'exécuter littéralement cette disposition. Une liquidation de droits indivis est une opération des plus délicates et des plus compliquées. Il faut éclaircir une foule de faits, en présenter l'enchaînement et y appliquer les règles du droit. Pour cela, non-seulement le notaire doit procéder à des compulsoires, vérifier avec soin les comptes fournis par les copartageants, mais il est obligé, en outre, d'avoir de fréquentes conférences avec les parties, et même de les entendre contradictoirement en leurs dires et observations. Il serait donc fort difficile que le juge taxateur se rendît un compte exact du temps matériellement employé à la confection de l'opération. Cela paraît d'autant moins possible, que tel point, exposé en quelques lignes, a peut-être demandé une étude de plusieurs journées. En admettant même la possibilité de cette appréciation, elle aurait souvent de graves inconvénients, les honoraires pourraient se trouver excessifs à l'égard d'une modique succession qui aurait occasionné un travail considérable, tandis qu'ils seraient presque nuls pour une succession opulente, dont la liquidation n'aurait employé que peu de temps, bien qu'elle entraînât pour le notaire une plus grande responsabilité. Pour obvier à ces inconvénients, on a adopté l'usage d'accorder, comme représentation des vacations du notaire, un honoraire proportionné à l'importance de la succession liquidée. »

On le remarquera tout de suite : ce système est inadmissible. Il ne tient aucun compte de l'article 171 du tarif. Cet article, en effet, n'accorde pas aux notaires des honoraires proportionnés à la valeur de la succession à partager. Il ne considère que le nombre de vacations qu'ils ont dû employer (1).

3. — Le décret du 10 brumaire an XIV, article 1er, exige pour les actes, dont la confection peut demander plusieurs séances, que les notaires indiquent l'heure du commencement et celle de la fin de chaque vacation. Il n'est pas douteux,

(1) RUTGEERTS, *Commentaire sur la loi du 25 ventôse an XI*, t. 2, n° 1155, p. 859.

croyons-nous, que cette formalité doive être observée par le notaire qui a employé plusieurs vacations à la confection d'un partage judiciaire. L'article 171 du tarif dit bien, il est vrai, que les vacations des partages judiciaires sont arbitrées par le juge; mais cela n'empêche pas le notaire d'en constater le nombre. Il devra donc, conformément au décret du 10 brumaire an XIV, marquer l'heure des séances dans les partages judiciaires.

4. — La durée d'une vacation pour les notaires n'est que de trois heures (Loi du 27 mars 1791, article 8; décret du 16 février 1807, article 168). Le décret du 10 brumaire an XIV, article 4, parle, il est vrai, d'une vacation de quatre heures. Mais il s'agit dans ce décret des vacations pour la liquidation des droits d'enregistrement (1).

5. — Si le notaire a vaqué moins de trois heures, il peut compter une vacation complète, lorsqu'il ne s'agit que d'une seule vacation. Du moins, l'article 1er du tarif le décide ainsi pour les juges de paix.

6. — Mais dans tout autre cas, le notaire ne peut compter qu'une fraction proportionnée au temps qu'il a vaqué, le tarif disant qu'une vacation doit être au moins de trois heures. Si donc un notaire a fait une vacation de quatre heures, il ne pourra porter en compte qu'une vacation entière et un tiers de vacation. C'est l'opinion de la plupart des auteurs qui ont commenté le tarif (2).

7. — Le notaire ne peut régulièrement faire que trois vacations par jour, savoir: deux par matinée et une seule l'après-midi. Du moins, il n'en passe pas davantage en taxe (tarif, article 151, § 5).

8. — Mais le notaire qui opère hors de sa résidence, est

(1) Rutgeerts, *Commentaire sur la loi du 25 ventôse an XI*, t. 2, p. 836, n° 1100.
(2) Idem.

autorisé à compter quatre vacations par jour (arg. article 170 du tarif).

9. — La taxe contenue au tarif n'est pas la même pour tous les notaires. Elle diffère selon la classe à laquelle ils appartiennent et selon la résidence qu'ils occupent. Les notaires de Bruxelles reçoivent la plus forte taxe (1); les notaires de Gand et de Liége et des villes de plus de 30,000 habitants ont partout un dixième de moins (2); les notaires des villes où il y a un tribunal de première instance (autres que Bruxelles, Gand et Liége, et autres que celles dont la population excède 30,000 habitants) ont partout les deux tiers (3); tous les autres notaires ont àpeu près la moitié des premiers (4).

Il en résulte qu'il est dû pour *chaque vacation* :

1° Aux notaires de Bruxelles . . . . fr. 9-00

2° Aux notaires de Gand et de Liége et des autres villes dont la population excède 30,000 âmes . . » 8-10

3° Aux notaires des villes où il y a un tribunal de première instance . . . . » 6-00

4° Partout ailleurs aux notaires des justices de paix (5) . . . . » 4-00

10. — Les notaires ne peuvent réclamer aucun honoraire pour les minutes de leurs procès-verbaux de partage. L'article 169 du tarif dit, en effet, que dans tous les cas où il est alloué des vacations aux notaires, il ne leur est rien passé pour les minutes de leurs procès-verbaux. Les notaires ne peuvent réclamer que le papier timbré.

(1) Articles 1 § 1 et 2 § 1 du 3me décret de 1807 combinés avec l'article 168 § ult. du tarif.

(2) Articles 1 § 2 et 2 § 2 du 3me décret de 1807 combinés avec l'article 168 § ult. du tarif.

(3) Article 3 du 3me décret de 1807 combiné avec l'article 168 § ult.

(4) Article 3 du décret de 1807 combiné avec l'article 168 § ult. — Voir Fons, *Tarifs en matière civile*, p. 289, n° 2.

(5) Rolland de Villargues, *Dictionnaire du notariat*, v° Vacation, n° 9. Rutgeerts, *Commentaire sur la loi du 25 ventôse an XI*, t. 2, p. 837, n° 1103, et p. 817, n° 1090.

11. — Mais ils peuvent demander des honoraires pour l'expédition d'une seconde grosse ou d'une grosse par ampliation (1).

12. — Quand les notaires sont obligés de se transporter hors de leur résidence, ils ont droit à leurs frais de voyage (article 170 du tarif).

13. — L'arrêté royal du 12 septembre 1822, article 1er, porte que « les notaires doivent se conformer exactement au tarif du 16 février 1807, pour les liquidations et les partages des successions auxquelles sont intéressés des mineurs ou des interdits, sans pouvoir déclarer aucuns honoraires autres ou plus forts que ceux fixés au dit tarif (2) ».

14. — Les honoraires dus aux notaires pour les partages judiciaires, doivent être taxés par le président du tribunal de première instance (article 3 de l'arrêté royal du 12 septembre 1822). La taxe est obligatoire. Le notaire ne peut s'y soustraire. Quand il a procédé à un partage de biens dans lequel sont intéressés des mineurs, la loi lui impose le devoir de faire toujours taxer son état (3).

Les copartageants peuvent donc toujours exiger que le notaire soumette son état à la taxe.

15. — Les copartageants, qui auraient volontairement et sans protestation payé ce qui leur était réclamé par le notaire, peuvent toujours postérieurement demander la taxe du compte du notaire instrumentant.

16. — L'article 171 du tarif confie au juge commissaire chargé de diriger les opérations du partage, le soin de taxer les honoraires du notaire. En vertu de l'article 3 de l'arrêté royal du 12 septembre 1822, c'est au président du tribunal qu'appartient le droit de régler les honoraires du notaire.

(1) Rolland de Villargues, *Dictionnaire du notariat*, v° Vacation, n° 11.
(2) Voyez plus haut p. 201, n°s 10 et ss.
(3) Voyez plus haut p. 212, n° 28.

17, — Le président a le droit de réduire les vacations, si le nombre indiqué paraît excessif. Cela résulte à la fois des articles 171 et 151 du tarif. Cette faculté est d'autant moins exorbitante à l'égard des notaires, que l'article 1er du tarif soumet à cette réduction les juges de paix eux-mêmes.

Du reste, le président doit pouvoir apprécier le nombre des vacations dont le notaire a pu avoir besoin pour terminer les opérations du partage, sinon il serait facultatif au notaire de les prolonger indéfiniment, et de porter en compte autant de vacations qu'il le jugerait convenable.

18. — Pour fixer la somme représentative des vacations à allouer au notaire commis, le président doit prendre en considération l'importance de la masse active de la succession liquidée et les difficultés que la rédaction aura présentées (1). Plus l'opération aura été difficile, plus les vacations seront nombreuses.

19. — Un partage est ordinairement une des opérations les plus compliquées et les plus délicates dont un notaire puisse être chargé. Aussi doit-il être parfois bien difficile au président du tribunal de se rendre un compte exact du temps matériellement employé à cette opération. Il faut donc qu'il agisse avec une grande prudence en fixant le nombre de vacations qu'il estime que le notaire a employées à la confection du partage.

20. — Le président compétent pour taxer l'état des notaires, du chef des honoraires qu'il réclame pour la confection d'un partage judiciaire, est le président du tribunal de leur arrondissement (voyez article 173 du tarif).

21. — Le notaire doit restituer la partie des honoraires perçus, qui excède le tarif même (2).

22. — Pour le surplus, nous renvoyons aux nos 35 et ss., p. 214 et 215.

(1) Ar. Paris 4 janvier 1840.
(2) Ar. Paris 20 mai 1836 (DALLOZ, 37, 2, 33 ou *Journ. pal.*, t. 27, p. 1356).

CHAPITRE XVI.

Émoluments des juges de paix et de leurs greffiers pour leur intervention aux partages de biens dans lesquels sont intéressés des mineurs.

1. — Aux termes de l'article 9 de la loi du 12 juin 1816, « il est alloué aux juges de paix et à leurs greffiers pour leurs *vacations* au partage, le même salaire qui leur est respectivement accordé pour leurs vacations à l'apposition des scellés, *sans plus* ».

2. — Nous savons qu'en combinant l'article 9 de la loi du 12 juin 1816 et l'article 1er du tarif du 16 février 1807, pour *une vacation* :

1° Les juges de paix de Bruxelles ont droit à . . fr. 5-00

2° Les juges de paix de Gand et de Liége et des villes d'une population excédant 30,000 âmes, ont droit à. . . . . » 4-50

3° Les juges de paix des villes où il y a un tribunal de première instance, ont droit à . . . . . » 3-75

4° Tous autres juges de paix ont droit à. . . . » 2-50

3. — L'article 16 du décret du 16 février 1807 accorde aux greffiers les deux tiers des vacations des juges de paix.

4. — Il ne peut être passé aux juges de paix et à leurs greffiers plus de trois vacations par jour, quand ils opèrent dans le lieu de leur résidence : deux par matinée et une seule l'après-midi (article 151, § 5 du tarif).

5. — Dans la première vacation sont compris les temps du transport et du retour du juge de paix et du greffier (article 1er du tarif de 1807).

6. — La durée d'une vacation est de trois heures au moins (article 1er du tarif).

7. — S'il n'y a qu'une vacation, elle est toujours payée comme complète, encore qu'elle n'ait pas été de trois heures (article 1er du tarif).

8. — Lorsqu'il y a plusieurs vacations, si la dernière n'est pas complète, il n'est dû que le tiers de la vacation pour chaque heure (1).

9. — Les fractions moindres ne sont pas comptées (2).

10. — Il est à remarquer que la loi du 12 juin 1816 n'alloue au juge de paix et au greffier des émoluments (*salaire* dit cette loi) que pour leurs vacations au partage, c'est-à-dire, pour leur assistance à la liquidation et au partage. *Sans plus*, ajoute la loi. Il paraît donc évident que le juge de paix ne peut rien exiger pour l'examen du mode d'après lequel le notaire se propose de procéder au partage, ni pour prendre connaissance des pièces, ou pour examiner si elles ne renferment rien de contraire à la loi, comme l'exige l'article 5 de l'arrêté royal du 12 septembre 1822 (3).

11. — Le juge de paix et le greffier, outre leurs vacations, ont droit à leurs frais de voyage. Cela nous paraît évident (4).

12. — Les émoluments des juges de paix et des greffiers, pour leur intervention dans les partages judiciaires, doivent être taxés par le président du tribunal (article 1er du décret de 1807) (5).

13. — Si le nombre des vacations paraît excessif à ce magistrat, il peut le réduire (article 1er du tarif).

14. — Pour le surplus, nous renvoyons aux nos 16 et ss. pages 222, 223 et 224.

(1) Voir chapitre XV, livre deuxième, no 6, p. 282.

(2) CHAUVEAU, *Commentaire du tarif*, t. 1er, p. 34. Contrà : FONS, *Les tarifs en matière civile*, p. 11.

(3) RUTGEERTS, *Commentaire sur la loi du 25 ventôse an XI*, t. 2, p. 860, no 1158b.

(4) FONS, *Les tarifs en matière civile*, p. 12, enseigne cependant le contraire. Voyez plus haut, p. 218, no 8.

(5) Voir plus haut no 15, p. 222.

CHAPITRE XVII.

Par qui sont supportés les frais des opérations du partage?

1. — Ces frais étant faits dans l'intérêt de tous les copartageants, doivent être prélevés sur la masse partageable. Chacun des copartageants n'y contribue que dans la proportion de sa part héréditaire. Ils sont supportés par chacun d'eux *pro modo emolumenti*. On ne peut compenser les frais entre les parties. Il en résulterait une inégalité entre les copartageants. Or, l'égalité doit régner entre les héritiers pour les charges comme pour les bénéfices. Il faut donc une égalité proportionnelle (1).

2. — Les frais d'intervention du juge de paix et de son greffier sont donc à la charge de tous les copartageants indistinctement, et ne doivent pas être supportés par les mineurs exclusivement.

Dira-t-on que l'intervention du juge de paix est surtout requise dans l'intérêt des mineurs?

Il est vrai que la loi a prescrit cette formalité dans le but de sauvegarder les intérêts de ces derniers, mais il est à remarquer que les majeurs sont également intéressés à ce que toutes les formalités prescrites par la loi soient observées. En effet, si le partage était fait en l'absence du juge de paix, cet acte ne serait pas définitif, il serait seulement provisionnel. (Article 840 c. c. auquel n'a pas dérogé la loi du 12 juin 1846.)

Pour être à l'abri des attaques des mineurs, ils sont donc intéressés à ce que le juge de paix et son greffier interviennent dans le partage. Les frais qui en résultent, étant faits dans

(1) Laurent, t. 10, p. 368, n° 340. Nancy 15 janvier 1828. Dalloz, *Rép.*, v° Succession, n° 1859.

l'intérêt commun, doivent par conséquent être supportés par toutes les parties (1).

Du reste, la section de législation du Conseil d'Etat avait proposé, à la suite de l'article 466 c. c., un autre article, portant que « dans le cas où le partage en justice serait provoqué au nom du mineur, et dans son intérêt, les frais de justice seraient supportés par lui, et, au cas contraire, par tous les copartageants ». Tronchet demanda la suppression de cet article en faisant observer que, lorsque le partage est reconnu nécessaire et juste, c'est la chose qui doit en supporter les frais. L'article fut supprimé. L'opinion de Tronchet est donc devenue celle du législateur (2).

(1) *Cloes* et *Bonj.*, t. 4, p. 834 et t. 6, p. 45.
(2) DALLOZ, *Rép.*, v° Succession, p. 1862.

FIN DU LIVRE DEUXIÈME.

APPENDICE.

APPENDICE.

I

Wet van den 12 Junij 1816, houdende nadere bepaling der forma-
liteiten in acht te nemen bij den verkoop van vaste goederen waarbij
minderjarigen zijn geïnteresseerd, of die behoorende zijn tot boedels
aanvaard onder beneficie van inventaris, enz.

Wij, WILLEM, *bij de gratie Gods, Koning der Nederlanden, Prins*
van Oranje-Nassau, Groot-Hertog van Luxemburg, enz., enz., enz.

Alzoo wij in overweging hebben genomen den omvang en de
strekking der bepalingen en formaliteiten, bij de thans nog in vigueur
zijnde wetten voorgeschreven, met betrekking tot den publieken verkoop van onroerende goederen, geheel of ten deele aan minderjarigen
of geïnterdiceerden toebehoorende, of rakende boedels onder beneficie van inventaris aanvaard, of vakante nalatenschappen, of eindelijk
boedels, die, uit hoofde van faillissement, door *sijndics* worden ge-
administreerd;

Overwegende dat de observatie van alle dezelve formaliteiten zoo
wel vertraging in de liquidatie der boedels, als het maken van nutte-
looze onkosten veroorzaakt;

En willende door het daarstellen eener algemeene Wet aan alle
Onze onderdanen, die zich in het geval bevinden, het effect doen genieten der te voren bijzonderlijk toegestane dispensatien, en tevens
voor de belangen der minderjarigen en verdere bij zoodanige publieke
veiling van onroerende goederen geconcerneerde personen en boedels,
in den hoofde dezes breeder omschreven, zorgvuldig waken;

Zoo is het, dat Wij, den Raad van State gehoord, en met gemeen
overleg der Staten-generaal;

Hebben goed gevonden en verstaan, zoo als Wij goedvinden en verstaan bij deze :

Art. 1.

Alle de bepalingen en formaliteiten, bij de thans nog in vigueur
zijnde Wetten voorgeschreven, met betrekking tot den publieken ver-

APPENDICE.

I.

*Loi du 12 Juin 1816, qui détermine les formalités à observer doré-
navant à l'égard de la vente des immeubles appartenant à des
mineurs, à des successions acceptées sous bénéfice d'inventaire, etc.*

*Nous, GUILLAUME, par la grâce de Dieu, Roi des Pays-Bas,
Prince d'Orange-Nassau, Grand-Duc de Luxembourg, etc., etc., etc.*
Ayant pris en considération l'ensemble et la tendance des dispositions et formalités prescrites par les lois existantes à l'égard de la
vente publique des biens immeubles appartenant, en tout ou en
partie, à des mineurs ou à des interdits, ou concernant, soit des successions acceptées sous bénéfice d'inventaire, soit des successions
vacantes, soit enfin des masses administrées par des syndics;

Considérant que la scrupuleuse observation de ces formalités
entraîne des retards dans la liquidation des successions et masses, et
des frais inutiles;

Et voulant, au moyen d'une Loi générale, procurer à tous ceux de
Nos sujets, qui se trouvent dans le cas d'y recourir, les effets des dispenses particulières que Nous avons accordées jusqu'à présent, en
veillant en même temps avec soin aux intérêts des mineurs et autres
personnes intéressées à la vente publique des immeubles ci-dessus
mentionnés;

A ces causes, Notre Conseil d'État entendu et de commun accord
avec les États-Généraux;

Avons statué, comme Nous statuons par les présentes :

Art. 1.

Sont abolies par les présentes, toutes les dispositions et formalités
prescrites par les lois encore existantes à l'égard de l'aliénation publi-

koop van onroerende goederen, toebehoorende, het zij voor het geheel of slechts voor een gedeelte, aan minderjarigen of die daarmede zijn gelijk gesteld, of wel gevonden wordende in boedels, die, uit hoofde van faillissement, door sijndics, ten meesten voordeele der gezamenlijke crediteuren, tot liquiditeit worden gebragt, worden bij deze afgeschaft; zullende voortaan, ten aanzien dezer verkoopingen, de bepalingen in de volgende artikelen vermeld moeten worden in acht genomen.

<h3 style="text-align:center">ART. 2.</h3>

Eerstelijk: met betrekking tot onroerende goederen, aan minderjarigen of die daarmede zijn gelijk gesteld, geheel of gedeeltelijk in eigendom toebehoorende :

<h3 style="text-align:center">§ I.</h3>

De voogden, welke de verkooping van onroerende goederen, aan hunne pupillen of aan geïnterdiceerden, het zij geheel of ten deele, in eigendom toebehoorende, voor derzelver belang noodzakelijk oordeelen, zullen gehouden zijn de autorisatie tot den publieken verkoop te vragen aan den familieraad, zamengesteld zoo als bij de Wetten is bepaald.

<h3 style="text-align:center">§ II.</h3>

De autorisatie, door den familieraad verleend zijnde, zal dezelve bij requeste ter homologatie of *bevestiging* moeten worden ingediend aan de regtbank van eersten aanleg, welke daarop, na verhoor van den officier, zal beslissen, en ingevalle de homologatie wordt verleend, tevens een notaris zal benoemen, voor wien de publieke verkoop zal worden gehouden.

<h3 style="text-align:center">§ III.</h3>

Wanneer de onroerende goederen, zoo wel aan meerderjarigen als aan minderjarigen, of die daarmede gelijk staan, in eigendom toebehooren, en de meerderjarigen verlangen tot den publieken verkoop over te gaan, zullen dezelve het vermogen hebben om (zonder voorafgaande autorisatie van den familieraad) zich bij requeste te adresseren aan de regtbank van eersten aanleg, ten einde autorisatie tot dien verkoop te erlangen; welke regtbank, na de voogden der minderjarige of geïnterdiceerde mede-geïnteresseerden in hun belang, en

que d'immeubles appartenant, en tout ou en partie, à des mineurs ou
à des personnes assimilées aux mineurs, ou à des masses, qui doivent
être liquidées par des syndics dans l'intérêt des créanciers; et seront
dorénavant observées, à l'égard de ces aliénations, les dispositions
mentionnées aux articles suivants:

Art. 2.

En premier lieu: sur les immeubles appartenant en tout ou en
partie à des mineurs ou aux personnes qui leur sont assimilées :

§ I.

Les tuteurs qui jugeront l'aliénation d'immeubles appartenant en
tout ou en partie à des mineurs ou à des interdits, nécessaire pour
les intérêts d'iceux, seront tenus de demander au conseil de famille,
composé de la manière prescrite par les lois, l'autorisation de procéder à la vente publique des susdits immeubles.

§ II.

L'autorisation accordée par le conseil de famille sera présentée par
requête à l'homologation du tribunal de première instance, pour y
statuer, l'officier du Roi entendu; si le tribunal accorde l'homologation, il désignera en même temps un notaire par le ministère duquel
la vente publique aura lieu.

§ III.

Lorsque les immeubles appartiennent en commun à des majeurs et
à des mineurs, ou à ceux qui leur sont assimilés, et que les majeurs
désirent procéder à la vente publique, ils pourront, sans autorisation
préalable du conseil de famille, s'adresser par requête au tribunal de
première instance, à l'effet d'être autorisés à la vente. Le tribunal,
après avoir entendu les tuteurs des intéressés mineurs ou interdits,
ainsi que les conclusions de l'officier, prononcera sur la demande des
requérants, et dans le cas où la requête sera octroyée, il désignera en

den officier in zijne conclusien gehoord te hebben, op het gedaan verzoek zal disponeren, en het verzoek toestaande, tevens een notaris zal
benoemen, voor wien de publieke verkooping zal worden gehouden.

§ IV.

De publieke verkooping, zal vervolgens in beide gevallen, sub. §§ 2
en 3 vermeld, door den benoemden notaris, in tegenwoordigheid van
de voogden en toeziende voogden en ten overstaan van den vrederegter van het kanton, alwaar de boedel is gevallen, gehouden worden.

Art. 3.

Ten tweeden : met betrekking tot onroerende goederen, gevonden
wordende in boedels die onder beneficie van inventaris zijn aanvaard,
of in vakante nalatenschappen :

§ I.

De erfgenamen of curateuren respectivelijk, zullen gehouden zijn de
autorisatie tot den publieken verkoop te vragen aan de regtbank van
eersten aanleg over het arrondissement, alwaar de boedel of de nala-
tenschap is gevallen; welke daarop, na verhoor van den officier, zal
beslissen, en, ingevalle de autorisatie wordt verleend, tevens eenen
notaris zal benoemen, voor wien de publieke verkoop zal worden
gehouden.

§ II.

De publieke verkoop zal vervolgens door den benoemden notaris
worden gehouden, ten overstaan van den vrederegter van het kanton,
alwaar de boedel is gevallen.

Art. 4.

Ten derden : met betrekking tot onroerende goederen, gevonden
wordende in boedels, die in staat van faillissement zijn verklaard :

§ I.

De sijndics van zoodanige boedels zullen verpligt zijn, alvorens tot
den publieken verkoop van voorschreven onroerende goederen over-
tegaan, daartoe te verzoeken autorisatie van den regter commissaris,
die door de regtbank van koophandel, of door de regtbank van
eersten aanleg (als de regtbank van koophandel vervangende) zal zijn

même temps un notaire par le ministère duquel la vente publique aura lieu.

§ IV.

Dans les deux cas mentionnés aux §§ 2 et 3, la vente publique se fera par le ministère du notaire désigné, en présence des tuteurs et des subrogés-tuteurs. et par-devant le juge de paix du canton où la succession est ouverte.

ART. 3.

En second lieu : à l'égard d'immeubles appartenant à des successions acceptées sous bénéfice d'inventaire ou à des successions vacantes :

§ I.

Les héritiers ou curateurs respectifs seront tenus de demander l'autorisation de la vente publique, au tribunal de première instance de l'arrondissement où la succession est ouverte, lequel, après avoir entendu l'officier, statuera sur la demande, et en accordant l'autorisation, désignera en même temps le notaire par le ministère duquel la vente publique aura lieu.

§ II.

La vente publique se fera ensuite par le ministère du notaire désigné et par-devant le juge de paix du canton où la succession est ouverte.

ART. 4.

En troisième lieu, et relativement à des immeubles appartenant à des masses administrées par des syndics :

§ I.

Les syndics de ces masses ne pourront procéder à la vente publique des susdits immeubles, qu'après avoir demandé l'autorisation du juge commissaire, nommé par le tribunal de commerce ou par le tribunal de première instance, jugeant comme tribunal de commerce, lequel statuera sur la demande, et, s'il accorde l'autorisation demandée,

benoemd, welke op zoodanig verzoek zal disponeren, en ingevalle de autorisatie wordt verleend, tevens eenen notaris zal benoemen, voor wien de publieke verkoop zal worden gehouden.

§ II.

De publieke verkoop zal vervolgens door den benoemden notaris worden gehouden ten overstaan van den vrederegter van het kanton, alwaar de boedel is gevallen.

Art. 5.

Indien echter de belangen van de minderjarige, geïnterdiceerde, beneficiaire erfgenamen, vakante boedels of gefailleerde masses mogten vereischen, dat de onroerende goederen of een gedeelte daarvan, op een of meerder plaatsen verkocht werden, gelegen buiten het kanton, alwaar de boedel gevallen of de massa failliet verklaard is, zal daarvan, in het eerste geval, bij de deliberatie van den familieraad, en de daarop te volgene homologatie van de regtbank, en in de laatste gevallen, bij de dispositie van de voorz. regtbank, of van den regter-commissaris in den gefailleerden boedel, moeten melding worden gemaakt, en zal alsdan de gezegde regtbank of regter-commissaris moeten delegeren den vrederegter, ten overstaan van welken de verkoop zal moeten gehouden worden.

Art. 6.

De vrederegters en hunne griffiers zullen voor hunne adsistentie bij de veiling genieten eene vakatie voor ieder perceel, het welk geveild wordt, zonder meer, naar het tarief voor verzegelingen en ontzegelingen bepaald : indien echter uit een en denzelfden boedel meer dan vijf perceelen mogten worden geveild, zullen de vrederegters en griffiers slechts eene halve vakatie genieten voor elk perceel, het getal van vijf te boven gaande.

Art. 7.

De vrederegters zullen toezien, dat, bij zoodanige verkoopingen van onroerende goederen, niets geschiede ter prejuditie van de belangen der minderjarige, geïnterdiceerde, beneficiaire erfgenamen, vakante boedels of de masses van gefailleerden, en verpligt zijn, wanneer zij iets van dien aard mogten ontwaren, den voortgang der verkooping

désignera en même temps un notaire par le ministère duquel la vente publique aura lieu.

§ II.

La vente publique se fera ensuite par le ministère du notaire désigné et par-devant le juge de paix du canton où la faillite est ouverte.

Art. 5.

Cependant si les intérêts des héritiers mineurs, interdits ou bénéficiaires, ou des successions vacantes, ou des masses faillies exigeaient que les immeubles ou une partie d'iceux fussent vendus dans un ou dans plusieurs cantons, autres que celui où la succession a été ouverte, ou la faillite déclarée, il en sera fait mention, dans le premier cas, dans la délibération du conseil de famille et dans l'homologation du tribunal; et dans le dernier cas, dans la disposition du tribunal ou du juge commissaire de la faillite; et le tribunal ou le juge commissaire déléguera en même temps le juge de paix, en présence duquel la vente aura lieu.

Art. 6.

Il est alloué aux juges de paix et à leurs greffiers pour leur assistance à la vente, pour chaque lot mis en vente, une vacation sans plus, d'après le tarif établi pour l'apposition et la levée des scellés. Cependant, s'il est mis en vente plus de cinq lots provenant de la même *succession*, ils ne prendront qu'une demi vacation pour chaque lot excédant le nombre de cinq.

Art. 7.

Les juges de paix veilleront à ce que, dans ces ventes d'immeubles, il ne se fasse rien au préjudice des intérêts des héritiers mineurs, interdits ou bénéficiaires, des successions vacantes ou des masses faillies. En découvrant quelque chose en ce genre, ils feront surseoir à la vente, après avoir, suivant la nature des aliénations, entendu les

te surcheren, na alvorens, naar den aard der verkoopingen, de voogden ÉN toeziende voogden, of beneficiaire erfgenamen, of de curateuren der vakante boedels, of eindelijk de sijndics der gefailleerde masses te hebben gehoord en deswege onderhouden; doende vervolgens, indien de verkoop minderjarige, geïnterdiceerde, beneficiaire erfgenamen of vakante boedels betreft, van hun verrigtte schriftelijk rapport aan de regtbank, of, zoo dezelve gefailleerde boedels aangaat, aan den regter-commissaris, die de autorisatie heeft verleend, ten einde door de regtbank of den regter-commissaris nader naar bevind van zaken moge worden gedisponeerd.

ART. 8.

De verkoop van onroerende goederen zal overigens in alle de voorschreven gevallen geschieden naar hetgeen daaromtrent bij ordinaire publieke verkoopingen van onroerende goederen gebruikelijk is.

ART. 9.

Insgelijks worden alle de bepalingen en formaliteiten, bij de thans nog in vigueur zijnde wetten voorgeschreven, met betrekking tot de scheiding en *verdeeling* van boedels, waarin minderjarigen of geïnterdiceerden als deelgenooten zijn geïnteresseerd, bij deze afgeschaft, *en van dato dezer af aan gehouden voor vervallen :* zullende voortaan de *scheidingen en verdeelingen van zoodanige boedels* worden gedaan en *gepasseerd* voor notaris en getuigen, ten overstaan van den vrederegter van het kanton, alwaar de boedel is gevallen, mitsgaders in tegenwoordigheid van de voogden, speciale en toeziende voogden der minderjarigen, of geëmancipeerde minderjarigen, met hunne curators geadsisteerd, ofte wel, in plaatse van den geëmancipeerden een daartoe bij speciale procuratie gemagtigde persoon.

De vrederegter zal speciaal belast zijn met de zorg om toetezien, dat de kavels behoorlijk worden geformeerd, en in het generaal dat de belangen der minderjarigen bij zoodanige boedelscheidingen naar behooren worden in acht genomen.

Wanneer de meerderjarige deelgenooten en de voogden der minderjarigen, of wel de laatsten onderling, aangaande de formatie der kavels, met overeenstemmen, of ook wanneer de vrederegter zelve zulks voor de belangen der minderjarigen raadzaam zal oordeelen, zal

tuteurs **ET** (¹) les subrogés-tuteurs, ou les héritiers bénéficiaires, ou les curateurs des successions vacantes, ou enfin les syndics des masses faillies. Ils feront ensuite leur rapport par écrit au tribunal, si l'aliénation concerne des mineurs, des interdits, des héritiers bénéficiaires ou des successions vacantes, ou au juge commissaire qui a accordé l'autorisation, si elle concerne des masses en état de faillite; et ce, afin qu'il en soit ordonné par le tribunal ou par le juge-commissaire, d'après ce qui sera trouvé convenable.

Art. 8.

La vente des immeubles se fera d'ailleurs, dans tous les cas ci-dessus mentionnés, conformément à ce qui est usité à l'égard des ventes publiques ordinaires d'immeubles.

Art. 9.

Sont également abolies par les présentes, les dispositions et formalités prescrites par les lois actuellement existantes à l'égard du partage, et la licitation des successions auxquelles sont intéressés des interdits ou mineurs copartagants.

Ce partage se fera désormais par le ministère d'un notaire et témoins, par-devant le juge de paix du canton où la succession est ouverte, et en présence des tuteurs, des tuteurs spéciaux et subrogés des mineurs, ou des mineurs émancipés, assistés de leurs curateurs, ou, au lieu de l'émancipé, d'une personne autorisée à cet effet par procuration spéciale. Le juge de paix devra veiller particulièrement à ce que les lots soient dûment formés, et, en général, à ce que les intérêts des mineurs soient convenablement observés dans ces partages. Lorsque les intéressés majeurs et les tuteurs des mineurs, ou bien ces derniers entre eux, ne s'accordent point sur la formation des lots, ou lorsque le juge de paix lui-même le trouvera convenir pour les inté-

---

(¹) Dans le *Journal officiel*, le texte français porte par erreur: après avoir entendu les uteurs OU les subrogés-tuteurs.

hij een of meer experten benoemen en beëedigen, om de voorzeide kavels te formeren : zullende de geformeerde kavels ten zijnen overstaan aan de deelgenooten, bij onderlinge schikking of bij loting, toegevoegd, en daarvan in de notariële akte van scheiding en verdeeling melding gemaakt worden.

De vrederegters en hunne griffiers zullen voor hunne werkzaamheden en vakatien in deze genieten een gelijk salaris, als aan die ambtenaren voor hunne vakatien bij het doen van verzegelingen is toegelegd, zonder meer.

Lasten en bevelen, dat deze in het *Staatsblad* zal worden geinsereerd, en dat alle ministeriele departementen, autoriteiten, kollegien en ambtenaren, wiens zulks aangaat, aan de nauwkeurige uitvoering de hand zullen houden.

Gegeven in 's Gravenhage, den 12 Junij des jaars 1816, het derde Onzer regering.

Geteekend WILLEM,
Van wege den Koning,
Geteekend A. R. FALCK.

II

Besluit van den 12ᵈᵉⁿ September 1822, tot wering van misbruiken bij sommige Notarissen plaats hebbende.

Wij, WILLEM, *bij de gratie Gods, Koning der Nederlanden, Prins van Oranje-Nassau, Groot-Hertog van Luxemburg, enz., enz., enz.*

In ervaring gekomen zijnde, dat vele notarissen zich niet ontzien om af te wijken van de stellige voorschriften der wet van den 12ᵈᵉⁿ juni 1816 (*Staatsblad*, n° 26), rakende de formaliteiten, welke moeten worden in acht genomen zoo bij den verkoop van vaste goederen, waarbij minderjarigen geïnterdiceerden of beneficiaire erfgenamen zijn geïnteresseerd, of welke behooren tot vacante of gefailleerde boedels, als bij de scheiding en verdeeling van boedels, waerbij minderjarigen of geïnterdiceerden als deelgenooten belang hebben, mitsgaders dat eenige notarissen van zich hebben kunnen verkrijgen, om de hand te leenen, tot het bezigen van middelen en praktijken welke geene andere strekking hadden, dan om de heilzame bepalingen dier Wet te ontduiken;

rêts des mineurs, il désignera un ou plusieurs experts, et leur fera prêter serment à l'effet de former les susdits lots. Les lots ainsi formés seront, par-devant le juge de paix, adjugés aux divers copartageants, soit par arrangement à l'amiable, soit par la voie du sort; et il en sera fait mention dans l'acte notarié du partage.

Il est alloué aux juges de paix et à leurs greffiers, pour leurs vacations à cet effet, le même salaire qui leur est respectivement accordé pour leurs vacations à l'apposition des scellés, sans plus.

Mandons et ordonnons que les présentes soient insérées dans le *Journal officiel.*

En outre, mandons et ordonnons aux Départements Ministériels et aux Autorités que la chose concerne, de tenir la main à l'exécution du présent arrêté.

Donné à La Haye, le 12 Juin de l'an 1816, et de Notre règne le troisième.

Signé GUILLAUME.
Par le Roi,
Signé A. R. FALCK.

———

II

Arrêté du 12 septembre 1822, *tendant à réprimer des abus que quelques notaires commettent dans l'exercice de leurs fonctions.*

Nous, GUILLAUME, *par la grâce de Dieu, Roi des Pays-Bas, Prince d'Orange-Nassau, Grand-Duc de Luxembourg, etc., etc., etc.*

Attendu qu'il est parvenu à Notre connaissance que plusieurs notaires se permettent de s'écarter des dispositions expresses de la Loi du 12 Juin 1816 (*J. off.*, n° 31), qui détermine les formalités à observer, tant à l'égard des ventes d'immeubles, auxquelles seraient intéressés des mineurs, des interdits ou des héritiers bénéficiaires, ou appartenant à des successions vacantes ou à des masses faillies, qu'à l'égard du partage de successions auxquelles se trouveraient intéressés, à titre de copartageants, des mineurs ou des interdits ; et qu'au surplus quelques notaires ont osé même se permettre de prêter la main à des procédés tendant uniquement à éluder les dispositions salutaires de ladite Loi ;

Gelet op de berigten, welke Ons zijn toegekomen omtrent de willekeurigheid, waarmede vele notarissen in de berekening van hun salaris te werk gaan;

Gezien het Decreet van den 16^{den} februari 1807, houdende, onder anderen, het tarief, waarnaar de notarissen zich in het berekenen van hun salaris moeten gedragen;

Gezien art. 174 van het Wetboek van het strafregt;

Gezien art. 53 der Wet van den 25sten Ventôse, jaar XI; en in aanmerking genomen hebbende, de omtrent het verstand van dat artikel bij onderscheiden gewijsden, zoo wel als bij opzettelijke instructien gevestigde jurisprudentie volgens welke de regtbanken bekleed zijn met de discretionnaire magt, om de notarissen, onder anderen, en ingevalle eener ambtshalve aangelegde vervolging, zonder voorafgaand advijs der kamer van discipline, tot suspensie of destitutie te verwijzen;

Op de voordragt van Onzen Minister van Justitie;

Den Raad van State gehoord;

Gezien het nader rapport van Onzen Minister van Justitie;

Hebben besloten en besluiten :

Art. 1.

Wij verbieden ten ernstigste aan alle notarissen, om, onder eenig voorwendsel, hoe ook genaamd, hun ministerie te leenen tot het passeren van acten, welke strijdig zijn met eenige bestaande wettelijke bepalingen, en inzonderheid dezulke, waarbij de voorschriften der Wet van den 12^{den} juni 1816 (*Staatsblad*, n° 26), zouden worden uit het oog verloren of verijdeld.

In de berekening van hun salaris zullen de notarissen zich stiptelijk moeten gedragen naar het voor hen vastgestelde tarief van den 16^{den} februari 1807, en zij zullen inzonderheid, voor de verkooping van roerende en onroerende goederen, behoorende tot boedels, waarbij minderjarigen, geïnterdiceerden, beneficiaire of afwezende erfgenamen belang hebben, ofte wel tot vacante of gefailleerde boedels, mitsgaders voor de scheiding en verdeeling van boedels, waarbij minderjarigen, geïnterdiceerden of afwezenden zijn geïnteresseerd, en voor alle hunne

Attendu les rapports qui Nous sont parvenus sur le mode arbitraire
que suivent plusieurs notaires dans la perception de leurs honoraires ;

Vu le Décret du 16 Février 1807, portant entre autres le tarif sur
lequel les notaires doivent se régler pour la taxe de leurs salaires ;

Vu l'article 174 du Code pénal ;
Vu l'article 53 de la Loi du 25 Ventôse, an XI ; et considérant que,
d'après la jurisprudence établie au sujet de cet article, soit par diverses
décisions, soit par des instructions expresses, les tribunaux se trouvent, entre autres, au cas d'une poursuite intentée d'office, investis du
pouvoir discrétionnaire de prononcer, sans l'avis préalable de la
chambre de discipline, la suspension ou la destitution des notaires ;

Sur le rapport de Notre Ministre de la Justice du 20 Juin dernier,
n° 359 ;
Le Conseil-d'État entendu (avis du 20 Août dernier. n° 5) ;
Vu le rapport ultérieur de Notre Ministre de la Justice du 6 du présent mois, n° 80 ;

Avons arrêté et arrêtons :

Art. 1er.

Nous défendons très expressément à tous notaires de prêter leur
ministère, sous quelque prétexte que ce soit, pour des actes contraires
à aucunes dispositions législatives actuellement en vigueur, et notamment pour ceux, où seraient perdus de vue, ou qui pourraient éluder
les dispositions de la Loi du 12 Juin 1816 (*J. off*, n° 31).

Les notaires se conformeront exactement au tarif du 16 Février 1807,
dans la perception de leurs honoraires, et notamment pour ce qui
concerne les ventes de biens, meubles et immeubles, appartenant à des
successions auxquelles seront appelés des héritiers mineurs, interdits,
bénéficiaires ou absents, ou à des successions vacantes ou des faillites,
de même que pour le partage et la liquidation de successions auxquelles seront intéressés des mineurs ou des interdits, et généralement
pour tous autres actes et vacations concernant lesdites masses et suc-

overige verrigtingen in diergelijke boedels, geene andere of hoogere
salarissen mogen in rekening brengen, dan bij het gemeld tarief zijn
bepaald.

ART. 2.

Het is den notarissen niet geoorloofd, om bij de conditien of bij de
memorie van lasten, wegens den verkoop van onroerende goederen,
behoorende tot zoodanige boedels als bij het vorig artikel zijn vermeld, eenige tegen het voorsz. tarief aanloopende bedingen omtrent
hun salaris te maken of om daaromtrent met de voogden, curators en
andere bewindvoerders in de boedels, ofte met wie het ook zoude
mogen zijn, overeenkomsten te treffen, nochte om eenig salaris of
eenig percentswijze belooning te berekenen voor den ontvang van
gelden, of voor andere bijzondere werkzaamheden en verrigtingen,
waarvoor bij het gemelde tarief geene belooning is toegelegd.

ART. 3.

De declaratien der notarissen, wegens hun salaris voor de werkzaamheden die zij in de voorz. boedels zullen hebben verrigt, zullen over-
eenkomstig het bepaalde bij art. 173 van het Decreet van den 16^{den}
februari 1807, door den president der regtbank van eersten aanleg
moeten worden getaxeerd, en zal bij de koopconditien, of de memorie
van lasten worden uitgedrukt, dat de kooper, voor zoo verre de
kosten van den verkoop voor zijne rekening komen, de betaling op
eene alzoo getaxeerde declaratie zal doen.

ART. 4.

De regtbanken van eersten aanleg en de regters commissarissen in
gefailleerde boedels, zullen kunnen vorderen dat bij de verzoeken,
om autorisatie tot verkoop in de gevallen bij de Wet van den
12^{den} juni 1816 (*Staatsblad*, n° 26), vermeld, worden overgelegd de
conditien of memorien van lasten waarop de verkoop zal geschieden, en zullen in dat geval, en voor zoo verre daarin iets strijdigs
met de Wet, met Ons tegenwoordig Besluit of met de belangen der
geïnteresseerden, mogt gevonden worden, de verzochte autorisatie
niet anders verleenen, dan onder zoodanige bijgevoegde bepalingen,
als dienstig zouden kunnen zijn, tot verzekering van de stipte naleving
der Wetten en verordeningen, en tot wering van alle nadeel voor de
belanghebbenden.

cessions; sans pouvoir déclarer aucuns honoraires, autres ou plus forts que ceux fixés audit tarif.

Art. 2.

Il n'est permis aux notaires ni de porter aux cahiers des charges des ventes d'immeubles, concernant des masses ou successions désignées dans l'article précédent, aucunes clauses, relatives à leurs honoraires, qui seraient contraires au tarif susmentionné, ou de faire à ce sujet aucuns arrangements avec les tuteurs, curateurs ou autres gérants dans les successions ou faillites, ou avec qui que ce soit; ni de déclarer aucune rétribution ou retenue, soit du recouvrement des sommes, soit de toutes opérations ou diligences, auxquelles il ne serait alloué aucune rétribution par ce même tarif.

Art. 3.

Les déclarations formées par les notaires pour le prix des actes de leur ministère, dans les cas ci-dessus énoncés, seront taxées par le président du tribunal de première instance, conformément aux dispositions de l'article 173 du Décret du 16 Février 1807 ; et il sera stipulé au cahier des charges et conditions des ventes que, pour autant que les frais de l'adjudication sont à la charge de l'acquéreur, ils seront acquittés par lui au taux qui sera réglé de la manière susindiquée.

Art. 4.

Les tribunaux de première instance et les juges-commissaires dans les faillites pourront exiger que le cahier des charges et conditions, auxquelles il sera procédé à la vente, soit joint à la demande en autorisation, dans les cas prévus par la Loi du 12 Juin 1816 (*J. off.*, n° 31) ; et au cas où il s'y trouverait des clauses contraires à la Loi, à Notre présent Arrêté ou aux intérêts des ayants cause, ils n'accorderont ladite autorisation que moyennant les dispositions additionnelles qu'ils jugeront propres à assurer l'exécution des Lois et règlements et à garantir les intérêts individuels.

Art. 5.

De notarissen zullen in allen gevalle verpligt zijn om aan de vrederegters ten minste tien dagen vóór het houden der eerste zitting voor
den verkoop bepaald, mededeeling en opening te geven van de conditien of memorien van lasten waarop zullen plaats hebben de verkoopingen, mitsgaders van den voet, waarop zullen worden gedaan
de boedel-scheidingen die te hunnen overstaan moeten geschieden,
en om den tot het houden van zulke verkoopingen en tot het doen
dier boedel-scheidingen te bepalen tijd, met de vrederegters te over-
leggen.

De vrederegters zullen de stukken examineren, en nagaan of dezelve
iets bevatten, hetwelk met de Wet, met Ons tegenwoordig Besluit, of
met de belangen der geïnteresseerden zouden strijdig zijn, en zullen
in zoodanig geval zorgen, dat de noodige veranderingen of verbete-
ringen plaats hebben.

Ingevalle van verschil tusschen de notarissen en vrederegters zal de
zaak bij wege van *refere,* gebragt worden ter beslissing van den
president der regtbank van eersten aanleg.

Art. 6.

Onze procureurs-generaal en verdere officieren van justitie, zullen
de hand houden aan de stipte naleving der Wet van den 12^{den} juni 1816
(*Staatsblad,* n^r 26), en de voorschriften van Ons tegenwoordig Besluit,
en zullen toezien, dat de vrederegters zich met de uiterste naauw-
gezetheid kwijten van de zorg die hun is opgedragen.

Zij zullen zorgen, dat dadelijk gestuit worde de voortgang der verkoopingen en der boedel-scheidingen, waaromtrent van de voorschriften der gemelde Wet, en van dit Ons Besluit mogt worden afgeweken,
en dat in zoodanig geval van de zaak worde verslag gedaan aan de
regtbank of aan den regter-commissaris die het aangaat, ten einde
naar bevind van zaken te worden gedisponeerd.

Art. 7.

Gemelde Onze procureurs-generaal en verdere officieren van justitie,
zullen tegen de notarissen, welke de voorschriften van het tegenwoordig Besluit mogten overtreden, de toepassing vorderen der bij
de Wet bedreigde strafbepalingen, en, naarmate van de omstandig-
heden, derzelver suspensie of destitutie bij den regter provoceren

Art. 5.

En tout cas les notaires seront tenus de donner aux juges de paix, dix jours au moins avant celui fixé pour la première séance en adjudication, ouverture et communication du cahier des charges et conditions auxquelles il y sera procédé, ainsi que du mode d'après lequel il sera procédé au partage des successions, à opérer par leur ministère : ils devront aussi se concerter avec les juges de paix sur l'époque à fixer pour lesdites adjudications et partages.

Les juges de paix prendront connaissance des pièces et examineront si elles ne renferment point des clauses contraires à la Loi, à Notre présent Arrêté ou aux intérêts des ayants cause; dans ce cas, ils veilleront à ce que les changements ou rectifications nécessaires y soient faits.

En cas de dissentiment entre les notaires et les juges de paix, l'affaire sera soumise, par voie de référé, à la décision du président du tribunal de première instance.

Art. 6.

Nos procureurs-généraux et autres officiers de justice tiendront la main à la stricte exécution de la Loi du 12 Juin 1816 (*J. off.*, n° 31) et des dispositions de Notre présent Arrêté, et veilleront à ce que les juges de paix s'acquittent avec la plus grande exactitude des soins qui leur sont confiés.

Ils veilleront en outre à ce qu'il soit de suite sursis aux ventes ou partages de successions, à l'égard desquels il y aurait déviation des dispositions de ladite Loi ou de Notre présent Arrêté, et qu'il en soit fait rapport au tribunal ou au juge-commissaire compétent, pour y être statué ainsi qu'il appartiendra.

Art. 7.

Nos susdits procureurs-généraux et officiers de justice requerront contre les notaires en contravention à Notre présent Arrêté, l'application des peines comminées par la Loi, et provoqueront selon les circonstances leur suspension ou leur destitution par les tribunaux.

Verlangende Wij, dat Onze hoven en regtbanken. de hun, ten opzigte van de notarissen toegekende discretionnaire magt, waarmede Wij willen, dat zij bij voortduring bekleed blijven, doen strekken ten waarborg voor de rigtige nakoming der verordeningen, van welke door de notarissen niet straffeloos kan of behoort te worden afgeweken.

Onze Minister van Justitie is belast met de uitvoering van het tegenwoordig Besluit, hetwelk in het *Staatsblad* zal worden geplaatst.

Gegeven op het Loo, den 12^{den} September des jaars 1822, en van Onze regering het negende.

WILLEM.

Van wege den Koning,

J. G. DE MEIJ VAN STREEFKERK.

Uitgegeven den zestienden September 1822.

De Staatsraad, belast met directie der Staats-Secretarij.

J. G. DE MEIJ VAN STREEFKERK.

Entendons que Nos cours et tribunaux usent du pouvoir discrétionnaire qui leur est déféré à l'égard des notaires, et dont Nous voulons
qu'ils demeurent investis, de manière à garantir l'exécution régulière
des Lois et Règlements, dont il importe que les notaires ne s'écartent
point impunément.

Notre Ministre de la Justice est chargé de l'exécution du présent
Arrêté, qui sera inséré au *Journal officiel.*

Donné au château du Loo, le 12 septembre de l'an 1822, et de Notre
règne le neuvième.

GUILLAUME.

Par le Roi,

J. G. DE MEY DE STREEFKERK.

Publié le seize septembre 1822,

Le Conseiller d'État chargé de la direction de la Secrétairerie d'État,

J. G. DE MEY DE STREEFKERK.

III.

*Arrêté royal du 20 novembre 1821, portant avertissement aux
fonctionnaires de l'ordre judiciaire, relativement aux procédés arbitraires, dans la perception des honoraires qui leur sont légalement
alloués.* (Journ. offic., n° XXIII).

Nous, Guillaume, etc.

Etant porté à Notre connaissance, que plusieurs fonctionnaires de
l'ordre judiciaire se permettent des procédés arbitraires, dans la
perception des honoraires qui leur sont légalement alloués ; et voulant
mettre un terme à ces abus et à ces mauvaises pratiques ;

Vu l'avis de Notre ministre de la justice du 18 novembre 1821, n° 377 ;

Avons trouvé bon et entendu, d'avertir par le présent, tous fonctionnaires de l'ordre judiciaire, de s'abstenir soigneusement des abus
et mauvaises pratiques précités ; attendu que dans le cas contraire,
ils s'exposeraient à des poursuites judiciaires ; ordonnons à Nos procureurs-généraux et officiers de justice, de la manière la plus sérieuse,
de veiller avec un soin scrupuleux à toutes les contraventions et
irrégularités de pareille nature, qui pourraient se commettre, et de
poursuivre en justice, sans connivence, et selon toute la rigueur des
lois, tous ceux qui s'en rendraient coupables.

Notre ministre de la justice est chargé de l'exécution du présent
arrêté, qui sera inséré au *Journal officiel.*

IV.

*Arrêté royal du 20 novembre 1825, portant des dispositions concer-
nant les états des salaires et déboursés des avoués et des huissiers.*
(Publié le 28 novembre 1825. Journal officiel, n° LXXVII).

Nous, Guillaume, etc.

Voulant autant que possible obvier aux difficultés qui se sont élevées
de temps en temps au sujet des frais excessifs que quelques avoués
près les tribunaux de première instance, et quelques huissiers exigent
des parties, en éludant la taxe du juge, surtout en matière de vente
d'immeubles par autorité de justice ;

Vu les divers décrets du 16 février 1807, relatifs aux frais judiciaires en matière civile et à la liquidation des dépens;

Sur le rapport de Notre ministre de la justice, en date du 20 octobre 1825, n° 84;

Le Conseil d'État entendu (avis du 15 de ce mois, n° 1);

Avons arrêté et arrêtons :

Art. 1er.

En cas de saisie et de vente des biens *meubles* par autorité de justice, les avoués et les huissiers *devront* faire taxer par le juge, avant de *pouvoir* en réclamer ou en recevoir le paiement, les états de leurs salaires et déboursés, tant pour la saisie et la vente que pour les diligences faites antérieurement, quand bien même la taxe n'aurait pas été demandée par les parties intéressées.

Art. 2.

En cas de saisie et de vente par autorité de justice, des biens immeubles ou de rentes constituées, l'avoué poursuivant devra présenter au greffe du tribunal, douze jours au moins avant le terme fixé pour l'adjudication judiciaire, une note des frais à charge de l'acquéreur, rédigée avec exactitude et conformément au tarif des frais de justice.

Cette note des frais sera immédiatement taxée par le juge, et le montant, augmenté de la vacation mentionnée à l'article 113 du tarif du 16 février 1807, sera inséré au cahier des charges; quant aux frais à charge de la partie poursuivante, on se conformera à la disposition de l'article suivant.

Art. 3.

Au surplus les tribunaux pourront dans toute autre affaire civile ordinaire, décidée par un jugement définitif, requérir la taxe des mémoires des avoués et huissiers qui ont occupé ou instrumenté dans l'affaire; ces mémoires devront ensuite être remis aux parties lors du paiement, encore que l'exécutoire ne soit pas demandé pour la taxe.

Art. 4.

Nos procureurs-généraux près les cours supérieures de justice et Nos procureurs près les tribunaux de première instance sont chargés de veiller à ce que les dispositions du présent arrêté, et en général celles du tarif des frais et dépens en matière civile, soient scrupuleusement observées, spécialement les dispositions de l'article 151 du tarif du 16 février 1807, par rapport tant au régistre que doivent avoir les avoués, qu'aux droits trop forts qu'ils exigeraient.

Entendons bien expressément que Nos procureurs-généraux et Nos procureurs susdits requerront, sans le moindre ménagement, contre tous avoués et huissiers contrevenants, l'application des mesures de discipline comminées par l'article 102 du décret du 30 Mars 1808, et qu'en cas de récidive, ils en donneront immédiatement connaissance à Notre Ministre de la justice, afin que, sur le rapport qui Nous en sera fait, Nous puissions, suivant la gravité des circonstances, prendre à l'égard des dits avoués ou huissiers en contravention, telles dispositions que Nous jugerons convenir pour le maintien de la discipline et du bon ordre.

Notre Ministre de la justice est chargé de l'exécution du présent arrêté, qui sera communiqué au Conseil d'État et inséré au *Journal officiel.*

V.

Circulaire de M. le procureur-général près la Cour d'appel de Bruxelles, adressée à MM. les procureurs du roi,

J'ai l'honneur de vous faire parvenir un exemplaire de la circulaire que j'adresse, tant à MM. les présidents des chambres de notaires, qu'à chaque notaire du ressort de la Cour.

Les prescriptions, si utiles et si sages de la loi du 12 juin 1816 et de l'arrêté royal du 12 septembre 1822, ont été trop longtemps perdues de vue, quoique la circulaire ministérielle du 28 décembre 1835 en ait expressément rappelé le souvenir et que les arrêtés royaux des 20 novembre 1821 et 20 novembre 1825, aient particulièrement chargé les officiers du ministère public, d'exercer sur cet objet important une surveillance rigoureuse.

Si ces dispositions avaient été ponctuellement observées, nous n'aurions pas à regretter les abus qui nous sont signalés chaque jour, par rapport à l'extrême élévation des frais de vente par autorité de justice.

Ces abus, M. le procureur du roi, sont multiples, et votre expérience vous les aura déjà révélés de la part :

1° *Des avoués*, dont le droit est fixé, par l'article 67 du décret du 16 février 1807, à fr. 7-50 pour Bruxelles, et aux trois quarts dans les autres tribunaux, sauf majoration par le juge.

2° *Des juges de paix et de leurs greffiers.* — L'article 6 de la loi du 12 juin 1816 alloue aux premiers, pour chaque lot mis en vente, une vacation sans plus, soit 5 francs par lot pour Bruxelles, fr. 3-75 dans les villes où il y a un tribunal de première instance, et fr. 2-50 dans les autres villes et cantons ruraux. Les deux tiers au greffier.

Lorsque la vente ne se fait pas au chef-lieu du canton, il est accordé par l'article 3 du décret du 16 février 1807, une indemnité de transport.

L'article 9 de la loi du 12 juin 1816 alloue également des vacations au juge de paix et au greffier pour leur assistance aux partages ; mais la difficulté de former des lots parfaitement égaux a rendu ces actes très peu fréquents ; généralement on procède à une licitation, et le prix en argent est distribué aux copartageants. Certains juges de paix s'attribuent un émolument variable pour examen et vérification de l'acte de liquidation ; c'est là un de ces abus contre lesquels s'élève l'arrêté royal du 20 novembre 1821 et qu'il est de votre devoir de combattre. Il est évident que ce n'est pas à des partages de cette espèce, où il n'y a pas de lots à former et où la part des incapables se chiffre aisément en francs et centimes, que s'applique l'article 9 de la loi ; cette vérité ressort davantage encore de la rémunération accordée au greffier, lequel n'intervient pas à l'acte de liquidation et partant n'a pas droit à salaire. Ce serait une obligation sans cause.

Il n'est non plus rien dû au juge de paix pour examen du cahier des charges ; ce travail, qui d'ordinaire n'exige aucune étude approfondie (car ces cahiers sont rédigés d'après une forme banale), trouve sa rémunération dans l'honoraire fixé par l'article 6 et dans le traitement du juge à charge de l'État.

Enfin, l'on s'est demandé plus d'une fois, s'il est dû au juge et au greffier des vacations, aussi bien pour les séances préparatoires que pour la séance définitive. Cette question a toujours été résolue négativement par tous mes prédécesseurs, depuis la promulgation de la loi du 12 juin 1816, et je n'ai jamais hésité à partager leur sentiment. Il est à remarquer sur ce point, qu'à cette époque, l'usage, généralement suivi en Hollande et dans une notable partie des provinces méridionales des Pays-Bas, était de ne consacrer qu'une seule séance aux ventes d'immeubles ; d'autre part, l'expression « *sans plus* » dont se sert l'article 6 semble bien exprimer l'intention du législateur que, sous aucun prétexte, il ne peut être rien accordé au-delà. D'ailleurs, les séances préparatoires ne sont qu'un préalable à la vente, un moyen d'amorcer les amateurs par l'appât des enchères, et dans lesquelles rien n'étant définitif, il ne peut être causé aucun préjudice aux incapables ; aussi, beaucoup de juges de paix, appréciant fort bien l'inutilité de leur présence, s'abstiennent-ils sagement de s'y rendre, et cette pratique est sans inconvénient aucun.

Mais dût-on admettre, M. le procureur du roi, que la question est au moins douteuse, dans ce cas elle devrait être, non pas jugée par le magistrat intéressé, mais soumise à l'appréciation de M. le président du tribunal, conformément à l'article 3 de l'arrêté royal du 12 septembre 1822 ; il est même à désirer que la jurisprudence se fixe sur ce point, et les instructions ministérielles du 15 janvier 1852, transmises à votre office le 21 suivant, vous invitent à provoquer des décisions judiciaires, dès que les circonstances le comporteront.

3° *Des notaires.* — A leur égard, l'arrêté du 12 septembre 1822 leur recommande de se conformer exactement au tarif du 16 février 1807 dans la perception de leurs honoraires, avec défense de déclarer aucune rétribution ou retenue pour des opérations ou diligences auxquelles il ne serait alloué aucune rétribution par le tarif. La Cour de Cassation a fait de cet arrêté une application fort judicieuse dans un arrêt du 25 janvier 1855 (*Pasic.* 1855-1-92), et je ne puis que vous inviter, M. le procureur du roi, à vous pénétrer de ses enseignements.

Tous les procédés ont été mis en œuvre par les intéressés pour se soustraire au contrôle des tribunaux, et dans plus d'un arrondissement a prévalu l'usage de ne soumettre l'état du notaire à la taxe qu'en cas de contestation. C'est contre cette pratique vicieuse que ma circulaire ci-jointe au notariat tend à réagir ; l'arrêté royal du 12 septembre 1822 ne fait pas de distinction ; la taxe est obligatoire dans tous les cas. Commis à la vente par l'autorité de la justice, le notaire devient un vrai comptable soumis par la reddition de ses comptes à la juridiction du juge qui l'a commis (article 527 c. pr. c.); en vain chercherait-il à s'y soustraire, votre autorité saurait l'y ramener en vertu des pouvoirs que vous tenez des lois qui régissent notre institution, et spécialement de l'article 7 de l'arrêté du 12 septembre 1822. La loi ne permet pas aux notaires de s'en écarter impunément.

Comme moyen préventif, vous aurez soin, en émettant votre avis sur toutes les requêtes de licitation, de conclure à ce qu'il soit stipulé au cahier des charges, que l'acquéreur ne sera libéré des frais que pour autant qu'il les aura acquittés sur l'état fixé par M. le président, conformément à l'article 3 du prédit arrêté (Circul. min. du 28 déc. 1835).

Et, comme moyen de contrôle rétrospectif, afin de vous assurer de l'observation des règles qui précèdent, je vous prie, M. le procureur du roi, d'instituer immédiatement un régistre spécial à colonnes, dans lequel seront inscrites, à mesure qu'elles seront présentées à votre avis, toutes les requêtes en licitation, avec le nom du premier requérant, celui de l'avoué postulant, du notaire commis par le tribunal, et du juge de paix, enfin la date du jugement. M. le président du tribunal ne se refusera pas à vous faire connaître ultérieurement les états soumis à sa taxe, avec le montant de chacune d'elles, pour être mentionnés dans une colonne spéciale du registre.

Dans un délai, dont je vous laisse l'appréciation, par exemple trois mois après l'obtention du jugement de licitation, vous vous enquerriez, auprès des notaires en défaut d'avoir soumis leur état à la taxe, des motifs de leur retard, et vous ne négligeriez pas de reprendre ceux qui ne justifieraient pas d'une excuse légitime. Je ne doute pas non plus que M. le président ne s'empressera de vous communiquer, lorsqu'il le jugera convenable, ceux de ces états qui donneraient lieu à des observations graves, afin de vous permettre de faire les réquisitions opportunes, et d'exercer efficacement le pouvoir discrétionnaire déféré aux tribunaux à l'égard des notaires, par les articles 6 et 7 de l'arrêté précité.

J'ose espérer, M. le procureur du roi, que l'emploi judicieux des mesures qui précèdent, en rappelant à chacun l'observation de ses devoirs, rétablira l'ordre et la régularité dans cette partie importante de l'administration de la justice, et préviendra le renouvellement de ces perceptions arbitraires qui compromettent sa dignité et son prestige.

Le Procureur-général,
(Signé) MESDACH DE TER KIELE.

Bruxelles, le 9 février 1871.

VI.

Circulaires ministérielles relatives à l'exécution de la loi du 12 juin 1816 et de l'arrêté royal du 12 septembre 1822.

A.

La Haye, le 22 juin 1816.

A MM. les procureurs-généraux.

Pour satisfaire au prescrit de l'article final de la loi du 12 juin 1816, insérée au *Journal officiel*, n° 26, déterminant les formalités à observer pour la vente de biens immeubles appartenant en tout ou en partie à des mineurs ou à des successions acceptées sous bénéfice d'inventaire, etc., j'ai l'honneur de vous prier de vouloir bien veiller à ce que les tribunaux de première instance et de commerce de votre ressort, les officiers du ministère public et les juges de paix observent scrupuleusement et fassent observer, le cas échéant, les dispositions de cette loi (1).

Le Ministre de la justice,
VAN MAANEN.

B.

Dans une instruction du 3 septembre 1816, le ministre de la justice a informé le procureur-général à Bruxelles, que dans les provinces septentrionales on exécutait la loi du 12 juin 1816 de la manière suivante :

1° Le jour et le lieu de la vente sont déterminés d'un commun accord par le juge de paix et le notaire;

2° Les conditions de la vente sont préalablement communiquées au juge de paix, pour être arrêtées de la même manière et d'un commun accord ;

3° Elles sont déposées dans l'étude du notaire, et non pas au greffe de la justice de paix ;

4° Le procès-verbal constatant les enchères et la vente est dressé par le notaire, à qui il appartient de l'expédier pour être remis à l'adjudicataire; de son côté le juge de paix fait dresser par son greffier note sommaire de ce qui s'est passé;

5° La vente se fait sans expertise préalable des biens ;

(1) Recueil des circulaires, etc., émanés du ministère de la justice, deuxième série, tome I, n° 389.

6° Dans quelques provinces on adjuge définitivement les immeubles dans la première séance; dans quelques autres on procède d'abord à une adjudication préparatoire et ensuite à l'adjudication définitive. La loi n'a rien prescrit à cet égard à peine de nullité (1).

C.

Bruxelles, le 20 octobre 1822.

A MM. les procureurs-généraux.

Vous aurez vu, par l'arrêté de Sa Majesté en date du 12 septembre dernier, n° 63 (*Journal Officiel*, n° 43), la grande improbation qu'elle manifeste de toute déviation des dispositions législatives par les notaires.

Vous aurez observé aussi, que quoiqu'ayant pour premier objet de protéger et d'assurer les intérêts des mineurs et autres personnes qui leur sont assimilées, les dispositions de cet arrêté n'en sont pas moins susceptibles d'une application plus générale.

Tels sont d'abord en eux-mêmes, et indépendamment de la loi du 12 juin 1816 dont il s'agit ici principalement, ce qui est dit dans les prémisses du dit arrêté, au sujet de la taxe des honoraires, et du tarif du 16 février 1807, de même que l'invocation faite de l'art. 174 du code pénal.

De cette nature sont encore les dispositions du même arrêté, qui défendent aux notaires, « de prêter leur ministère, sous quelque prétexte que ce soit, pour des actes contraires à aucunes dispositions législatives actuellement en vigueur, et leur enjoignant de se conformer exactement, dans la déclaration de leurs honoraires, au tarif du 16 février 1807. »

L'art. 4 du susdit arrêté n'ayant pas un sens absolu, mais facultatif, il suffira néanmoins, je pense, que le juge possède le moyen que lui fournit cet article, pour en garantir le but, conjointement avec les dispositions des articles suivants.

L'art. 7 confirme le pouvoir discrétionnaire envers les notaires, attribué aux cours et tribunaux par une jurisprudence établie, qui doit valoir comme interprétation usuelle, jurisprudence considérée comme telle par Sa Majesté, et qui est conforme aux instructions données aux procureurs-impériaux par le grand juge, ministre de la

(2) Recueil des circulaires, etc., émanés du ministère de la justice, deuxième série tome I, p. 555, note 1.

justice de France, en date du 28 ventôse an XIII, et répétées encore par des instructions particulières par lui adressées les 23 février et 16 novembre 1810 au procureur-impérial à Alba, et au procureur-général près la cour de Turin.

Il ne serait pas difficile, s'il en était besoin, d'alléguer plusieurs arrêts, soit des anciennes cours impériales, soit de la cour de cassation de Paris, qui s'accordent unanimement sur la doctrine, que les tribunaux sont investis du pouvoir discrétionnaire de prononcer la suspension ou 'la destitution des notaires, coupables de malversation, sans devoir nécessairement entendre les chambres de discipline.

On pourra donc se persuader que les cours et tribunaux respectifs s'empresseront de répondre à la confiance que Sa Majesté met en eux, pénétrés de l'idée, qu'il n'est point tolérable dans un État bien constitué, que des fonctionnaires publics se dispensent impunément de l'observation des lois, données pour leur servir de règle de conduite.

Dans les discussions préalables relatives à l'objet de cet arrêté royal, il s'est présenté, entre autres, les trois points suivants, que je n'ai pas cru sans intérêt de vous faire encore connaître en cette occasion:

1° Qu'il serait à désirer que les tribunaux, pour épargner des frais aux mineurs, et autres personnes de cette catégorie, en désignant le notaire pour une vente publique, fixassent leur choix, autant que faire se peut, sur un notaire résidant dans le même canton où l'adjudication doit se faire, afin d'éviter les frais de déplacement d'un notaire de résidence au chef-lieu de l'arrondissement.

2° Qu'afin de prévenir des arrangements ou conventions entre les avoués et les notaires, par rapport au bénéfice, il conviendrait que les tribunaux n'eussent point égard aux présentations de notaires, faites par la requête en autorisation, pour une vente publique.

3° Que suivant l'analogie des articles 1596 du code civil, et 713 de celui de procédure civile, les juges de paix et leurs greffiers, assistant en leurs dites qualités, à une vente publique, ne peuvent se rendre adjudicataires d'aucun lot faisant partie de cette vente.

Les observations qui précèdent vous mettront à même de fixer l'attention des procureurs du roi de votre ressort, sur les intentions bienveillantes de Sa Majesté, et de leur donner, en conséquence, les instructions nécessaires, comme je vous y invite par la présente, laissant, au surplus, à votre direction de leur recommander de se concerter, au sujet des deux premiers points dont je viens de parler, avec les présidents des tribunaux près lesquels ils exercent leurs fonctions, et d'adresser sur le dernier ou troisième point, une missive aux juges de paix de leur arrondissement (1).

Le Ministre de la justice,
VAN MAANEN.

D.

Bruxelles, le 31 août 1829.

Instruction du ministre de la justice, faisant connaître qu'il a invité M. le conseiller d'État, administrateur de l'enregistrement, du cadastre et des loteries, à recommander aux préposés de son administration de mettre une attention particulière à l'égard des actes de vente, dans lesquels seraient intéressés des mineurs ou autres individus qui leur sont assimilés, et de dénoncer au ministère public, tous notaires qui contreviendraient à la loi du 12 juin 1816 et à l'arrêté royal du 12 septembre 1822 (2). (Circulaire aux procureurs-généraux.)

E.

Bruxelles, le 28 décembre 1835.

A MM. les procureurs-généraux, près les Cours d'appel.

Je suis informé que l'exécution de la loi du 12 juin 1816, sur la vente des biens, appartenant à des mineurs ou aux personnes qui léur sont assimilées, donne lieu dans plusieurs arrondissements, à des frais frustratoires dont le paiement ne peut se concilier avec le système de cette loi.

D'après les renseignements qui me parviennent, cet abus résulte du défaut d'exécution de l'arrêté du 12 septembre 1822, qui oblige de soumettre ces frais à la taxe du juge, sans que l'on puisse, avant cette taxe, faire supporter aucune partie de ces frais aux parties intéressées.

Tout jugement rendu en vertu de la loi de 1816, doit être précédé des conclusions du ministère public (article 83 c. pr. c.).

La communication exigée par cet article, facilite à MM. les officiers du parquet, la surveillance que leur impose l'article 6 de

(1) Recueil des circulaires, etc., émanés du ministère de la justice, deuxième série, tome II, n° 740.

(2) Recueil des circulaires, etc., émanés du ministère de la justice, deuxième série, tome III, n° 1105.

l'arrêté du 12 septembre 1822, et elle leur permet de requérir la production du cahier des charges de la vente, production dont parle l'article 4 du même arrêté et qui leur offre le moyen le plus efficace d'exercer leur surveillance.

Je vous prie, Messieurs, d'appeler sur cet objet, l'attention de MM. les procureurs du roi de votre ressort, en leur adressant au surplus, toutes les autres recommandations que vous jugerez susceptibles de prévenir l'abus qui m'est signalé (1).

Le Ministre de la justice,
A. N. J. ERNST.

F.

Bruxelles, le 22 avril 1836.

A MM. les procureurs-généraux près les Cours d'appel.

Les recommandations adressées aux autorités judiciaires, en exécution de ma circulaire du 28 décembre 1835, ont été une occasion pour reconnaître que les agents des administrations financières ne se conformaient pas partout aux instructions qui leur prescrivent de concourir par leur surveillance à la ponctuelle exécution de la loi du 12 juin 1816, sur la vente, soit des biens des mineurs, soit des propriétés assimilées aux mêmes biens.

J'ai appelé sur cet objet, l'attention de M. le ministre des finances, et par de nouvelles instructions du 18 de ce mois, mon collègue vient de prescrire aux directeurs de l'enregistrement et des domaines, les mesures les plus propres à prévenir la négligence dont l'autorité judiciaire avait eu à se plaindre.

J'ai l'honneur, M. le procureur-général, de vous envoyer copie, pour votre direction, des instructions nouvelles de M. le ministre des finances. Veuillez aussi les communiquer à MM. les officiers des parquets de votre ressort (2).

Le Ministre de la justice,
A. N. J. ERNST.

---

(1) Recueil des circulaires, etc., émanés du ministère de la justice, troisième série, tome I, n° 649.

(2) Recueil des circulaires, etc., émanés du ministère de la justice, troisième série, tome II, n° 686.

A MM. les directeurs de l'enregistrement et des domaines.

La loi du 12 juin 1816 et l'arrêté du 12 septembre 1822 organique de cette loi, ont prescrit des formes spéciales à l'égard des actes qui intéressent les mineurs ou autres personnes qui leur sont assimilées.

Les notaires en contravention à ces dispositions se rendent passibles de peines disciplinaires et même de destitution, selon la gravité des circonstances.

Afin de mieux assurer la surveillance à exercer sur ces officiers publics, l'administration précédente, par dépêche du 4 septembre 1829 n° 27, avait appelé l'attention spéciale des conservateurs des hypothèques, receveurs et autres employés de l'enregistrement, sur les conventions auxquelles s'applique la loi prérappelée; ils avaient été chargés de signaler au ministère public tout notaire ou autre fonctionnaire qui aurait reçu de semblables actes, sans faire observer par les intéressés, et sans accomplir lui-même, les formalités légales; mais il paraît que cette instruction est perdue de vue, puisque l'autorité judiciaire a informé M. le ministre de la justice, qu'elle cesse d'être observée par les employés de la régie.

Comme il importe que les contraventions dont il s'agit, soient recherchées avec soin, afin de donner dès le principe l'éveil aux intéressés, et de les garantir contre les dangereux effets d'une sécurité qui viendrait à résulter d'actes, dont les parties contractantes ignorent le plus souvent les vices, je vous prie, M. le directeur, de veiller à ce que l'instruction précitée soit ponctuellement suivie par les employés placés sous vos ordres, à quelle fin j'ai l'honneur de vous adresser, pour leur être distribués, un nombre suffisant d'exemplaires de la présente circulaire, suivie de la copie de la loi et de l'arrêté prérappelés.

Bruxelles, le 18 avril 1836.

Le Ministre des finances,
D'HUART.

G.

Circulaire du ministère de la justice, en date du 8 mai 1849. (Voyez cette circulaire, plus haut, page 153 n° 4.)

H.

Bruxelles, le 21 novembre 1856.

A MM. les procureurs-généraux, près les Cours d'appel,
procureurs du roi et juges de paix.

L'enquête qui a été ouverte, par mon département, au sujet des modes en usage pour la vente publique des biens immeubles, a fait connaître que, dans un grand nombre d'arrondissements, on procède généralement à ces opérations avec bénéfices de paumées et d'enchères, et que, dans quelques cantons, on ajoute même à chaque enchère des primes en boisson.

Il résulte également de cette instruction, que ce système donne lieu à des inconvénients et à des abus sérieux.

La prime en boisson constitue un fait très grave et est, en tout cas, contraire au caractère sérieux qui convient à toute opération, dans laquelle intervient un officier ministériel.

Quant aux conditions de gains d'enchères en argent, il a été constaté qu'elles poussent à des spéculations hasardeuses, qu'elles donnent lieu à une espèce de jeu de bourse, de la part de quelques individus qui ont en vue, non l'acquisition des biens mis en vente, mais la réalisation des bénéfices, parfois considérables, des enchères, qu'elles ont pour effet de faire passer partie du prix d'achat en d'autres mains que celles du vendeur, que des personnes, qui ne peuvent ou n'osent se livrer ouvertement à cette spéculation, ont recours à des personnes interposées.

Lorsque MM. les juges de paix ont à intervenir dans des ventes, parce que des mineurs ou des personnes qui leur sont assimilées y auraient intérêt, ils sont invités à user des pouvoirs que leur confère l'article 5, §§ 2 et 3 de l'arrêté royal du 12 septembre 1822, et à exiger la suppression des conditions de cette nature, qui pourraient se trouver dans les projets de cahiers des charges, et, en cas de résistance de la part du notaire, à se référer à la décision du président du tribunal de première instance.

MM. les procureurs du roi sont également invités à requérir, dans tous les cas de l'espèce, où la loi prescrit leur intervention, la suppression de semblables conditions inscrites, par le notaire commis, dans les cahiers des charges soumis à l'appréciation des tribunaux, et, de plus, à déterminer les notaires à ne plus attacher à l'avenir des primes en boisson, aux adjudications auxquelles ils procéderont, et à les engager, en même temps, à user de leur influence sur leurs clients, pour les détourner du système vicieux de paumées et d'enchères, et, au besoin, à se refuser à l'inscrire dans les conditions de vente.

MM. les procureurs-généraux voudront bien m'informer ultérieurement de la suite qui aura été donnée à ma présente circulaire (1).

Le Ministre de la justice,
ALPH. NOTHOMB.

J.

Bruxelles, 6 juillet 1857.

A MM. les procureurs-généraux, près les Cours d'appel, procureurs du roi, près les tribunaux de première instance et juges de paix.

Les avis demandés par quelques magistrats, sur la portée de la circulaire de mon département, du 21 novembre 1856, relative aux conditions de ventes d'immeubles, constatent que cette instruction n'a pas été partout également bien comprise.

Je crois donc indispensable de faire connaître, que la prohibition prononcée par la circulaire précitée ne concerne que les gains d'enchères proprement dits, soit en argent, soit en boisson, mais qu'il n'est pas innové en ce qui concerne la prime qu'il est d'usage, dans certaines localités, d'attacher à l'adjudication préparatoire (2).

Le Ministre de la justice,
ALPH. NOTHOMB.

K.

Circulaire du ministre de la justice, du 25 janvier 1871. (Voir cette circulaire, plus haut, p. 202, n° 3.)

VII.

Bruxelles, le 21 janvier 1827.

Nous, GUILLAUME, *par la grâce de Dieu, Roi des Pays-Bas, prince d'Orange-Nassau, grand-duc de Luxembourg, etc., etc., etc.*

Sur les requêtes de, etc.

Vu le rapport de Notre ministre de la justice, etc.

(1) Recueil des circulaires, etc., émanés du ministère de la justice, troisième série, p. 522.
(2) Recueil des circulaires, etc., émanés du ministère de la justice, troisième série, p. 685.

Avons trouvé bon et entendu :

1° Etc. ;

2° D'autoriser le ministère public, près les tribunaux de première instance, à interjeter appel d'office, de tous jugements ou dispositions portés par ces tribunaux sur des requêtes relatives à la vente d'immeubles, appartenant à des mineurs ou à ceux qui leur sont assimilés, dans les cas où, d'après l'opinion du ministère public, ces jugements ou dispositions seraient en opposition avec les intérêts des mineurs ou contraires aux lois existantes.

Notre ministre de la justice est chargé de l'exécution du présent arrêté (1).

GUILLAUME.

Par le Roi :
J.-G. DE MEY VAN STREEFKERK.

VIII.

Bruxelles, le 27 décembre 1856.

A MM. les procureurs-généraux, près les Cours d'appel.

M. le ministre des finances a appelé l'attention de mon département, sur les actes de partage irréguliers, reçus par un notaire avec intervention du juge de paix, à raison de la minorité des copartageants.

L'instruction de cette affaire a fait connaître, que l'usage de ces actes vicieux pourrait bien exister dans d'autres localités, et j'ai pensé qu'il conviendrait de s'en assurer, afin que je puisse, le cas échéant, prendre des mesures générales pour faire cesser ces abus.

Les actes dont il s'agit sont des partages par un époux survivant et par des enfants, des biens de la communauté ayant existé entre son épouse et lui, sous la réserve de ses droits d'usufruit sur la moitié de l'épouse, et avec stipulation d'usufruit sur la sienne.

L'irrégularité consiste en ce que l'époux survivant *n'a pas fait donation de sa moitié à ses enfants*; car, pour partager la moitié avenant à l'époux survivant, il faut qu'il y ait auparavant *attribution* de cette moitié par donation (art. 1076 c. c.), le partage de sa nature n'étant que déclaratif et non attributif des droits de chaque partageant.

(1) Recueil des circulaires, etc., émanés du ministère de la justice, deuxième série tome III, n° 986. — Voir plus haut, observation sur cet arrêté, p. 188, n° 4.

Il aurait donc fallu que le père survivant eût commencé par faire donation à ses enfants, de la moitié qui lui appartenait dans les biens comme époux survivant, pour que les enfants pussent ensuite faire entre eux le partage du tout; c'est-à-dire, tant de la part qui leur était échue par décès de leur mère, que de la moitié atteinte par le père dans les dits biens qui sont acquêts de communauté.

Je vous prie, Monsieur le procureur-général, de me faire connaître, si de semblables irrégularités se pratiquent dans votre ressort, afin que je puisse, s'il y a lieu, prendre des mesures pour les faire cesser (1).

Le Ministre de la justice,
ALPH. NOTHOMB.

FIN DE L'APPENDICE.

(1) Recueil des circulaires, etc., émanés du ministère de la justice, troisième série, p. 541.

TABLE DES MATIÈRES.

CHAPITRE VII.

CHAPITRE VIII.

CHAPITRE IX.

CHAPITRE X.

ARTICLE 1er.

Premier cas.

§ 1er.

§ 2.

§ 3.

ART. 2.

Deuxième cas.

ART. 3.

Troisième cas.

SECTION I.

§ 1er.

§ 2.

§ 3.

SECTION II.

CHAPITRE XI.

CHAPITRE XII.

CHAPITRE XIII.

CHAPITRE XIV.

§ 1er.

§ 2.

§ 3.

§ 4.

§ 5.

§ 6.

CHAPITRE XV.

CHAPITRE XVI.

CHAPITRE XVII.

Incidents.

CHAPITRE XVIII.

CHAPITRE XIX.

CHAPITRE XX.

CHAPITRE XXI.

CHAPITRE XXII.

CHAPITRE XXIII.

CHAPITRE XXIV.

CHAPITRE XXV.

CHAPITRE XXVI.

LIVRE DEUXIÈME.

Du partage des biens dans lesquels sont intéressés des mineurs.

CHAPITRE I.

CHAPITRE II.

CHAPITRE III.

CHAPITRE IV.

CHAPITRE V.

CHAPITRE VI.

CHAPITRE VII.

CHAPITRE VIII.

CHAPITRE IX.

CHAPITRE X.

§ 1er.

§ 2.

CHAPITRE XI.

CHAPITRE XII.

§ 1er.

§ 2.

§ 3.

§ 4.

§ 5.

CHAPITRE XIII.

CHAPITRE XIV.

CHAPITRE XV.

CHAPITRE XVI.

CHAPITRE XVII.

FIN DE LA TABLE DES MATIÈRES.

TABLE ANALYTIQUE.

LIVRE PREMIER.

De la vente des immeubles appartenant en tout ou en partie à des mineurs.

CHAPITRE I.

OBSERVATIONS SUR LA LOI DU 12 JUIN 1816.

CHAPITRE II.

LA LOI DU 12 JUIN 1816 EST UNE LOI D'ORDRE PUBLIC. — CONSÉQUENCES.

CHAPITRE III.

LES NOTAIRES DOIVENT OBSERVER RIGOUREUSEMENT LA LOI DU 12 JUIN 1816.

CHAPITRE IV.

LA LOI DU 12 JUIN 1816 NE PRÉVOIT QUE LA VENTE DES IMMEUBLES.

CHAPITRE V.

VENTES D'IMMEUBLES POUR LESQUELLES IL FAUT OBSERVER LES FORMALITÉS PRESCRITES PAR LA LOI DU 12 JUIN 1816.

CHAPITRE VI.

VENTES D'IMMEUBLES POUR LESQUELLES IL NE FAUT PAS OBSERVER LES FORMALITÉS PRESCRITES PAR LA LOI DU 12 JUIN 1816.

§ 1er.

VENTES D'IMMEUBLES APPARTENANT A DES ABSENTS OU A DES PRÉSUMÉS ABSENTS.

§ 2.

VENTE D'IMMEUBLES APPARTENANT PAR INDIVIS A DES ALIÉNÉS COLLOQUÉS NON INTERDITS.

§ 3.

VENTE D'IMMEUBLES APPARTENANT A UN GREVÉ DE SUBSTITUTION.

§ 4.

VENTE D'IMMEUBLES APPARTENANT A DES SOURDS-MUETS.

§ 5.

ALIÉNATION EN VERTU D'UNE PROMESSE DE VENTE VALABLEMENT SOUSCRITE PAR L'AUTEUR D'UN MINEUR.

§ 6.

RECONNAISSANCE PAR ACTE AUTHENTIQUE FAITE PAR UN TUTEUR, AU NOM DE SON PUPILLE, D'UNE VENTE VERBALE OU SOUS SEING PRIVÉ FAITE PAR L'AUTEUR DE CE PUPILLE.

§ 7.

VENTE POUR CAUSE D'UTILITÉ PUBLIQUE D'UN IMMEUBLE APPARTE-NANT POUR LE TOUT OU POUR PARTIE A UN MINEUR.

§ 8.

ACQUISITION PAR LES EXPLOITANTS D'UNE MINE, EN VERTU DE L'ARTICLE 44 DE LA LOI DU 21 AVRIL 1810, D'UN IMMEUBLE APPARTENANT A UN MINEUR.

§ 9.

VENTE D'UN IMMEUBLE SUR LEQUEL UN MINEUR A UNE HYPOTHÈQUE.

§ 10.

ÉCHANGE D'UN IMMEUBLE APPARTENANT A UN MINEUR CONTRE UN AUTRE IMMEUBLE.

§ 11.

VENTE A L'ÉTRANGER D'IMMEUBLES INDIVIS ENTRE MAJEURS ET MINEURS.

§ 12.

VENTE D'IMMEUBLES APPARTENANT AUX ÉTABLISSEMENTS DE BIENFAISANCE.

CHAPITRE VII.

DROITS DU MINISTÈRE PUBLIC ET DU JUGE DE PAIX SI UN TRIBUNAL AUTO-RISAIT UNE VENTE D'IMMEUBLES EN ORDONNANT DE SUIVRE LES FORMALI-TÉS DE LA LOI DU 12 JUIN 1816, ALORS QU'ELLES NE LUI SERAIENT PAS APPLICABLES.

CHAPITRE VIII.

IL FAUT OBSERVER POUR LA VENTE DES IMMEUBLES DES MINEURS, LES FORMALITÉS DE LA LOI DU 12 JUIN 1816, N'IMPORTE A QUEL TITRE ILS EN SONT DEVENUS PROPRIÉTAIRES.

CHAPITRE IX.

DIVISION DES FORMALITÉS A SUIVRE POUR LA VENTE DES IMMEUBLES DANS LESQUELS SONT INTÉRESSÉS DES MINEURS.

CHAPITRE X.

FORMALITÉS QUI DOIVENT PRÉCÉDER LA MISE EN VENTE DES IMMEUBLES APPARTENANT EN TOUT OU EN PARTIE A DES MINEURS.

ARTICLE 1er.

Premier cas.

LES IMMEUBLES APPARTIENNENT EXCLUSIVEMENT AUX MINEURS.

§ 1er.

AVIS DES PARENTS.

§ 2.

DEMANDE EN HOMOLOGATION DE LA DÉLIBÉRATION DU CONSEIL DE FAMILLE.

§ 3.

JUGEMENT D'HOMOLOGATION DE LA DÉLIBÉRATION DU CONSEIL DE FAMILLE.

ARTICLE 2.

Deuxième cas.

LES IMMEUBLES APPARTIENNENT PAR INDIVIS A DES MINEURS ET A DES MAJEURS, ET LES TUTEURS DÉSIRENT VENDRE TOUT OU PARTIE DES IMMEUBLES DE LEURS PUPILLES.

ARTICLE 3.

Troisième cas.

LES IMMEUBLES APPARTIENNENT EN COMMUN A DES MAJEURS ET A DES MINEURS, ET LES MAJEURS VEULENT SORTIR D'INDIVISION.

SECTION I.

LES IMMEUBLES APPARTIENNENT EN COMMUN A DES MAJEURS ET A DES MINEURS, ET LES MAJEURS SONT D'ACCORD POUR EN DEMANDER LA VENTE PAR LICITATION.

§ 1er.

REQUÊTE ADRESSÉE AU TRIBUNAL.

§ 2.

AUDITION DES TUTEURS PAR LE TRIBUNAL.

§ 3.

JUGEMENT AUTORISANT LA VENTE.

SECTION II.

LES IMMEUBLES APPARTIENNENT EN COMMUN A DES MAJEURS ET A DES MINEURS, ET LES MAJEURS NE SONT PAS D'ACCORD POUR DEMANDER LA VENTE PAR LICITATION.

CHAPITRE XI.

DÉSIGNATION DU NOTAIRE CHARGÉ DE PROCÉDER A LA VENTE DES IMMEUBLES APPARTENANT EN TOUT OU EN PARTIE A DES MINEURS.

CHAPITRE XII.

FORMALITÉS A REMPLIR DEPUIS LE JUGEMENT AUTORISANT LA VENTE JUSQU'A L'ADJUDICATION.

CHAPITRE XIII.

DU CAHIER DES CHARGES ET DES CONDITIONS DE LA VENTE.

CHAPITRE XIV.

RÈGLES QUI DOIVENT PRÉSIDER A L'ADJUDICATION DES IMMEUBLES APPARTENANT EN TOUT OU EN PARTIE A DES MINEURS.

§ 1er.

LA VENTE DES IMMEUBLES APPARTENANT EN TOUT OU EN PARTIE A DES MINEURS DOIT SE FAIRE PUBLIQUEMENT.

§ 2.

FONCTIONNAIRE QUI DOIT PROCÉDER A L'ADJUDICATION DES IMMEUBLES APPARTENANT EN TOUT OU EN PARTIE A DES MINEURS.

§ 3.

PRÉSENCE DES TUTEURS ET DES SUBROGÉS-TUTEURS, A LA VENTE DES IMMEUBLES APPARTENANT EN TOUT OU EN PARTIE A DES MINEURS.

§ 4.

PRÉSENCE DU JUGE DE PAIX A LA VENTE DES IMMEUBLES APPARTENANT EN TOUT OU EN PARTIE A DES MINEURS.

§ 5.

CANTON DANS LEQUEL DOIT ÊTRE FAITE LA VENTE DES IMMEUBLES APPARTENANT EN TOUT OU EN PARTIE A DES MINEURS.

§ 6.

FORMALITÉS QUI DOIVENT ÊTRE OBSERVÉES POUR L'ADJUDICATION DES IMMEUBLES APPARTENANT EN TOUT OU EN PARTIE A DES MINEURS.

CHAPITRE XV.

PERSONNES QUI NE PEUVENT SE RENDRE ADJUDICATAIRES DANS LES VENTES D'IMMEUBLES APPARTENANT EN TOUT OU EN PARTIE A DES MINEURS.

CHAPITRE XVI.

DU LOCAL DANS LEQUEL PEUT SE FAIRE LA VENTE DES IMMEUBLES APPARTENANT POUR LE TOUT OU POUR PARTIE A DES MINEURS.

CHAPITRE XVII.

Incidents.

SURSÉANCE A LA VENTE.

CHAPITRE XVIII.

DE L'EMPLOI DES DENIERS PROVENANT DE LA VENTE DES IMMEUBLES APPARTENANT POUR LE TOUT OU POUR PARTIE A DES MINEURS.

CHAPITRE XIX.

DES DEVOIRS IMPOSÉS AU MINISTÈRE PUBLIC PAR LA LOI DU 12 JUIN 1816.

CHAPITRE XXIV.

ÉMOLUMENTS DES JUGES DE PAIX ET DE LEURS GREFFIERS POUR LEUR INTERVENTION DANS LES VENTES DES BIENS IMMEUBLES DES MINEURS.

CHAPITRE XXV.

DES ÉMOLUMENTS ET DES DÉBOURSÉS DES AVOUÉS.

CHAPITRE XXVI.

QUI SUPPORTE LES FRAIS DE LA VENTE DES IMMEUBLES DANS LESQUELS SONT INTÉRESSÉS DES MINEURS?

LIVRE DEUXIÈME.

Du partage des biens dans lesquels sont intéressés des mineurs.

CHAPITRE I.

OBJET DE CE LIVRE.

CHAPITRE II.

PRINCIPES GÉNERAUX.

CHAPITRE III.

OBSERVATION SUR LA LOI DU 12 JUIN 1816.

CHAPITRE IV.

LES FORMALITÉS PRESCRITES PAR L'ARTICLE 9 DE LA LOI DU 12 JUIN 1816 SONT D'ORDRE PUBLIC.

CHAPITRE V.

LES NOTAIRES DOIVENT OBSERVER RIGOUREUSEMENT L'ARTICLE 9 DE LA LOI DU 12 JUIN 1816.

CHAPITRE VI.

AU PARTAGE DES BIENS DE QUELLES PERSONNES S'APPLIQUE LA LOI DU 12 JUIN 1816.

CHAPITRE VII.

LES FORMALITÉS PRESCRITES PAR L'ARTICLE 9 DE LA LOI DU 12 JUIN 1816 S'APPLIQUENT AUX PARTAGES MOBILIERS COMME AUX PARTAGES IMMOBILIERS.

CHAPITRE VIII.

LES FORMALITÉS DE LA LOI DU 12 JUIN 1816 DOIVENT ÊTRE OBSERVÉES DANS TOUS LES PARTAGES OU DES MINEURS SONT INTÉRESSÉS.

CHAPITRE IX.

DIVISION DES FORMALITÉS A SUIVRE POUR LE PARTAGE DES BIENS DANS LESQUELS DES MINEURS SONT INTÉRESSÉS.

CHAPITRE X.

FORMALITÉS POUR PARVENIR AU PARTAGE DES BIENS DANS LESQUELS SONT INTÉRESSÉS DES MINEURS.

§ 1er

LES INTÉRESSÉS SONT D'ACCORD POUR PROCÉDER AU PARTAGE.

§ 2.

LES INTÉRESSÉS NE SONT PAS D'ACCORD POUR PROCÉDER AU PARTAGE.

CHAPITRE XI.

FORMALITÉS QUI PRÉCÈDENT LES OPÉRATIONS DU PARTAGE DE BIENS DANS LESQUELS SONT INTÉRESSÉS DES MINEURS.

CHAPITRE XII.

FORMALITÉS A OBSERVER LORS DU PARTAGE DES BIENS DANS LESQUELS SONT INTÉRESSÉS DES MINEURS.

§ 1er.

NOTAIRE QUI DOIT FAIRE LE PARTAGE.

§ 5.

DE L'ATTRIBUTION DES LOTS.

CHAPITRE XIII.

DES DEVOIRS IMPOSÉS AU MINISTÈRE PUBLIC PAR LA LOI DU 12 JUIN 1816.

CHAPITRE XIV.

DE L'INOBSERVATION DES FORMALITÉS PRESCRITES POUR LE PARTAGE DES BIENS DANS LESQUELS SONT INTÉRESSÉS DES MINEURS.

CHAPITRE XV.

DES HONORAIRES AUXQUELS ONT DROIT LES NOTAIRES POUR LES OPÉRATIONS DES PARTAGES DE BIENS DANS LESQUELS SONT INTÉRESSÉS DES MINEURS.

CHAPITRE XVI.

DES ÉMOLUMENTS DES JUGES DE PAIX ET DE LEURS GREFFIERS POUR LEUR INTERVENTION AUX PARTAGES DE BIENS DANS LESQUELS SONT INTÉRESSÉS DES MINEURS.

CHAPITRE XVII.

PAR QUI SONT SUPPORTÉS LES FRAIS DES OPÉRATIONS DE PARTAGE ?

FIN DE LA TABLE ANALYTIQUE.